先 秦
礼制文献讲疏

主 编◎何 丹　副主编◎周 博　高罕钰

江西高校出版社
JIANGXI UNIVERSITIES AND COLLEGES PRESS

图书在版编目（CIP）数据

先秦礼制文献讲疏 / 何丹主编；周博，高罕钰副主编 .-- 南昌：江西高校出版社，2023.11

ISBN 978-7-5762-4240-9

Ⅰ.①先… Ⅱ.①何… ②周… ③高… Ⅲ.①礼仪—文献—研究—中国—先秦时代 Ⅳ.① K892.9

中国国家版本馆 CIP 数据核字（2023）第 177995 号

出 版 发 行	江西高校出版社
社　　　址	江西省南昌市洪都北大道 96 号
总编室电话	（0791）88504319
销 售 电 话	（0791）88517295
网　　　址	www.juacp.com
印　　　刷	江西新华印刷发展集团有限公司
经　　　销	全国新华书店
开　　　本	700 mm×1000 mm　1/16
印　　　张	17.25
字　　　数	260 千字
版　　　次	2023 年 11 月第 1 版
印　　　次	2023 年 11 月第 1 次印刷
书　　　号	ISBN 978-7-5762-4240-9
定　　　价	98.00 元

赣版权登字 -07-2023-710

一、本书的体例，主要由四部分构成：第一，原文，包括出土文献、传世文献；第二，注释，即对原文进行注解；第三，疏义，对文献所反映的礼制进行梳理、分析或阐说等；第四，推荐阅读，列举少而精的书目，便于学生进一步的深入学习。

二、出土文献部分涵盖金文、简牍材料，体例方面增加了图版、著录等信息。图版皆编有序号，金文称作"图某"，如"图1""图2"等；简牍称为"简某"，如"简1""简2"等。简牍图版按原著录简序编号，自"简1"起由左至右、由上至下依次排序。著录只选择常见著录书籍。

三、为便于排版，出土文献部分的释文原则上一律从宽（个别地方除外），如读为"唯"的"隹"直接释作"唯"，读为"在"的"才"直接释作"在"。释文中的通假字用"（）"，讹误字用"〈〉"，残缺字用"□"，残缺字数不详用"☒"。凡残缺但能补定的文字，在补定的文字外加"[ ]"。有疑问的字用"*"号标明。暂时难以隶定的文字，则用原篆图片代替。

四、金文、简牍中的重文、合文符号在释文中直接析书，如"子＝""孔＝"直接释为"子子""孔子"。句读、章节符号，以及特殊的提示符号在释文中略去，必要时另加标点符号。在简牍释文中，用"【】"括注阿拉伯数字标明简号，如"【1】"即第一支简。

五、为了便于分析字形或说明字义，有些地方保留繁体字、异体字。此外，常用的古籍类工具书，按学界习惯一律用简称。比如《说文解字》简称《说文》，《经典释文》简称《释文》。

六、凡是引用近现代学者的著作、论文、观点等，一律出注说明。

目录

第一章 西周金文礼制文献

西周王朝于公元前 11 世纪由周武王建立，历经成王、康王、昭王、穆王、共王、懿王、孝王、夷王、厉王、宣王、幽王等十二代王，至公元前 771 年被犬戎等所灭。西周是礼制发展的重要时期，其礼制继承夏、商两代而有所损益，逐渐形成了内涵丰富的周礼，影响深远。对于西周礼制的研究，金文作为第一手的原始资料，无疑最为重要，学术价值颇高。有鉴于此，我们特选取大盂鼎、霸伯盂、柞伯簋三篇器铭，并结合其他金文材料与传世文献，对西周时期的册命礼、聘礼、射礼等礼制进行较为系统的梳理。

第一节 大盂鼎与册命礼

大盂鼎与毛公鼎、散氏盘、虢季子白盘，被称为"晚清四大国宝"。这四件青铜器皆是西周时期的重器，闻名遐迩，备受世人的瞩目。传清道光年间（1821—1850）陕西岐山（一说眉县）礼村共出土两件盂鼎：一件器型较大，习称大盂鼎，现藏中国国家博物馆；一件器型较小，习称小盂鼎，原器亡佚，仅剩拓片传世。大、小盂鼎一般认为是属于西周早期康王时期的重器，从铭文可知，分别作于康王二十三年、二十五年。大盂鼎高 101.9 厘米、口径 77.8 厘米，口沿内壁铸有铭文十九行二百九十一字，合文三（图 1）。

图 1　大盂鼎铭文

【著录】

《殷周金文集成》①（简称《集成》）2837

《商周青铜器铭文暨图像集成》②（简称《铭图》）2514

【释文】

唯九月，王在宗周[1]，命盂[2]。王若曰[3]："盂！丕显玟王[4]受天有大命[5]。在珷王嗣玟作邦[6]，闢厥匿（慝）[7]，匍（敷）有四方[8]，畯（峻）正厥民[9]。在雩（越）御事[10]，斁酒无敢酖[11]，有紫登（烝）祀无敢醰（扰）[12]。古（故）天异（翼）临子[13]，法（废）保先王，□有四方[14]。我闻殷述（坠）命[15]，唯殷边侯、田（甸），雩（越）殷正百辟[16]，率肆于酒，古（故）丧师

① 中国社会科学院考古研究所：《殷周金文集成》，中华书局 1984—1994 年版。
② 吴镇烽：《商周青铜器铭文暨图像集成》，上海古籍出版社 2012 年版。

[17]。已！[18] 汝妹（昧）辰（晨）有大服[19]，余唯即朕小学[20]，汝勿克余乃辟一人[21]。今我唯即井（型）禀于玟王正德[22]，若玟王命二三正[23]，今余唯命汝盂召（诏）荣[24]，敬雍德巠[25]，敏朝夕入谏[26]，享奔走，畏天畏（威）[27]。"

王曰："戲（或）命汝盂，井（型）乃嗣祖南公[28]。" 王曰："盂！迺（乃）召（诏）夹死（尸）司戎[29]，敏谏罚讼[30]，夙夕召（诏）我一人登（烝）四方[31]。雩（越）我其遹省先王，受（授）民受（授）疆土[32]。锡汝鬯一卣、冂、衣、市、舄、车、马[33]，锡乃祖南公旂，用遵（战）[34]。锡汝邦司四伯，人鬲自驭至于庶人六百又五十又九夫；锡尸（夷）司王臣十又三伯，人鬲千又五十夫[35]。徲（驱）🔲迁自厥土。"[36] 王曰："盂，若敬乃正（政），勿法（废）朕命。"[37] 盂用对王休，用作祖南公宝鼎，唯王廿又三祀[38]。

【注释】

[1] 宗周：指西周王朝的都城镐京，在今陕西西安长安区沣河之东。宗周习见于西周金文，如献侯鼎（《集成》2626）、士上卣（《集成》5421）、善鼎（《集成》2820）、班簋（《集成》4341）、同簋（《集成》4271）、小克鼎（《集成》2798）、史颂鼎（《集成》2787）等。

[2] 命盂：册命盂。命，册命。盂，受命贵族，本器器主。

[3] 王若曰：王如此说。这里应是史官代宣王命。若，如此、这样。全篇命辞用语，始称"王若曰"，后皆称"王曰"。"王若曰"习见于西周金文，如师虎簋（《集成》4316）、扬簋（《集成》4294—4295）、大克鼎（《集成》2836）、毛公鼎（《集成》2841）等。另外，"王若曰"也见于传世文献，如《尚书·大诰》："王若曰：'猷！大诰尔多方，越尔御事。'"《尚书·康诰》："王若曰：'朕其弟，小子封！惟乃丕显考文王，克明德慎罚，不敢侮鳏寡，庸庸，祗祗，威威，显民。'"《尚书·酒诰》："王若曰：'明大命于妹邦。乃穆考文王，肇国在西土。'《尚书·多士》："王若曰：'尔殷遗多士！弗弔旻天，大降丧于殷。'"

[4] 丕显玟王：大大显赫的文王。丕，《说文》训作"大也"。《史记·司马相如列传》："天下之壮观，王者之丕业，不可贬也。"玟：从王文声，乃

周文王的专用字，另见于何尊（《集成》6014）、乖伯簋（《集成》4331）等。
玟王：即文王、周文王，名昌，王季之子，武王之父，又称"西伯"。《史记·殷本纪》载商王纣"以西伯昌、九侯、鄂侯为三公"。

[5] 受天有大命：唐兰解释为"从上天得到了大命"。①西周中期的乖伯簋铭文载："王若曰：'乖伯！朕丕显祖玟珷膺受大命。'"西周晚期的师克盨盖铭文（《集成》4468）云："王若曰：'师克！丕显文武膺受大命，匍有四方。'"传世文献亦有关于文王受命的记载，如《史记·周本纪》："诸侯闻之，曰：'西伯盖受命之君。'……诗人道西伯，盖受命之年称王而断虞芮之讼。后十年而崩，谥为文王。改法度，制正朔矣。追尊古公为太王，公季为王季：盖王瑞自太王兴。"

[6] 珷王嗣玟作邦：武王承嗣文王，治理国家。珷：从王武声，是周武王的专用字，又见于利簋（《集成》4131）、乖伯簋、应公鼎（《铭图》2105）等。珷王：指周武王发，伐纣灭商，建立了西周王朝。嗣，继承、承嗣。《说文》："嗣，诸侯嗣国也。"段玉裁注："引申为凡继嗣之偁。"作邦：治理国家。《诗经·大雅·皇矣》："帝作邦作对，自大伯王季。"郑笺："作，为也。天为邦谓兴周国也。"

[7] 閜厥匿（慝）：屏除其邪恶。閜：屏除、排除。《荀子·解蔽》："是以閜耳目之欲，而远蚊虻之声。"杨倞注："閜谓屏去之。"匿：读为慝，邪恶。《诗经·大雅·民劳》："式遏寇虐，无俾作慝。"毛传："慝，恶也。"

[8] 匍（敷）有四方：亦见于㝬钟（《集成》251）、五祀㝬钟（《集成》358）、师克盨（《集成》4467—4468）、四十二年逨鼎（《铭图》2501—2502）等，与《尚书·金滕》的"敷佑四方"句同，意谓普遍地拥有天下四方。匍：读作敷或溥，义为遍。如《诗经·周颂·般》："敷天之下，裒时之对，时周之命。"《诗经·小雅·北山》："溥天之下，莫非王土。率土之滨，莫非王臣。"

[9] 畯（畯）正厥民：大大地治理百姓。畯：即畯，读作骏。《尔雅·释

---

① 唐兰：《西周青铜器铭文分代史征》，上海古籍出版社 2016 年版，第 184 页。

诂》：“骏，大也。”《诗经·大雅·文王》：“宜鉴于殷，骏命不易。”毛传：“骏，大也。”郑玄笺：“天之大命，不可改易。”正：治理，如《礼记·经解》：“礼之于正国也，犹衡之于轻重也。”一说匡正，如《论语·学而》："子曰：'君子食无求饱，居无求安，敏于事而慎于言，就有道而正焉，可谓好学也已。'"

[10] 在雪御事：与《尚书·大诰》"越尔御事"、《洛诰》"越御事"句同。雪：唐兰读如"粤"，典籍通作"越"。① 一说介词，读为"于"。② 御事：治事者，此指官吏。如《尚书·牧誓》："我友邦冢君，御事：司徒、司马、司空、亚旅、师氏，千夫长、百夫长。"《尚书·顾命》："乃同太保奭、芮伯、彤伯、毕公、卫侯、毛公、师氏、虎臣、百尹、御事。""御事"，伪孔传："诸御治事者"；孙星衍疏："主事者"。

[11] 虩：句首语气词，典籍作"徂"。《尚书·费誓》："徂兹淮夷、徐戎并兴。"醺：一读为"醏"，通"酖"，《说文》训作"乐酒也"；又通作"湛"，《诗经·大雅·抑》："颠覆厥德，荒湛于酒。"③ 一读为"酣"④，《说文》训作"酒乐也"。酒无敢醺：与《尚书·酒诰》"罔敢湎于酒"意同，指不敢沉湎于饮酒之乐。

[12] 柴：祭名，烧柴燎祭于天，通作"柴"。如《史记·五帝本纪》："岁二月，东巡狩，至于岱宗，柴。"集解引郑玄曰："柴祭东岳者，考绩。柴，燎也。"登：读为"烝"，祭名。如《尔雅·释天》："春祭曰祠，夏祭曰礿，秋祭曰尝，冬祭曰烝。"《尚书·洛诰》："戊辰，王在新邑，烝祭岁，文王骍牛一，武王骍牛一。"又泛指祭祀，如《国语·楚语下》："烝享无度，民神同位。民渎齐盟，无有严威。"醸：从西夒声，通"扰"，"这是由醉酒而扰

---

① 唐兰：《西周青铜器铭文分代史征》，第185页。
② 刘翔、陈抗、陈初生、董琨：《商周古文字读本》（增补本），商务印书馆2017年版，第68页；王辉：《商周金文》，文物出版社2006年版，第66—67页。
③ 参看王国维：《盂鼎铭考释》，《王国维遗书》第4册《观堂古金文考释》，上海书店出版社2011年版，第155页；马承源：《商周青铜器铭文选（三）》，文物出版社1988年版，第39页。
④ 唐兰：《西周青铜器铭文分代史征》，第185页。

乱的专字"。^①此句大意是说不敢因醉酒而扰乱祭祀之事。

[13] 古：通"故"，因此、所以。异：通"翼"，佐助、辅助。《诗经·大雅·卷阿》："有冯有翼，有孝有德，以引以翼。"郑玄笺："翼，助也。"《礼记·文王世子》："保也者，慎其身以辅翼之，而归诸道者也。"孔颖达疏："保是护也。辅，相也。翼，助也。谓护慎世子之身，辅相翼助，使世子而归于道。"临：监临、护视。天异（翼）临子：与《诗经·大雅·文王有声》"以燕翼子"、《诗经·大雅·大明》"上帝临女"、《尚书·高宗肜日》"天监下民"结构相近，谓上天辅助护视周天子。

[14] 法：通"废"，《尔雅·释诂》训为"大也"。《诗经·小雅·四月》："废为残贼，莫知其尤。"毛传："废，忕也。"陆德明《释文》："又一本作'废，大也'。"《列子·杨朱》："凡此诸阏，废虐之主。"张湛注："废，大也。""废保先王"意为大力保佑先王。"□有四方"的"有"前一字残损过甚，有的学者依据前文"匍有四方"，认为"此泐损之字当为'匍'或与此同义的字"，句意为"广有天下"。^②

[15] 述：读为"坠"，丧失。《广雅·释诂二》："坠，失也。"命：天命。坠命，典籍习见，如《尚书·君奭》："天降丧于殷。殷既坠厥命，我有周既受。"《尚书·酒诰》："今惟殷坠厥命，我其可不大监抚于时？"《尚书·召诰》："惟不敬厥德，乃早坠厥命。"

[16] 边：边远、边域。侯、田：田通"甸"，二者均属殷商外服职官。正：长官。《尔雅·释诂下》："正、伯，长也。"郭璞注："正、伯皆官长。"《国语·楚语上》："天子之贵也，唯其以公侯为官正，而以伯子男为师旅。"韦昭注："正，长也。"这里可能具体指执政大臣。百辟：百官，如《诗经·大雅·烝民》："王命仲山甫，式是百辟。""这里是指商朝中央政府中的各级官员。"^③铭文此句与《尚书·酒诰》所载商代内外服制相合，是云："越在外服，侯、甸、男、卫、邦伯；越在内服，百僚、庶尹、惟亚、惟服、宗

① 唐兰：《西周青铜器铭文分代史征》，第185页。
② 刘翔、陈抗、陈初生、董琨：《商周古文字读本》（增补本），第69页。
③ 马承源：《商周青铜器铭文选（三）》，第39页。

工，越百姓、里居〈君〉。"①

[17] 率：副词，皆、悉、都。《史记·老子韩非列传》："故其著书十余万言，大抵率寓言也。"《索隐》："其书十余万言，率皆立主客，使之相对语，故云'偶言'。"《汉书·宣帝纪》："尤乐杜、鄠之间，率常在下杜。"颜师古注："率者，总计之言也。"肆：《说文》训作"习也"，此指沉湎。师：众人、群众。《尔雅·释诂下》："师，众也。"《诗经·大雅·韩奕》："溥彼韩城，燕师所完。"毛传："师，众也。"丧师：丧失群众，意指失去民心。《诗经·大雅·文王》："殷之未丧师，克配上帝。"郑玄笺："师，众也。殷自纣父之前，未丧天下之时，皆能配天而行，故不亡也。""率肆于酒，故丧师"意为皆沉湎于酒，因此丧失群众，失去了天下。

[18] 巳：叹词。《尚书·大诰》："巳！予惟小子若涉渊水，予惟往求朕攸济。"伪孔传："巳，发端叹辞也。"

[19] 汝：第二人称代词，相当于"你"。昧辰：读作"昧晨"，即天将明未明之际，又名"昧爽""昧旦"。《说文》："晨，早昧爽也。"《说文》："昧爽，且明也。"段玉裁注："且明者，将明未全明也。"昧，《说文》训为"闇也"；旦、爽，《说文》皆训作"明也"。《诗经·郑风·女曰鸡鸣》："女曰鸡鸣，士曰昧旦。"《左传》昭公三年："谗鼎之铭曰：'昧旦丕显，后世犹怠。'"杨伯峻注："昧旦，欲明未明之时。"②《尚书·牧誓》："时甲子昧爽，王朝至于商郊牧野，乃誓。"孔颖达疏："'昧'亦晦义，故为冥也。'冥'是夜，'爽'是明，夜而未明谓早旦之时，盖鸡鸣后也。"另外，"昧爽"也见于西周金文，比如小盂鼎（《集成》2839）、免簋（《集成》4240）、羚簋（《铭图》5258）等。有学者指出，"古者命官常在昧爽早旦之时"。③大服：重大显要的职务。《诗经·大雅·荡》："曾是在位，曾是在服。"毛传："服，服政事也。""大服"一词又见于西周中晚期金文，比如班簋铭（《集成》4341）作

---

① 按："里居"为"里君"之误，参见顾颉刚、刘起釪：《尚书校释译论》，中华书局2005年版，第1407页。

② 杨伯峻：《春秋左传注》（修订本），中华书局1990年版，第1237页。

③ 马承源：《商周青铜器铭文选（三）》，第39页。

"登于大服"，番生簋盖铭（《集成》4326）作"𨒋于大服"。类似又有"王服"，大克鼎铭文（《集成》2836）作"𨒋克王服"。陈梦家据《方言》指出"𨒋"即"登也"。[1]

[20] 余、朕：周王自称，皆为第一人称代词，其中"余"作主语，"朕"作定语。即：就、到。《诗经·卫风·氓》："匪来贸丝，来即我谋。"郑玄笺："即，就也。"《战国策·秦策三·范雎至秦》："臣之所恐者，独恐臣死之后，天下见臣尽忠而身蹶也，是以杜口裹足，莫肯即秦耳。"小学：指周代贵族子弟的学校，与大学相对。《礼记·王制》："天子命之教，然后为学。小学在公宫南之左，大学在郊。"《汉书·艺文志》："古者，八岁入小学，故周官保氏掌养国子，教之六书，谓象形、象事、象意、象声、转注、假借，造字之本也。"《周礼·地官·保氏》："养国子以道，乃教之六艺：一曰五礼，二曰六乐，三曰五射，四曰五驭，五曰六书，六曰九数；乃教之六仪：一曰祭祀之容，二曰宾客之容，三曰朝廷之容，四曰丧纪之容，五曰军旅之容，六曰车马之容。"《大戴礼记·保傅》："及太子少长，知妃色，则入于小学。小者，所学之宫也。"卢辩注："古者太子八岁入小学，十五入大学也。"关于入学年龄，文献又有不同记载，如《尚书大传》："古之帝王者必立大学、小学，使王太子、王子、群后之子，以至公、卿、大夫、元士之适子，十有三年，始入小学，见小节焉，践小义焉；年二十，入大学，见大节焉，践大义焉。故入小学，知父子之道、长幼之序；入大学，知君臣之义、上下之位。小师取小学之贤者，登之大学；大师取大学之贤者，登之天子，天下以为左右。"

"余唯即朕小学"与上下文意似有隔阂，可能有省文或脱字，存疑待考。

[21] 勿：否定副词，不要。𤕝：动词，暂无确释，有读作"伪"[2]、"刴"[3]、

① 陈梦家：《西周铜器断代》，中华书局 2004 年版，第 262 页。
② 唐兰：《西周青铜器铭文分代史征》，第 186—187 页。
③ 马承源：《商周青铜器铭文选（三）》，第 38—39 页。

"蔽"①、"比"②等不同说法，但基本上认为是一个贬义词。乃辟：你的君主，与"余""一人"为同位语，皆指周王。辟，君主。《尔雅·释诂》："辟，君也。"《尚书·洪范》："惟辟作福，惟辟作威，惟辟玉食。"《尚书·君奭》："惟兹，惟德称，用乂厥辟，故一人有事于四方。"孙星衍疏："言惟此群臣，各称其德，用相其君，故天子有事于四方。""乃辟"亦见于西周宣王时期的毛公鼎铭，其载周王告诫毛公"汝弗以乃辟陷于艰。"《礼记·大学》："一言偾事，一人定国。""一人"，郑玄注："谓人君也。"周王自称"一人"、"余一人"、"予一人"或"我一人"，如毛公鼎铭有"余一人在位"，"惠我一人"之语，四十三年逨鼎铭（《铭图》2503—2512）亦见"余我一人""余一人"。《尚书·文侯之命》："呜呼！有绩予一人，永绥在位。"

[22] 井：读为"型"或"刑"，仿效、效法。《诗经·大雅·文王》："仪刑文王，万邦作孚。"毛传："刑，法。"郑玄笺："仪法文王之事，则天下咸信而顺之。"《诗经·周颂·我将》："仪式刑文王之典，日靖四方。"毛传："刑，法。"郑玄笺："法行文王之常道。"《礼记·礼运》："刑仁讲让，示民有常。"郑玄注："刑，犹则也。"《说文》："型，铸器之法也，从土刑声。"段玉裁注："引申之为典型。"禀：禀承、承受。《左传》昭公二十六年："先王所禀于天地以为其民也，是以先王上之。"杜预注："禀，受也。"《国语·晋语七》："孤始愿不及此，孤之及此，天也。抑人之有元君，将禀命焉。"韦昭注："禀，受也。"正德："纯正的德性，被认为是思想和行为的最高准则。"③此句意为今我效法、禀承文王纯正的品德。一说"正"通"政"，"正德"即"政令与德行"。④

[23] 若：如同、像。《尚书·康诰》："惟民其毕弃咎，若保赤子。"《礼记·大学》引《康诰》作"如保赤子"。又《尚书·盘庚上》："若火之燎于原，不可向迩。"《诗经·小雅·雨无正》："若此无罪，沦胥以铺。"命：任

① 张亚初：《殷周金文集成引得》，中华书局 2001 年版，第 54 页。
② 冯时：《中国古文字学概论》，中国社会科学出版社 2016 年版，第 564—565 页、第 571 页。
③ 马承源：《商周青铜器铭文选（三）》，第 40 页。
④ 刘翔、陈抗、陈初生、董琨：《商周古文字读本》（增补本），第 70 页。

命。二三正：二三长官。

[24] 召：通"诏"，辅佐、辅助。《尔雅·释诂下》："诏、相、导、左、右、助，勴也。"郭璞注："勴，谓赞勉。"《周礼·天官·大宰》："以八柄诏王驭群臣：一曰爵，以驭其贵；二曰禄，以驭其富；三曰予，以驭其幸；四曰置，以驭其行；五曰生，以驭其福；六曰夺，以驭其贫；七曰废，以驭其罪；八曰诛，以驭其过。"郑玄注："诏，告也、助也。"荣：人名，即荣氏，周王朝的世袭贵族。《国语·晋语四》："（文王）及其即位也，询于八虞，而谘于二虢，度于闳夭，而谋于南宫，诹于蔡、原，而访于辛、尹，重之以周、邵、毕、荣，亿宁百神，而柔和万民。"韦昭注："周，周文公。邵，邵康公。毕，毕公。荣，荣公。"见于西周金文的荣氏之人尚有"荣伯"（荣伯鬲，《集成》632；卫簋，《集成》4209）、"荣季"、"荣公"（卯簋盖，《集成》4327）等。文献所见荣氏之人有荣伯、荣夷公、荣叔等，如《尚书·书序》："成王既伐东夷，肃慎来贺，王俾荣伯，作《贿肃慎之命》。"《史记·周本纪》："厉王即位三十年，好利，近荣夷公。……卒以荣公为卿士，用事。"《春秋经》庄公元年："王使荣叔来锡桓公命。"事实上，大盂鼎铭的"荣"本人又见于康王时期的邢侯簋（《集成》4241），其铭文载："唯三月，王命荣眔内史曰：'舍邢侯服，锡臣三品：州人、重人、庸人。'"

[25] 敬雍德巠：关于本句的理解，众说纷纭。唐兰将下句"敏"字连读，读"巠"为"劲"，训强；意译此句为"恭敬和穆的德行，坚强而敏疾"。[1]目前来看，学者们大多将"巠"读为"经"，"敏"字下读。马承源解释本句为"谨敬地协和道德及准则"，训"经"为"法则、准则"。[2]《左传》宣公十二年："兼弱攻昧，武之善经也。"杜预注："经，法也。"刘翔等先生解释本句为"恭敬地谐调德行的纲纪"，训"经"为纲纪。[3]冯时则将之等同于《尚书·酒诰》的"经德秉哲"，读"雍"为"拥"，有抱持之义。[4]《孟子·尽

---

[1] 唐兰：《西周青铜器铭文分代史征》，第183—184、187页。
[2] 马承源：《商周青铜器铭文选（三）》，第40页。
[3] 刘翔、陈抗、陈初生、董琨：《商周古文字读本》（增补本），第70页。
[4] 冯时：《中国古文字学概论》，第572页。

心下》："经德不回，非以干禄也。"

[26] 敏：一说疾速，《说文》："敏，疾也。"《诗经·小雅·甫田》："曾孙不怒，农夫克敏。"毛传："敏，疾也。"《论语·里仁》："君子欲讷于言而敏于行。"何晏注引包咸曰："讷，迟钝也。言欲迟而行欲疾。"《左传》哀公十一年："我不如颜羽，而贤于邴洩。子羽锐敏，我不欲战而能默，洩曰'驱之'。"杜预注："敏，疾也。"一说勤勉，如《礼记·中庸》："人道敏政，地道敏树。"郑玄注："敏，犹勉也。"《论语·述而》："我非生而知之者，好古敏以求之者也。"刘宝楠正义："敏，勉也。言黾勉以求之也。"朝夕入谏：从早到晚向王进献谏言。

[27] 享：献。《说文》："享，献也。"《诗经·商颂·殷武》："昔有成汤，自彼氐羌，莫敢不来享，莫敢不来王，曰商是常。"郑玄笺："享，献也。"享奔走：献出奔走之劳，意即为王事而奔忙。"奔走"一词为当时习语，多见于西周金文与传世文献。比如邢侯簋铭文云："克奔走上下帝，无终命于有周。"效尊铭文（《集成》6009）载："效不敢不夙夜奔走，扬公休，亦其子子孙孙永宝。"《尚书·酒诰》："妹土嗣尔股肱，纯其艺黍稷，奔走事厥考厥长。"《尚书·君奭》："天惟纯佑命则，商实百姓、王人，罔不秉德明恤。小臣屏侯甸，矧咸奔走。"《尚书·多方》："呜呼！猷告尔有方多士，暨殷多士：今尔奔走臣我监五祀，越惟有胥伯小大多正，尔罔不克臬。"《诗经·周颂·清庙》："济济多士，秉文之德。对越在天，骏奔走在庙。"畏天畏（威）：敬畏上天的威严，第二个"畏"通"威"。畏、威二字古音双声叠韵（影母微部）。《尚书·大诰》："呜呼！天明畏，弼我丕丕基。"孙星衍疏引《汉书》作"天明威"。《尚书·康诰》："敬哉！天畏棐忱，民情大可见。小人难保，往尽乃心，无康好逸豫，乃其乂民。"孙星衍疏："畏与威通"，"畏，郭注《释诂》引作'威'"。《诗经·周颂·我将》："我其夙夜，畏天之威，于时保之。"《尚书·君奭》："无能往来，兹迪彝教，文王蔑德降于国人。亦惟纯佑秉德，迪知天威。乃惟时昭文王，迪见冒闻于上帝。"《尚书·顾命》："在后之侗，敬迓天威，嗣守文武大训，无敢昏逾。"

[28] 敮：旧多释为"而"，如唐兰认为："而字本像人颊毛之形，即所谓

络腮胡子。甲骨文常见。《广雅·释诂四》:'而,词也。'《礼记·檀弓》'而日然',注:'犹乃也。'此铭王先命盂绍荣伯,此再命'刑乃嗣祖南公',所以说'而命'等于说乃命。"[1]对此,林沄已有驳正,指出该字当为首级义的馘(职)之本字,"表现头皮而附有下垂之发"。[2]"馘"通"或",义为又。[3]嗣祖:嫡祖,即"嫡系承嗣之祖"。[4]南公:盂嫡祖之尊称。此句意为王又命盂效法其所承嗣之嫡祖南公。

[29] 召夹:读作"诏夹",同义复合词,诏、夹皆辅佐之义。玄应《一切经音义》卷十二引《三苍》:"夹,辅也。"西周金文亦作"夹诏",如禹鼎铭文(《集成》2833):"丕显桓桓,皇祖穆公,克夹诏先王奠四方。"师询簋铭文(《集成》4342):"克股肱先王,作厥爪牙,用夹诏厥辟奠大命。""诏夹"、"夹诏"与"夹辅"同。《左传》僖公四年:"五侯九伯,女实征之,以夹辅周室。"死:读为"尸",主管。《尔雅·释诂》:"尸,主也。"《诗经·召南·采蘋》:"谁其尸之,有齐季女。"毛传:"尸,主。"《左传》襄公二十七年:"诸侯归晋之德只,非归其尸盟也。"杜预注:"尸,主也。"司:主管、掌管。《广雅·释诂三》:"司,主也。"《诗经·郑风·羔裘》:"彼其之子,邦之司直。"毛传:"司,主也。"《左传》僖公二十一年:"任、宿、须句、颛臾,风姓也,实司大皞与有济之祀,以服事诸夏。"杜预注:"司,主也。"死(尸)司:同义复合词,即主司、主管。戎:《说文》训为"兵也",指兵器,引申为军队、征伐。这里当用引申义。《周易·同人》:"《象》曰:'伏戎于莽',敌刚也。"《国语·周语中》:"夫战,尽敌为上。守和同,顺义为上。故制戎以果毅,制朝以序成。"《国语·周语下》:"吾闻之《大誓》故曰:'朕梦协朕卜,袭于休祥,戎商必克。'"铭文此句意为王命盂协理有关军事事务。

---

[1] 唐兰:《西周青铜器铭文分代史征》,第187页。
[2] 林沄:《新版〈金文编〉正文部分释字商榷》,中国古文字研究会第八届年会论文,1990年,江苏太仓。
[3] 参看陈剑:《〈释殷墟甲骨文里的"远""迩"及有关诸字〉导读》,《中西学术名篇精读·裘锡圭卷》,中西书局2015年版,第268页。
[4] 马承源:《商周青铜器铭文选(三)》,第40页。

[30] 敏：审慎。《左传》僖公二十三年："凡诸侯同盟，死则赴以名，礼也。赴以名，则亦书之，不然则否，辟不敏也。"杜预注："敏犹审也。"《左传》僖公三十三年："礼成而加之以敏。"杜预注："敏，审当于事。"谏：从言束声，一说通"敕"①，谨饬。《广雅·释言》："敕，谨也。"一说通"㑩"，《说文》训作"谨也"。②此句意为要谨慎处理惩罚与诉讼之事，体现出周人"慎罚"之观念。《尚书·康诰》："惟乃丕显考文王，克明德慎罚，不敢侮鳏寡，庸庸，祇祇，威威，显民。"《左传》成公二年："《周书》曰'明德慎罚'，文王所以造周也。明德，务崇之之谓也；慎罚，务去之之谓也。"

[31] 夙夕：与上文"朝夕"同，指早晚，文献或作"夙夜"。《诗经·召南·行露》："厌浥行露，岂不夙夜？谓行多露。"郑玄笺："夙，早。"《诗经·小雅·雨无正》："三事大夫，莫肯夙夜。邦君诸侯，莫肯朝夕。"我一人：周王自称。登：通"烝"，《尔雅·释诂》训作"君也"，义为统治、治理。《诗经·大雅·文王有声》："文王有声，遹骏有声。遹求厥宁，遹观厥成。文王烝哉！"毛传："烝，君也。"《礼记·表记》："《诗》云：'丰水有芑，武王岂不仕。诒厥孙谋，以燕翼子。武王烝哉！'数世之人也。"郑玄注："烝，君也。"铭文此句意为从早到晚都要辅佐周王统理天下四方。

[32] 遹：循视。《尔雅·释诂》："遹、遵、率，循也。"《汉书·东方朔传》："丞相御史知指，乃使右辅都尉徼循长杨以东，右内史发小民共待会所。"颜师古注："循，行视也。"省：视察，察看。《说文》："省，视也。"《尔雅·释诂下》："省，察也。"遹省：同义复合词，循视。西周晚期的胡钟铭文（《集成》260）云："王肇遹省文武勤疆土。"晋侯苏钟铭文（《铭图》15298—15313）载："唯王卅又三年，王亲遹省东国、南国。"受：通"授"，授予。此句意为我将循视先王的做法，授予你民众与土地。西周分封制的主要内容之一即是"授土授民"，如《左传》定公四年详载周初分封鲁国、卫国、晋国的情况。其中授予鲁公伯禽"殷民六族：条氏、徐氏、萧氏、索

---

① 唐兰：《西周青铜器铭文分代史征》，第188页。
② 马承源：《商周青铜器铭文选（三）》，第40页。

氏、长勺氏、尾勺氏",并"分之土田陪敦"。授予康叔封"殷民七族：陶氏、施氏、繁氏、锜氏、樊氏、饥氏、终葵氏。封畛土略，自武父以南及圃田之北竟，取于有阎之土以共王职，取于相土之东都以会王之东蒐。聘季授土，陶叔授民"。对于唐叔虞的分封，则有授"怀姓九宗，职官五正"。此外，《诗经·鲁颂·閟宫》亦载分封鲁国之事，是云："乃命鲁公，俾侯于东。锡之山川，土田附庸。"

[33] 锡：赏赐、赐予，《尔雅·释诂》训为"赐也"。卣一卣：装满香酒的一件卣。鬯：香酒，详见本章第二节注释 [4]。卣，盛酒器。冖：一说读为"幎"，此指头巾[1]；一说通"冕"，冠冕。[2] 衣：衣裳，析言则上衣下裳。《诗经·邶风·绿衣》："绿兮衣兮，绿衣黄裳。"毛传："上曰衣，下曰裳。"市：蔽膝，或作"韍"。《说文》："市，韠也。上古衣蔽前而已，市以象之。天子朱市，诸侯赤市，卿大夫葱衡。"舄：加木底的鞋。《释名·释衣服》："复其下曰舄。"晋崔豹《古今注·舆服》："舄，以木置履下，干腊不畏泥湿也。"《周礼·天官·屦人》："屦人掌王及后之服屦。为赤舄、黑舄，赤繶、黄繶；青句，素屦；葛屦。"郑玄注："复下曰舄。"贾公彦疏："下谓底，复，重底，重底者名曰舄。"《左传》桓公二年："衮、冕、黻、珽、带、裳、幅、舄、衡、纮、綖、昭其度也。"杨伯峻注："古人谓鞋为履，鞋底用一层者谓之履，双层者谓之舄。单底用皮，双层底加木。古代天子诸侯，吉事皆着舄。舄有赤、白、黑诸色，所服不同，舄亦异色。"[3] 西周金文中赏赐"赤舄"者多见，如师虎簋（《集成》4316）、吴方彝盖（《集成》9898）、元年师兑簋（《集成》4274）、弭伯师耤簋（《集成》4257）等。此句是讲周王赏赐给盂的物品，包括一卣香酒、命服（冖、衣、市、舄）、车、马。

[34] 旆：旌旗。《左传》僖公五年："丙之晨，龙尾伏辰；均服振振，取虢之旆。"杜预注："旆，军之旌旗。"遝：旧多读为"狩"，训作狩猎、田猎。

---

[1] 唐兰：《西周青铜器铭文分代史征》，第 107 页；刘翔、陈抗、陈初生、董琨：《商周古文字读本》（增补本），第 71 页。

[2] 马承源：《商周青铜器铭文选（三）》，第 31—32 页、第 40 页。

[3] 杨伯峻：《春秋左传注》（修订本），第 87 页。

裘锡圭将之读为战争的"战（戰）"。陈剑从文字学角度分析道："狩猎的'狩'古作'獸'，本从單从犬会意。'嘼'是后来其中'單'形的繁化，独立的'嘼'字音义当与'獸'无关；在战国文字及传抄古文中，'戰'字所从的声符'單'多作'嘼'。"①据此，陈先生结合鼎铭认为"旌旂用于军旅战阵，'嘼'释读为'戰'当然远胜旧说释为'狩'"。②本句意为将你嫡祖南公之旌旂赐予你，用于军事战争。

[35] 邦司：指周人有司或官员。伯：长官。《说文》："伯，长也。"人鬲：从铭文看当系包括馭、庶人等不同等级或身份的集合名词，旧说为奴隶或战俘，尚有争议，存疑待考。尸：通"夷"，指夷人。尸（夷）司王臣：与"邦司四伯"相对，指"夷人而为周臣者"。③此句是讲周王授民于盂。

[36] 亟：通"亟"，疾、急速。《说文》："亟，敏疾也。"《诗经·豳风·七月》："亟其乘屋，其始播百谷。"郑玄笺："亟，急。"亟　迁自厥土："亟"下一字不识，大致是说要将上文所赐之民从其原居地快速迁至盂的封地。《诗经·大雅·崧高》："王命召伯，彻申伯土田。王命傅御，迁其私人。"

[37] 若、乃：第二人称代词，你、你的。正：读为"政"，政事。法：通"废"，废弃、背弃。"勿法（废）朕命"习见于西周册命金文，如伯晨鼎（《集成》2816）、师酉簋（《集成》4288）、大克鼎（《集成》2836）等。传世文献或作"无废朕命"，如《诗经·大雅·韩奕》："王亲命之，缵戎祖考，无废朕命。"铭文此句意为你要恭敬你的政事，不能背弃我的命令。

[38] 用：因而、因此。对王休：答谢王的赏赐。《诗经·大雅·桑柔》："听言则对，诵言如醉。"郑玄笺："对，答也。"王廿又三祀：指的是康王二十三年，亦即大盂鼎的铸造时间。

① 陈剑：《据郭店简释读西周金文一例》，《甲骨金文考释论集》，线装书局2007年版，第28—29页。
② 陈剑：《据郭店简释读西周金文一例》，《甲骨金文考释论集》，第29页。
③ 李学勤：《大盂鼎新论》，《郑州大学学报（哲学社会科学版）》1985年第3期。

【疏义】

大盂鼎铭文是西周早期一篇重要的册命文献，记载了贵族盂受康王册命的史事。开篇康王回顾了周人建国的历程，总结了殷商王朝因酗酒而亡的惨痛教训，与《尚书·酒诰》记载相合。其次，康王强调自己当效法、禀承文王纯正的品德，任命盂辅佐荣氏，又命盂效法其先祖南公，协理军事事务。再次，康王对盂进行了大量的赏赐，包括香酒、命服、车马、民众等。最后，册命结束，盂答谢王的赏赐，给先祖南公做了件宝鼎。

从大盂鼎铭文可以一窥西周早期周王朝的册命礼仪。如册命的时间选在黎明时分，以后成为常制。命书是由史官代为宣读，故称"王若曰"，之后莫不遵循。命书内容逐渐规范化，主要包括两大部分：一、职官或职事任命；二、物品、民众、土田等的赏赐。到了西周中晚期，册命礼仪更趋于完善与成熟，所展现的仪节更为丰富。宣王时期的颂鼎铭文（《集成》2827—2829，图2）在这方面的记载较为全面，颇具代表性，兹移录如下：

图 2　颂鼎铭文

唯三年五月既死霸甲戌，王在周康昭宫。旦，王格大室，即位。宰引右颂入门，立中廷。尹氏授王命书，王呼史虢生册命颂。王曰："颂！命汝官司成周贾廿家，监司新造贾，用宫御。锡汝玄衣黹纯、赤市朱黄（衡）、銮旂、攸勒，用事。"颂拜稽首，受命册佩以出，反（返）入觐璋。颂敢对扬天子丕显鲁休，用作朕皇考龚叔、皇母龚姒宝尊鼎。用追孝祈匄康娱、纯祐、通禄、永命。颂其万年眉寿，畯（畯）臣天子，灵终，子子孙孙宝用。

鼎铭详述了周王册命颂的过程，揭示了册命礼的具体仪节。据此，结合其他西周金文资料，我们将当时的册命礼仪梳理如下：

第一，黎明时分，周王至宗庙之大室，就天子之朝位，准备册命。

关于册命时辰，除了大盂鼎铭所见的"昧晨"外，还有"昧爽""旦"，如：

1.唯十又二月初吉，王在周。昧爽，王格于大庙。井叔有（右）免，即命。（免簋，《集成》4240，西周中期）

2.唯廿年正月既望甲戌，王在周康宫。旦，王格大室，即位。益公右走马休入门，立中廷，北向。（休盘，《集成》10170，西周中期）

3.唯王九月既生霸庚寅，王在周康宫。旦，格大室，即位。司徒单伯入右扬。（扬簋，《集成》4294—4295，西周中期）

4.唯王廿又七年正月既望丁亥，王在周康宫。旦，王格穆大室，即位。申季入右伊，立中廷，北向。（伊簋，《集成》4287，西周晚期）

5.王在宗周，旦，王格穆庙，即位。申季右善夫克入门，立中廷，北向。（大克鼎，《集成》2836，西周晚期）

昧晨即昧爽，与旦明皆属黎明时段，不过二者略有差异。康王时期的小盂鼎铭文（《集成》2839）载："唯八月既望辰在甲申，昧爽，三左三右、多君入服酒。明，王格周庙。"可见，昧爽要早于旦明，"且为日之初出，而昧爽则为日之未出"。[1]从目前金文资料来看，西周王朝举行册命的时辰基本都选在旦明之时。陈汉平指出："古人举事、行礼，尤以重典，多在昧爽、旦明之时举行。"[2]除了金文材料外，传世文献中亦有大量例证。如《尚书·牧誓》："时甲子昧爽，王朝至于商郊牧野，乃誓。"《逸周书·酆保解》："王在酆，昧爽，立于少庭。"《逸周书·史记解》："维正月，王在成周。昧爽，召三公、左史戎夫。"《仪礼·少牢馈食礼》："宗人曰：'旦明行事。'"《礼记·内则》："由命士以上，父子皆异宫，昧爽而朝，慈以旨甘。日出而退，各从其事。"

关于册命地点，除了大盂鼎、大克鼎铭文所载的宗周（即镐京）外，还有免簋、休盘、扬簋、伊簋等铭文所载之"周"，即岐周（或称岐邑）。[3]宗周、岐周同处关中王畿地区，频繁见于册命金文，当系周王举行册命礼的主要地点。除此之外，还有一些举行册命的地点，比如成周（癲壶，《集成》9723—9724）、"葊"（师求簋，《集成》4253—4254）、"吴"（师酉簋，《集成》4288—4291）、"郑"（免尊，《集成》6006）、"减居"（元年师簋，《集成》4279—4282）、"杜居"（师虎簋，《集成》4316）等。

册命的具体场所，一般选在宗庙的大室。休盘、扬簋、伊簋等铭文的"周康宫"即岐周的康宫。朱凤瀚指出："'康宫'或简称'康'，初为康王宗庙所在，后发展为一大的周王室宗庙建筑群，此区域仍以'康宫'为称，或简称'康'。此宗庙区内诸王宗庙，亦称宫。""各宫内，即各位王的宗庙内部均各有'大室'，是宗庙中心举行政治与礼制活动的厅堂类的建筑，故先言王在'康'（或'康宫'）内某王之宫，继言'王各大室'，此'大室'必是王所居该宫内之大室。"[4]颂鼎铭文的"周康昭宫"意即岐周康宫区域内的昭

① 陈汉平：《西周册命制度研究》，学林出版社 1986 年版，第 95 页。
② 陈汉平：《西周册命制度研究》，第 94 页。
③ 陈絜：《周代农村基层聚落初探》，朱凤瀚主编：《新出金文与西周历史》，上海古籍出版社 2011 年版，第 161—165 页。
④ 朱凤瀚：《简论与西周年代学有关的几件铜器》，《新出金文与西周历史》，上海古籍出版社 2011 年版，第 40 页。

王宗庙，伊簋铭文的"穆大室"为穆王宗庙之大室，大克鼎铭文的"穆庙"系穆王的宗庙。

除了常见的大室外，周王有时亦在宗庙之图室进行册命，如：

1.唯九月既望甲戌，王格于周庙，述于图室。司徒南仲右无妻入门，立中廷。（无妻鼎，《集成》2814，西周晚期）

2.唯卅又七年正月初吉庚戌，王在周，格图室。南宫乎入右善夫山入门，立中廷，北向。（善夫山鼎，《集成》2825，西周晚期）

陈汉平指出："图室当为放置图书典籍之室。古之图书多以竹帛为之，册命命书为书之一种，故册命礼仪或于图室举行。又图室或为绘有祖先图象之室，附此存疑。大室与图室虽名、实俱不相同，然于举行册命礼仪中之地位略相同。"[①]

在册命礼中，周王就位后的朝向应是南向。如西周早期的宜侯夨簋铭文（《集成》4320）载："王立于宜，入社，南向。王命虞侯夨曰：'迁侯于宜。'"传世文献亦有相关记载，如《尚书·顾命》："狄设黼扆缀衣，牖间南向，敷重篾席、黼纯，华玉仍几。"《逸周书·明堂解》："天子之位，负斧扆南面立。"《礼记·明堂位》："天子负斧依，南乡而立。"《周礼·春官·司几筵》："凡大朝觐、大飨射，凡封国、命诸侯，王位设黼依，依前南乡设莞筵纷纯，加缫席画纯，加次席黼纯，左右玉几。""乡"通"向"，"南乡"即"南向"。

第二，傧者（或称右者）引导受命者进入宗庙之门，立于中廷，方位朝北。

陈汉平指出："傧字或书作摈，在古代礼仪中，傧者（摈者）担当导引来宾之任务。"[②]如《周礼·春官·大宗伯》："王命诸侯，则傧。"郑玄注："傧，进之也。"孙诒让疏："此王命诸侯大宗伯傧，亦谓赞引令进前受策命。"《管子·小问篇》："东郭邮至，桓公令傧者延而上。"尹知章注："傧，

① 陈汉平：《西周册命制度研究》，第99—100页。

② 陈汉平：《西周册命制度研究》，第106页。

谓赞引宾客者也。"

在西周册命铭文的"某某右（或入右）某某"中，"右（或入右）"前为傧导人员，其后则是受命者。如上引颂鼎、免簋、休盘、扬簋、伊簋、大克鼎、无叀鼎、善夫山鼎等器铭所载的傧者（或右者）分别为宰引、井叔、益公、司徒单伯、申季、申季、司徒南仲、南宫乎，受命者分别为颂、免、走马休、扬、伊、善夫克、无叀、善夫山。其中，申季作为傧者见于伊、善夫克两人的册命礼中，亦可说明三人的时代相近。

册命礼中的傧者一般认为是受命者的上级长官，存在统属关系。这方面的例证可以举西周中期的庚季鼎铭文（《集成》2781），是云：

> 唯五月既生霸庚午，伯俗父右庚季，王锡赤巿、玄衣黹纯、銮旅〈旂〉，曰："用右〈左〉右俗父司寇。"庚季拜稽首，对扬王休，用作宝鼎。其万年子子孙孙永用。

据鼎铭知，庚季受命辅佐伯俗父治理寇盗之事，可见其本人系作为傧者的伯俗父之属官。古代以右为尊为上，故作为上级的傧者引导受命者入门时居其右，或称之"右者"。黄益飞进一步推测："由于右者身份较高，进门之时，右者应在右前方，受命者跟随。"[1]

第三，"秉策之史将命书呈于天子，天子再将命书授给宣命之史"，"命其宣读命辞"。[2]

颂鼎铭文云："尹氏授王命书，王呼史虢生册命颂。""尹氏"即秉策之史，"史虢生"乃宣命之史。相关金文例子还有：

1. 唯廿又八年五月既望庚寅，王在周康穆宫。旦，王格大室，

---

① 黄益飞：《西周册命礼的朝仪》，《青铜器与金文（第二辑）》，上海古籍出版社2018年版，第167页。

② 黄益飞：《西周册命礼的朝仪》，《青铜器与金文（第二辑）》，第170页。

即位。宰颡右裘入门，立中廷，北向。史带授王命书，王呼史减册锡裘。（裘盘，《集成》10172，西周晚期）

2. 唯卅又三年六月既生霸丁亥，王在周康宫穆宫。旦，王格周庙，即位。司马寿右虞逑入门，立中廷，北向。史减授王命书，王呼尹氏册命逑。（四十三年逑鼎，《铭图》2503—2512，西周晚期）

裘盘铭文中"史带"即秉策之史，"史减"系宣命之史。四十三年逑鼎铭文中"史减"则改任秉策之史，"尹氏"为宣命之史。故"史减"既可以担任宣命之史，又可充当秉策之史。结合颂鼎铭文知，"尹氏"的情况同此。值得注意的是，西周册命金文往往省略了秉策之史，只提及宣命之史，如：

1. 唯元年六月既望甲戌，王在杜居，格于大室。井伯入右师虎，即立中廷，北向。王呼内史吴曰："册命虎。"（师虎簋，《集成》4316，西周中期）

2. 唯王元年四月既生霸，王在减居。甲寅，王格庙，即位。迟公入右师，即立中廷。王呼作册尹册命师旋。（元年师旋簋，《集成》4279—4282，西周中期）

3. 唯五月初吉甲戌，王在莽，格于大室。即立中廷，井叔入右师𡧏。王呼尹氏册命师𡧏。（师𡧏簋，《集成》4253—4254，西周晚期）

师虎簋、元年师旋簋、师𡧏簋铭文的"内史吴""作册尹""尹氏"皆系宣命之史。黄益飞指出："尹氏，彝铭又作作册尹氏，乃内史之长。"[1]史官参与册命又见于传世文献，可与金文相印证。如《尚书·顾命》："太史秉书，由宾阶隮，御王册命。"郑玄注："太史东面，于殡西南而读策书，以命王嗣位之事。"《诗经·大雅·常武》："王谓尹氏，命程伯休父。"《左传》僖公二十八年："王命尹氏及王子虎、内史叔兴父策命晋侯为侯伯。"

---

① 黄益飞：《西周册命礼的朝仪》，《青铜器与金文（第二辑）》，第170页。

周王册命臣下的命书由史官代为宣读，故册命金文中一般用"王若曰"来标明，或省称"王曰"。命书的内容主要包括两大部分：一、职官或职事任命。比如扬簋铭文载："王若曰：'扬！作司工，官司量田佃、眔司居、眔司刍、眔司寇、眔司工事。'"颂鼎铭文云："王曰：'颂！命汝官司成周贾廿家，监司新造贾，用宫御。'"伊簋铭文载："王呼命尹封册命伊：'总官司康宫王臣妾、百工。'"二、物品、民众、土田等赏赐。大盂鼎铭文即载有周王赏赐给盂的物品、民众。关于土田的赏赐，大克鼎铭有记载，是云："王若曰：'……锡汝田于野，锡汝田于渒……锡汝田于康，锡汝田于匽，锡汝田于陣原，锡汝田于寒山。'"

传世文献方面，亦有与册命金文类似的赏赐记载，如《诗经·大雅·江汉》："釐尔圭瓒，秬鬯一卣，告于文人，锡山土田，于周受命，自召祖命。"毛传："釐，赐也。"郑玄笺："宣王欲尊显召虎，故如岐周，使虎受山川土田之赐，命用其祖召康公受封之礼。"《尚书·文侯之命》："王曰：'父义和，其归视尔师，宁尔邦。用赍尔秬鬯一卣，彤弓一、彤矢百，卢弓一、卢矢百，马四匹。'"《尔雅·释诂上》："赍，赐也。"《左传》僖公二十八年："王命尹氏及王子虎、内史叔兴父策命晋侯为侯伯，赐之大辂之服、戎辂之服，彤弓一、彤矢百，旅弓矢千，秬鬯一卣，虎贲三百人。"

第四，宣命之史宣读完命书后，受命者行跪拜之礼，接受命书（金文称作"命册"或"册"），持之以出，再返回以玉璋觐见天子。

这一礼节见于西周晚期的颂鼎、善夫山鼎铭文。颂鼎铭载："颂拜稽首，受命册佩以出，反（返）入觐璋。"善夫山鼎铭云："山拜稽首，受册佩以出，反（返）入觐璋。""佩"训作持、携带。《汉书·五行志下之上》："母告百姓，佩此书者不死。不信我言，视门枢下，当有白发。"《左传》僖公二十八年载有晋文公接受周王册命后"受策以出，出入三觐"，与金文所载类似。另外，相互印证的其他文献还有：

1.韩侯入觐，以其介圭，入觐于王。（《诗经·大雅·韩奕》）

2.伯有既死，使大史命伯石为卿，辞。大史退，则请命焉。复

命之，又辞。如是三，乃受策、入拜。(《左传》襄公三十年)

3.夏四月，郑伯如晋，公孙段相，甚敬而卑，礼无违者。晋侯嘉焉，授之以策，曰："子丰有劳于晋国，余闻而弗忘。赐女州田，以胙乃旧勋。"伯石再拜稽首，受策以出。(《左传》昭公三年)

《韩奕》毛序："尹吉甫美宣王也，能锡命诸侯。"引诗是讲韩侯以大玉圭觐见周王，与金文所记以玉璋入觐不同。陈汉平指出："文献记诸侯以圭入觐，金文记王臣以璋入觐，虽二者用玉不同，然其觐礼仪式当相同。"[①]

总之，册命礼是西周重要的政治礼仪活动，关系到西周王朝的政治运作与日常管理，对于研究西周政治、职官、赏赐、舆服等制度而言价值颇高，是西周史研究的重要领域。西周大量的册命金文不仅基本还原了当时的册命礼仪，而且又能跟传世文献尤其传统礼书《周礼》《仪礼》《礼记》等进行对读与比较研究，进一步加深对于礼制演变的认识与"三礼"成书年代的探讨，意义非凡。

【推荐阅读】

李学勤：《大盂鼎新论》，《郑州大学学报（哲学社会科学版）》1985年第3期。

陈汉平：《西周册命制度研究》，学林出版社1986年版。

马承源：《商周青铜器铭文选（三）》，文物出版社1988年版。

陈梦家：《西周铜器断代》，中华书局2004年版。

王辉：《商周金文》，文物出版社2006年版。

何树环：《西周锡命铭文新研》，文津出版社2007年版。

唐兰：《西周青铜器铭文分代史征》，上海古籍出版社2016年版。

黄益飞：《西周册命礼的朝仪》，《青铜器与金文（第二辑）》，上海古籍出版社2018年版。

第二节　霸伯盂与聘礼

霸伯盂，一名尚盂，出土于山西翼城县大河口西周墓地 1017 号墓葬，编号为 M1017：6。该墓葬形制为长方形竖穴土圹，有熟土二层台，葬具为一棺一椁，所出随葬品十分丰富，种类包括青铜器、金器、锡器、陶器、蚌器等，其中青铜器数量最多，涵盖礼器、乐器、兵器、工具及车马器等。墓葬的时代在西周中期偏早阶段，墓主人一般认为是霸国的国君霸伯尚。[1] 据李学勤的研究，霸伯盂的具体年代应在"西周中期前段，可估计属穆王前后"。[2] 霸伯盂通高 34、口径 38.8—39.2 厘米，腹内壁铸有铭文十行一百一十六字，重文一（图 3）。

【图版】

图 3　霸伯盂铭文

---

① 山西省考古研究所、临汾市文物局、翼城县文物旅游局联合考古队，山西大学北方考古研究中心：《山西翼城大河口西周墓地 1017 号墓发掘》，《考古学报》2018 年第 1 期。
② 李学勤：《翼城大河口尚盂铭文试释》，《文物》2011 年第 9 期。

【著录】

《考古学报》2018 年第 1 期

《商周青铜器铭文暨图像集成》(《铭图》) 6229

【释文】

唯三月，王使伯考蔑尚历[1]，归[2]柔（茅）苞[3]、旁（芳）㔇[4]。戒〈咸〉[5]，尚拜稽首[6]。既稽首，延宾，赞[7]，宾用虎皮冄（乘）[8]，毁（贿）用章（璋），奉[9]。翌日，命宾曰："拜稽首，天子蔑其臣历，敢敏。"[10]用章（璋）[11]。遣宾，赞[12]，用鱼皮两，侧毁（贿）用章（璋）先马[13]，原毁（贿）用玉[14]，宾出。以俎或延，伯或原毁（贿）用玉先车[15]，宾出。伯遣宾于蒿（郊），或舍（予）宾马[16]。霸伯拜稽首，对扬王休，用作宝盂，孙子子其万年永宝[17]。

【注释】

[1] 王：周王。伯考：人名，周王派往霸国的使者。作为霸国的宾客，下文又称之为"宾"。尚：即下文的"伯""霸伯"，霸国国君之名，亦为 M1017 的墓主人。蔑历：金文习见词汇，诸家解释不一。李学勤认为"蔑"意同"嘉"，训作嘉勉；据《左传》僖公十二年"余嘉乃勋"知，"历"有"功勋之义"。"王使伯考前来，是为了嘉勉尚的功绩。至于功绩究何所指，铭文没有说明。"①

[2] 归：馈赠。《广雅·释诂三》："归，遗也。"《左传》闵公二年："归公乘马，祭服五称。"杜预注："归，遗也。四马曰乘。"与本铭语法结构相似。

[3] 柔：从木矛声，通"茅"。柔（茅）苞：即文献上所载之"苞（或作包）茅"。《左传》僖公四年："尔贡苞茅不入，王祭不共，无以缩酒。"杨伯峻注："苞即包裹之包，茅即《禹贡》之菁茅，茅之有毛刺者。古人拔此茅而束之，故曰包茅。缩酒者，一则用所束之茅漉酒去滓；一则当祭神之时，束茅立之，以酒自上浇下，其糟则留在茅中，酒汁渐渐渗透下流，像神饮之

① 李学勤：《翼城大河口尚盂铭文试释》，《文物》2011 年第 9 期。

也。"①"苞"，一释为"郁"。②

[4] 旁：通"芳"，芳香。鬯：用黑黍与郁金香草酿成的香酒。《说文·鬯部》："鬯，以秬酿郁草，芬芳攸服以降神也。"《礼记·郊特牲》："周人尚臭，灌用鬯臭，郁合鬯，臭阴达于渊泉。"鬯酒的赏赐，见于西周金文与传世文献，如西周早期大盂鼎铭（《集成》2837）"锡汝鬯一卣"，叔簋铭（《集成》4132）"赏叔郁鬯"，西周晚期毛公鼎铭（《集成》2841）"锡汝秬鬯一卣"。《诗经·大雅·江汉》："釐尔圭瓒，秬鬯一卣。"

[5] 臧：当为"咸"字之误，训作毕、结束。陈剑业已指出臧、咸"两字形近易误"，如郭店简《缁衣》简1"民臧饬＊而刑不顿"的"臧"，上博简与今本《缁衣》皆作"咸"。③西周金文中"咸"表示完毕、结束的用法多见，如成王时期的德方鼎铭（《集成》2661）载："唯三月，王在成周，延斌祼自郊。咸，王锡德贝廿朋，用作宝尊彝。"昭王时期的令方彝铭（《集成》9901）云："既咸命，甲申，明公用牲于京宫；乙酉，用牲于康宫。咸既，用牲于王。"穆王时期的班簋铭（《集成》4341）载："锡铃、勒。咸，王命毛公以邦冢君、徒驭、或＊人伐东国猾戎。咸，王命吴伯曰：'以乃师左比毛父。'"

[6] 拜：一称"拜手"，古时跪拜礼的一种，既跪而拱手，俯头至手。段注《说文》："拜，首至手也。"稽首：文献或作"诣首"，古时一种跪拜礼，"既跪而拱手，下至于地，而头亦下至于地。"（《说文》段注）《周礼·春官·大祝》"一曰稽首"，郑玄注："拜头至地也。"拜稽首：乃"拜手稽首"之省，金文又称"手稽首""敢拜手稽首""敢拜稽首"等，均是先行拜手礼，再行稽首礼。文献又有"再拜稽首"，较前者礼重，拜手礼行有两次。《仪礼·聘礼》"劳者再拜稽首受"，郑玄注："稽首，尊国宾也。"《国语·周语上》："襄王使邵公过及内史过赐晋惠公命。吕甥、郤芮相晋侯，不敬。晋侯执玉卑，拜不稽首。内史过归，以告王曰：'晋不亡，其君必无后。且吕、

---

① 杨伯峻：《春秋左传注》（修订本），第290页。

② 李学勤：《翼城大河口尚盂铭文试释》，《文物》2011年第9期。

③ 陈剑之说参见复旦大学出土文献与古文字研究中心官网：http://www.fdgwz.org.cn/Web/Show/1560，2011年6月22日。

郐将不免。'""拜不稽首"意即行拜手礼而不行稽首礼,可见二礼有别。《礼记·郊特牲》:"拜,服也。稽首,服之甚也。"

[7] 延:迎请、引进。《尔雅·释诂下》:"延,进也。"《尚书·顾命》:"逆子钊于南门外,延入翼室。"《仪礼·特牲馈食礼》:"尸至于阶,祝延尸。"郑玄注:"延,进。"《吕氏春秋·重言》:"乃令宾者延之而上。"高诱注:"延,引。"赞:辅佐、佐助。《左传》襄公二十七年:"大叔仪不贰,能赞大事。"杜预注:"赞,佐也。"《吕氏春秋·务大》:"细大贱贵,交相为赞。"高诱注:"赞,助也。""延宾,赞"意即迎请、辅佐宾客行礼,类似于册命金文中的"入右"礼仪,这里的主语非霸伯,应是霸伯的臣子,充当傧者。

[8] 禹:通"乘",四。《诗经·大雅·嵩高》:"路车乘马,我图尔居。"毛传:"乘马,四马也。"《孟子·离娄下》:"发乘矢而后反。"赵岐注:"乘,四也。"《礼记·少仪》:"其以乘壶酒、束脩、一犬赐人。"郑玄注:"乘壶,四壶也。"《仪礼·聘礼》:"庭实设,马乘。"郑玄注:"乘,四马也。""虎皮乘"与"马乘"结构相同,意即虎皮四张,与下文的"鱼皮两"对举。此外,同墓所出的霸伯簋(M1017:8)铭文载有"虎皮一",霸伯山簋(M1017:35)器底铭文作"虎皮二"[1],亦可与本铭形成类比。

[9] 毁:通"贿",赠送。《玉篇·贝部》:"贿,赠送财也。"《仪礼·聘礼》:"宾褖迎大夫,贿用束纺。"郑玄注:"贿,予人财之言也。"《穆天子传》卷二:"诏以金刃之刑,贿用周室之璧。"郭璞注:"贿,赠贿也。"本铭"贿用璋"与"贿用束纺"、"贿用周室之璧"结构相同,皆为赠送某物。奉:进献。《广雅·释言》:"奉,献也。"一说为"奏"字,亦训作进献。[2]

[10] 翌日:次日。命宾:告宾,意指霸伯尚奉告伯考。《国语·吴语》:"吾问于王孙包胥,既命孤矣。敢访诸大夫,问战奚以而可?"韦昭注:"命,告也。"《仪礼·士冠礼》:"宰自右少退,赞命。"郑玄注:"赞,佐也。命,

---

① 山西省考古研究所、临汾市文物局、翼城县文物旅游局联合考古队,山西大学北方考古研究中心:《山西翼城大河口西周墓地 1017 号墓发掘》,《考古学报》2018 年第 1 期。
② 黄锦前:《霸伯盂铭文考释》,《中国国家博物馆馆刊》2012 年第 5 期。

告也。"拜稽首，天子蔑其臣历，敢敏"为霸伯尚的拜谢之辞。敢：谦辞，表示冒昧，常见于礼仪、外交等辞令中。《仪礼·士虞礼》："敢用絜牲刚鬣。"郑玄注："敢，昧冒之辞。"贾公彦疏："凡言'敢'者，皆是以卑触尊，不自明之意，故云昧冒之辞。"敏：训为敬。《玉篇》："敬也，庄也。""敢敏"，杨坤指出"意即霸伯要恭敬、庄重地对待天子的嘉勉"。[①]一说训为审慎，亦通。《左传》僖公三十三年："齐国庄子来聘，自郊劳至于赠贿，礼成而加之以敏。"杜预注："敏，审当于事。"[②]

[11] 用章（璋）：霸伯尚使用玉璋还礼。李学勤指出："尚'命宾'之后，使'用璋'，即将伯考上日奉献的璋还回，在《聘礼》称做'还玉'。"[③]

[12] 遣宾：送宾。《仪礼·既夕礼》："书遣于策。"郑玄注："遣犹送也。"赞：辅佐、佐助。"遣宾，赞"意为傧者送宾，辅佐宾客行礼。上文"延宾，赞"正好与之相对，一为迎请，一为送往。

[13] 鱼皮两：即两张鱼皮，与前文"虎皮乘"相对。侧：单独。《仪礼·士冠礼》："侧尊一甒醴，在服北。"郑玄注："侧犹特也。无偶曰侧。"《礼记·曲礼上》："有忧者侧席而座"。郑玄注："侧犹特也。""侧贿"云云，意为霸伯单独赠送伯考物品，不需要臣子来辅佐行礼。用章（璋）先马：即霸伯所赠之物，先予玉璋后予马匹。

[14] 原：再次。《尔雅·释言》："原，再也。"《史记·高祖本纪》："及孝惠五年，思高祖之悲乐沛，以沛宫为高祖原庙。"裴骃集解云："谓'原'者，再也。先既已立庙，今又再立，故谓之原庙。"原毁（贿）用玉：意为霸伯再次赠送伯考玉器。

[15] 俎：指美肴嘉馔。《仪礼·乡射礼》："宾辞以俎。"郑玄注："俎者，肴之贵者也。"或：训为又。"以俎或延"意为霸伯又设宴招待伯考。在宴飨之时，霸伯再次赠送物品，先玉后车，是谓"原毁（贿）用玉先车"。霸伯

---

① 杨坤：《霸伯盂铭文所见西周聘礼仪节的复原》，《青铜器与金文（第一辑）》，上海古籍出版社，2017年，第623页。
② 参见张亮：《考霸伯盂铭文释西周宾礼》，《求索》2013年第2期。
③ 李学勤：《翼城大河口尚盂铭文试释》，《文物》2011年第9期。

前赠马后赠车，刚好形成一套完整装备。

[16] 遣：与前文"遣"字写法不同，或是讹变字形。一说为"遗"字，亦训为送。① 蒿：通"郊"，指郊外。"伯遣宾于郊"是言霸伯亲自送伯考至国都之郊。舍：通"予"，赐予。《墨子·耕柱》："舍余食。"孙诒让《墨子间诂》："舍，予之假字。古赐予字或作'舍'。""或舍宾马"，意为霸伯又赐给伯考马匹。

[17] 对扬王休：答受称扬周王的赏赐。孙子子：即子子孙孙，"孙"字右下或遗漏了重文符号。

【疏义】

霸伯盂铭文是西周中期一篇重要的礼制文献，讲述了周天子派伯考去霸国聘问之事。伯考首先代表天子蔑历、赏赐霸国国君霸伯尚，之后正式进行聘问环节，伯考在傧者的引导下向霸伯进献虎皮、玉璋。次日，霸伯对伯考进行还礼、赠贿及宴飨，最后亲自送至郊外，又赠以马，聘礼结束。

孙庆伟指出："聘礼是周代高级贵族的相见礼，凡诸侯朝见天子、周王遣使至侯国、诸侯之间相互往来以及诸侯遣使朝见周王均可称聘。"② 关于诸侯朝见天子，如《礼记·王制》："诸侯之于天子，比年一小聘，三年一大聘，五年一朝。"《礼记·聘义》："故天子制诸侯，比年小聘，三年大聘，相厉以礼。"《左传》隐公八年："八月丙戌，郑伯以齐人朝王，礼也。"《左传》庄公十八年："十八年春，虢公、晋侯朝王。"

关于周王遣使至诸侯国者，如《春秋经》隐公七年："冬，天王使凡伯来聘。"《春秋经》隐公九年："九年春，天王使南季来聘。"《春秋经》桓公四年："夏，天王使宰渠伯纠来聘。"《春秋经》僖公三十年："冬，天王使宰周公来聘。"霸伯盂铭亦属于天子派使臣聘问诸侯之例。

关于诸侯遣使朝见周王、诸侯国间往来者，如《左传》僖公三十年："东门襄仲将聘于周，遂初聘于晋。"《左传》宣公九年："九年春，王使来征

---

① 黄锦前：《霸伯盂铭文考释》，《中国国家博物馆馆刊》2012 年第 5 期。
② 孙庆伟：《尚盂铭文与周代的聘礼》，《考古学研究（十）》，科学出版社 2012 年版，第 506 页。

聘。夏，孟献子聘于周。王以为有礼，厚赂之。"《春秋经》庄公二十五年："二十有五年春，陈侯使女叔来聘。"《春秋经》宣公十年："齐侯使国佐来聘。"

霸伯盂铭文虽然较为简略，但结合《仪礼》《礼记》《周礼》等传世文献，我们大致可以复原出当时天子遣使聘问诸侯的聘礼程式，具体如下：

第一，王朝使者到达诸侯国后，代表周王对诸侯行蔑历、赏赐之礼，诸侯行拜手礼与稽首礼予以回应。

霸伯盂铭文所载，伯考奉周王之命，前往山西南部的霸国，代表周王嘉勉霸国国君霸伯尚的功绩，赏赐有苞茅与芳鬯。二物属祭祀之用品，十分重要。周王赏赐诸侯鬯酒，不乏其例。如西周康王时期的宜侯夨簋铭（《集成》4320）载："王命虞侯夨曰：'迁侯于宜。锡瓒鬯一卣，商瓒一□，彤弓一、彤矢百，旅（卢）弓十、旅（卢）矢千。'""瓒鬯"即瓒地的鬯酒。[①]《尚书·文侯之命》乃周平王对晋文侯的诰命之辞，所记赏赐之物有"秬鬯一卣，彤弓一、彤矢百，卢弓一、卢矢百，马四匹"。《左传》僖公二十八年："己酉，王享醴，命晋侯宥。王命尹氏及王子虎、内史叔兴父策命晋侯为侯伯，赐之大辂之服、戎辂之服，彤弓一、彤矢百，玈弓矢千，秬鬯一卣，虎贲三百人。"这里的"王"为周襄王，"晋侯"即晋文公。

伯考代天子赏赐结束后，霸伯尚先行拜手礼，再行稽首礼，乃是臣下对君王表示感谢的跪拜礼节。拜手、稽首礼常见于诸侯对天子的礼仪活动中。如西周晚期的晋侯苏钟铭（《铭图》15307—15308）云："王亲锡驹四匹，苏拜稽首，受驹以出。反（返）入，拜稽首。"另如《左传》僖公九年："王使宰孔赐齐侯胙，曰：'天子有事于文、武，使孔赐伯舅胙。'齐侯将下、拜。"杨伯峻注："下拜者，降于两阶之间，北面再拜稽首。下指降于阶下，拜包括再拜稽首，此为当时臣对君之礼。"《左传》僖公二十八年："王命尹氏及王子虎、内史叔兴父策命晋侯为侯伯，赐之大辂之服、戎辂之服，彤弓一、彤矢百，玈弓矢千，秬鬯一卣，虎贲三百人，曰：'王谓叔父：敬服王命，以

① 唐兰：《西周青铜器铭文分代史征》，第 169 页。

绥四国，纠逖王慝。'晋侯三辞，从命，曰：'重耳敢再拜稽首，奉扬天子之
丕显休命。'受策以出。"

对于天子之赐，诸侯拜手、稽首二礼缺一不可，否则就属于大不敬。如
《国语·周语上》："襄王使邵公过及内史过赐晋惠公命。吕甥、郤芮相晋侯，
不敬。晋侯执玉卑，拜不稽首。内史过归，以告王曰：'晋不亡，其君必无
后。且吕、郤将不免。'"晋惠公只行拜手礼，不行稽首礼，内史过断言其
无后嗣，亦是批评不恭敬王命之罪。

第二，王朝使者在诸侯傧者的引导下，正式向诸侯行聘礼，进献物品。

孙庆伟指出："聘、享是整个聘礼的核心部分。"[1]霸伯盂铭文所载王朝使
者伯考向霸伯尚行聘，有傧者迎请，并辅佐行礼，然后作为宾客的伯考向主
人霸伯进献四张虎皮与玉璋，以示友好。《仪礼·聘礼》详载聘礼的具体过
程，是云：

> 宾皮弁聘，至于朝。宾入于次，乃陈币。卿为上摈，大夫为承
> 摈，士为绍摈。摈者出请事。公皮弁，迎宾于大门内。大夫纳宾。
> 宾入门左，公再拜，宾辞，不答拜。公揖入，每门、每曲揖。及庙
> 门，公揖入，立于中庭。宾立接西塾。几筵既设，摈者出请命。贾
> 人东面坐启椟，取圭，垂缫，不起而授上介。上介不袭，执圭，屈
> 缫，授宾。宾袭，执圭。摈者入告，出辞玉。纳宾，宾入门左。介
> 皆入门左，北面，西上。三揖，至于阶，三让。公升二等，宾升，
> 西楹西，东面。摈者退中庭。宾致命。公左还，北乡。摈者进。公
> 当楣再拜。宾三退，负序。公侧袭，受玉于中堂与东楹之间。摈者
> 退，负东塾而立。宾降，介逆出。宾出。公侧授宰玉。褐，降立。
>
> 摈者出请。宾褐，奉束帛加璧享。摈者入告，出许。庭实，皮
> 则摄之，毛在内，内摄之，入设也。宾入门左，揖让如初，升，致
> 命，张皮。公再拜受币。士受皮者自后右客。宾出，当之坐摄之。

---

[1] 孙庆伟：《尚盂铭文与周代的聘礼》，《考古学研究（十）》，第508页。

公侧授宰币，皮如入，右首而东。聘于夫人用璋，享用琮，如初礼。若有言，则以束帛，如享礼。摈者出请事，宾告事毕。

《聘礼》的"摈者"即傧者，乃迎请、辅佐宾客行礼之人员，可分为三等："卿为上摈，大夫为承摈，士为绍摈。""大夫纳宾"的"大夫"，郑玄注"上摈也"。傧者的具体工作有"出请事""纳宾""出请命""入告"等，乃是聘礼中不可或缺的。霸伯盂铭文中负责"延宾，赞"，"遣宾，赞"的亦为傧者，不过铭文本身并未直接提及而已。

《聘礼》讲行聘时，宾客执圭以献，受聘国国君（即"公"）则"受玉于中堂与东楹之间"；行享时，宾客用"束帛加璧"与毛皮以献，"公再拜受币"。对于国君夫人，则聘用璋，享用琮，略有不同。关于毛皮，《聘礼》郑玄注"虎豹之皮"。《礼记·郊特牲》："虎豹之皮，示服猛也。束帛加璧，往德也。"

霸伯盂铭文中作为宾客的伯考只对霸伯行聘礼，未涉及其夫人。值得注意的是，伯考所献之物有四张虎皮与玉璋，与《聘礼》所载宾所献的玉圭与虎豹之皮近似，皆是皮与玉的结合。《周礼·秋官·小行人》："合六币：圭以马，璋以皮，璧以帛，琮以锦，琥以绣，璜以黼。此六物者，以和诸侯之好故。"郑玄注："合，同也。六币，所以享也。皮，虎豹皮也。"孙诒让正义云："注云'合，同也'者，《广雅·释诂》同。谓玉与币各相合同不得差舛也。"又云："凡皮马与币，对文则币专为币帛，通言之则皮马亦为币。"圭、璋、璧、琮、琥、璜皆属玉器，马、皮、帛、锦、绣、黼统称"币"，二者相配以之作为聘礼之物。霸伯盂铭所载伯考所献之物与"璋以皮"的规定契合，可见礼书所载也有历史渊源。

需要补充的是，关于聘礼的举行地点，可能是在宗庙。上引《聘礼》中有引宾入宗庙行礼可证，据此来看，伯考行聘的地点或亦如此。

第三，诸侯对来聘的王朝使者行还玉、赠贿之礼。

据霸伯盂铭文载，次日，霸伯尚奉告伯考，表示要恭敬、庄重地对待天子的嘉勉，并将前一日所进献的玉璋还赠于伯考，此即"还玉"之礼。《仪

先秦礼制文献讲疏

礼·聘礼》亦载这一礼节，是文云：

> 君使卿皮弁，还玉于馆。宾皮弁，袭，迎于外门外，不拜，帅大夫以入。大夫升自西阶，钩楹。宾自碑内听命，升自西阶，自左，南面受圭，退，负右房而立。大夫降中庭。宾降自碑内，东面，授上介于阼阶东。上介出请，宾迎。大夫还璋，如初入。宾裼，迎。大夫贿用束纺、礼玉、束帛、乘皮，皆如还玉礼。大夫出，宾送，不拜。

关于"还玉于馆"，郑玄注："玉，圭也。君子于玉比德焉。以之聘，重礼也。还之者，德不可取于人，相切厉之义也。"《礼记·聘义》："已聘而还圭璋，此轻财而重礼之义。"霸伯盂铭文所载还玉之礼与之相合。然而，负责还玉之人则有不同，《聘礼》所载的是主国之君所派的卿大夫，而霸伯盂铭文所言乃霸伯本人。可见霸伯对天子使者伯考的格外重视。

除了还回宾客所献的圭、璋外，主国亦有赠贿，即《聘礼》所载"贿用束纺、礼玉、束帛、乘皮"。霸伯盂铭文亦有相关礼节之载：霸伯在还玉之后，傧者送宾，辅佐行礼，霸伯赠以两张鱼皮，又单独赠送玉璋、马匹，之后再馈赠玉器。赠贿之礼方告结束，宾是以出。

在赠贿之礼中，霸伯对伯考"侧贿用璋先马"，用"侧"实有尊宾之义。《仪礼·聘礼》："公侧袭，受玉于中堂与东楹之间。"郑玄注："侧，犹独也。言独，见其尊宾也。他日公有事，必有赞为之者。"

霸伯所赠礼品中有鱼皮一项，鱼皮在商周时期可以制成车饰、箭袋等。如《左传》闵公二年："齐侯使公子无亏帅车三百乘、甲士三千人以戍曹。归公乘马，祭服五称，牛、羊、豕、鸡、狗皆三百与门材。归夫人鱼轩，重锦三十两。"杜预注："鱼轩，夫人车，以鱼皮为饰。"《诗经·小雅·采薇》："四牡翼翼，象弭鱼服。"《诗经·小雅·采芑》："路车有奭，簟茀鱼服，钩膺鞗革。""鱼服"即"鱼箙"，指用鱼皮制作的箭袋。西周晚期毛公鼎铭文（《集成》2841）载周王赐毛公之物中亦有鱼箙。

黄锦前指出："遣宾礼用'鱼皮'，古礼书未见记载。"[①]鱼皮作为礼物，专赠于伯考，实属罕见与珍贵，黄益飞对此有分析如下：

> 鞣制鱼皮者多为体型较大之鱼，使用之时按需将数张鱼皮拼缝。而数百公斤的大鱼，一鱼之皮无需拼缝即可使用，此类鱼皮尤为上品，其面积不亚于虎豹皮。数百公斤的大鱼捕获不易，其皮更弥足珍贵，因此霸伯馈献伯老（笔者按：伯老即"伯考"）的鱼皮应为此类大鱼皮。[②]

"用璋先马"与下文的"用玉先车"相仿，皆先予以轻物，后赠以重物，体现出古人先轻后重的原则。这方面的例子还有不少。如《左传》僖公三十三年："及滑，郑商人弦高将市于周，遇之，以乘韦先，牛十二犒师。""乘韦"即四张熟牛皮。弦高犒劳秦师以之为先，再接以十二头牛。《左传》襄公十九年："公享晋六卿于蒲圃，赐之三命之服；军尉、司马、司空、舆尉、候奄皆受一命之服；贿荀偃束锦、加璧、乘马，先吴寿梦之鼎。"鲁公赠荀偃之物，以束锦等轻货为先。孔颖达疏："此锦、璧可执，马可牵行，皆轻于鼎，故以璧马为鼎之先。以轻物先重，非以贱先贵，鼎价未必贵于璧、马也。"《左传》襄公二十六年："郑伯赏入陈之功，三月甲寅朔，享子展，赐之先路三命之服，先八邑；赐子产次路再命之服，先六邑。"杨伯峻注："古代送礼，先送以轻物，此以路服为邑先。"[③]《老子》第六十二章："虽有拱璧，以先驷马。"杨伯峻指出："先者，古代致送礼物，均先以轻物为引，而后致送重物。"[④]其说为确。

关于"宾出"，曹建墩指出："铭文中的'宾出'是表明赠贿仪式告一段落，这点可与礼书记载结合来理解。《仪礼·聘礼》记载举行聘毕：'宾降阶，

① 黄锦前：《霸伯盂铭文考释》，《中国国家博物馆馆刊》2012年第5期。
② 黄益飞：《霸伯盂铭文与西周朝聘礼——兼论穆王制礼》，《考古学报》2018年第1期。
③ 杨伯峻：《春秋左传注》（修订本），第1114页。
④ 杨伯峻：《春秋左传注》（修订本），第495页。

逆出。宾出。'然后行享，'摈者出请……宾出'。以下主君礼宾，宾入门，礼毕'宾出'；再'宾觌，奉束锦，总乘马，二人赞，入门右，北面奠币，再拜稽首。'礼毕，'宾出'。每段仪节皆宾入门，礼毕结束'宾出'，仪节连贯。""从礼仪的仪节上分析，宾主为礼，宾出即意味着礼仪告一段落，下面延宾入门，接着再行其它的仪式，礼仪环节相扣。"[1]曹先生的分析十分精到。

第四，诸侯宴飨来聘的王朝使者，并赠送酬币。

关于宴飨宾客，《仪礼·聘礼》载：

> 公于宾，壹食，再飨。燕与羞，俶献，无常数。宾介皆明日拜于朝。上介壹食、壹飨。若不亲食，使大夫各以其爵，朝服致之以侑币，如致饔，无傧。致飨以酬币，亦如之。大夫于宾，壹飨、壹食。上介，若食、若飨。若不亲飨，则公作大夫致之以酬币，致食以侑币。

"飨"，郑玄注"谓亨（笔者按：此处亨即烹）大牢以饮宾也"。"酬币"，郑玄注"飨礼酬宾劝酒之币也"。孙庆伟指出："飨宾也是聘礼中的重要环节，此时的馈赠主要是主人燕享宾客时所赠的酬币。"[2]霸伯盂铭文载霸伯设宴招待王宾伯考，在宴飨之时再赠以玉器、车辆等物品。此与上述文献"致飨以酬币"的礼节相合。

事实上，宴飨赠币在西周金文中不乏其例，如西周早期的征人鼎铭（《集成》2674）载："丙午，天君飨䣉酒在斤。天君赏厥征人斤贝，用作父丁尊彝。"西周中期效卣铭文（《集成》5433）云："纳飨于王，锡公贝五十朋。"西周中期穆公簋盖铭文（《集成》4191）载："王夕飨醴于大室，穆公宥，王呼宰利锡穆公贝廿朋。"以上皆是赐贝，还有赠玉的，如西周中

① 曹建墩：《霸伯盂与西周时期的宾礼》，《古文字研究（第二十九辑）》，中华书局2012年版，第342页。

② 孙庆伟：《尚盂铭文与周代的聘礼》，《考古学研究（十）》，第509页。

期师遽方彝铭文（《集成》9897）载："王在周康寝，飨醴。师遽蔑历，宥。王呼宰利锡师遽瑂圭一、璋璋四。"

此外，传世文献亦有相关记载。比如《左传》庄公十八年："十八年春，虢公、晋侯朝王。王飨醴，命之宥。皆赐玉五瑴，马三匹。"《左传》襄公十九年："公享晋六卿于蒲圃，赐之三命之服；军尉、司马、司空、舆尉、候奄皆受一命之服；贿荀偃束锦、加璧、乘马，先吴寿梦之鼎。"《左传》襄公二十九年："范献子来聘，拜城杞也。公享之，展庄叔执币。"杜预注："公将以酬宾。"

据上来看，酬币的类型比较多样化，包括贝、玉、马、命服、束锦、鼎等，似无一定的规制。霸伯盂铭文载霸伯所赠之酬币既有玉，又有车，车辆之赐似较少见。

第五，诸侯送王朝使者于近郊，举行郊送之礼。

霸伯盂铭文载，在宴飨结束之后，霸伯亲自送王朝使者伯考于国都之郊，又赠以马匹。《周礼·秋官·司仪》："致饔饩、还圭、飨食、致赠、郊送，皆如将币之仪。"郑玄注："此六礼者，惟飨食速宾耳。其余主君亲往。……赠，送以财，既赠又送至于郊。"郑玄谓主君亲往郊送宾客，与霸伯盂铭文记载相合。此外，《国语·周语上》有载：

> 襄王使太宰文公及内史兴赐晋文公命，上卿逆于境，晋侯郊劳，馆诸宗庙，馈九牢，设庭燎。及期，命于武宫，设桑主，布几筵，太宰莅之，晋侯端委以入。太宰以王命命冕服，内史赞之，三命而后即冕服。既毕，宾、飨、赠、饯，如公命侯伯之礼，而加之以宴好。

韦昭注："宾者，主人所以接宾，致餐饔之属也。飨，飨食之礼也。赠，致赠贿之礼也。饯，谓郊送饮酒之礼也。如公命侯伯之礼者，如公受王命，以侯伯待之之礼，而又加之以宴好也。太宰，上卿也，而言公者，兼之也。"晋文公对于王朝使者太宰文公与内史兴毕恭毕敬，亲自郊劳问候，那么饯行

先秦礼制文献讲疏

或郊送有可能也是亲力亲为。若此推断无误，则亦与霸伯盂铭文一致。

不过，《仪礼·聘礼》记载则有不同：

> 宾三拜乘禽于朝，讶听之。遂行，舍于郊。公使卿赠，如亲币。受于舍门外，如受劳礼，无傧。使下大夫赠上介，亦如之。使士赠众介，如其亲币。大夫亲赠，如其面币，无傧。赠上介亦如之。使人赠众介，如其面币。士送至于竟。

"公使卿赠"，郑玄注："赠，送也，所以好送之也。"《聘礼》讲宾客离开主国之都，止宿于近郊时，主国之君会派卿大夫赠币，然后士亲送宾客于国境上。郊送并非国君亲往，与霸伯盂铭文不同，但均有赠币，则表现出一定的相似性。

从整个聘礼程式来看，与《仪礼》等传世礼书相比，霸伯盂铭文缺少郊劳、致馆、归饔饩等礼仪环节，但大体上是与礼书一致的。足以说明礼书记载是渊源有自的，绝非向壁虚造。当然，礼制是一个不断发展与完善的过程，成书较晚且详细缜密的礼书不见得能够完全反映西周的情况，二者存在一定的差异属于正常现象。

杨坤指出："聘礼是周代贵族社会重要礼制之一，贵族间频繁的交流往来，对于维系以天子为核心的贵族政体有重要作用。"[1]霸伯盂铭文正是研究西周聘礼不可多得的重要文献，正如孙庆伟所言："可以作为我们了解西周早中期高等级贵族之间聘礼的极佳典范。"[2]

【推荐阅读】

李学勤：《翼城大河口尚盂铭文试释》，《文物》2011年第9期。

孙庆伟：《尚盂铭文与周代的聘礼》，《考古学研究（十）》，科学出版社2012年版。

---

① 杨坤：《霸伯盂铭文所见西周聘礼仪节的复原》，《青铜器与金文（第一辑）》，第626页。
② 孙庆伟：《尚盂铭文与周代的聘礼》，《考古学研究（十）》，第514页。

曹建墩：《霸伯盂与西周时期的宾礼》,《古文字研究（第二十九辑）》,中华书局 2012 年版。

黄锦前：《霸伯盂铭文考释》,《中国国家博物馆馆刊》2012 年第 5 期。

何景成：《霸伯盂与周代皮币制度》,《出土文献（第十一辑）》,中西书局 2017 年版。

何景成：《论霸伯盂诸器铭文的赏赐品"苞"》,《青铜器与金文（第一辑）》,上海古籍出版社 2017 年版。

杨坤：《霸伯盂铭文所见西周聘礼仪节的复原》,《青铜器与金文（第一辑）》,上海古籍出版社 2017 年版。

黄益飞：《霸伯盂铭文与西周朝聘礼——兼论穆王制礼》,《考古学报》2018 年第 1 期。

胡嘉麟：《霸伯盂铭文与西周宾礼制度》,《出土文献（第十二辑）》,中西书局 2018 年版。

第三节　柞伯簋与射礼

柞伯簋出自河南平顶山应国墓地的一座中型墓,墓葬编号 M242,年代约在西周早期晚段。该墓作长方形竖穴土坑式,葬具为内、外双棺,随葬器物达 107 件（片）,以质地分为铜、玉、石、陶、角、蚌、海贝、丝织品等 8 大类,铜器属于大宗,计有 43 件。铜器种类包括了礼器、兵器、车马器、棺饰,其中礼器有鼎、簋、觯各 2 件,尊、卣、爵各 1 件。带有铭文的有两件,即无鼎与柞伯簋,一般认为墓主就是无。柞伯簋通高 16.5 厘米、口径 17 厘米,年代约属于西周早期晚段,器内底铸有铭文 8 行 74 字（图 4）。[1]

---

[1] 河南省文物考古研究所、平顶山市文物管理局:《平顶山应国墓地 I》,大象出版社 2012 年版,第 144—188 页。

【图版】

图 4　柞伯簋铭文

【著录】

《文物》1998 年第 9 期

《商周青铜器铭文暨图像集成》(《铭图》) 5301

《平顶山应国墓地 I 》(大象出版社，2012 年)

【释文】

唯八月辰在庚申[1]，王大射在周[2]。王命南宫率王多士[3]，师釐父率小臣[4]。王迟赤金十反（钣）[5]。王曰："小子、小臣，敬有贤获则取[6]。"柞（胙）伯十称弓[7]，无法（废）矢[8]。王则畀柞（胙）伯赤金十反（钣）[9]，诞*锡祝（柷）、见[10]。柞（胙）伯用作周公宝尊彝[11]。

【注释】

[1] 辰：日辰、日子。如《仪礼·士冠礼》："吉月令辰，乃申尔服。"《吕氏春秋·孟春纪》："乃择元辰，天子亲载耒耜，措之参于保介之御间。"高诱注："辰，十二辰，从子至亥也。择善辰之日。""辰在庚申"意即庚申这一日。李学勤指出："这种纪日形式只流行于西周早期后半至中期，如昭王时令方尊、方彝的'惟八月辰在甲申'。"① 除了令方尊、方彝外，例子尚有不少，如"辰在乙卯"（旂鼎，《集成》2670，西周早期）、"辰在丁未"（宜侯夨簋，《集成》4320，西周早期）、"辰在辛卯"（耳尊，《集成》6007，西周早期）、"辰在丁卯"（剌鼎，《集成》2776，西周中期）、"辰在戊寅"（豆闭簋，《集成》4276，西周中期）等。

[2] 大射：意即举行大射礼。周：地名，指的是岐周（或称岐邑），在今陕西宝鸡周原一带。岐周是周人的勃兴之地，是曾经的旧都，西周时期仍然是重要的都邑，周王经常在此地活动。比如"王在周新宫"（虎簋盖，《铭图》5399—5400，西周中期）、"王在周"（元年师兑簋，《集成》4274—4275，西周晚期）等。

[3] 南宫：人名。南宫又见于昭王时期的中方鼎、中觯铭文，可能系同一人。中方鼎铭文（《集成》2751）载："唯王命南宫伐反（叛）虎方之年，王命中先省南国，贯行。"中觯铭文（《集成》6514）载："王锡中马自厉侯四骊，南宫贶。"率：率领、带领。如《诗经·周颂·噫嘻》："率时农夫，播厥百谷。"王多士：即簋铭下文的"小子"，与"小臣"比拼射艺，柞伯属于其中的一员。

[4] 师鲁父：人名，其中"师"为"官长之称"②，"鲁父"为其字。类似的称名形式不乏其例，如《史记·周本纪》："武王即位，太公望为师……武王使师尚父与百夫致师，以大卒驰帝纣师。""太公望"吕尚即"师尚父"。西周金文亦屡见"师某父"，如"师汤父"（仲柟父盨，《集成》746—752，西周中

---

① 李学勤：《柞伯簋铭考释》，《文物》1998 年第 11 期。
② 李学勤：《柞伯簋铭考释》，《文物》1998 年第 11 期。

期）、"师雍父"（遹簋，《集成》948，西周中期）、"师华父"（大克鼎，《集成》2836，西周晚期）、"师龢父"（三年师兑簋，《集成》4318，西周晚期）等。

[5] 遲：通"尸"或"矢"，训为陈列①《说文》："尸，陈也。"《尔雅·释诂》："矢，陈也。"一说"遲"训作待。②赤金：红铜。反：通"版"或"钣"。《周礼·秋官·职金》："旅于上帝，则共其金版，缚诸侯亦如之。"郑玄注："饼金谓之版。"《尔雅·释器》："饼金谓之钣。"《释文》："饼，饼。钣，版。""王遲赤金十钣"意为周王陈列十块饼状红铜，以之作为射礼的奖品。

[6] 敬：恭敬。贤：多于、胜过。《玉篇·贝部》："贤，多也。"《吕氏春秋·顺民》："得民心则贤于千里之地，故曰文王智矣。"高诱注："贤犹多也。"《仪礼·乡射礼》："若右胜则曰右贤于左。"郑玄注："贤犹胜也。"《战国策·赵策四》："老臣窃以为媪之爱燕后贤于长安君。"获：射中。《仪礼·乡射礼》："获者坐而获。"郑玄注："射者中，则大言获。获，得也。射，讲武、田之类，是以中为获也。""敬有贤获则取"意为"恭敬而又射中次数多的人可以取得这赤金十钣"。③

[7] 柞：通"胙"，周公之子的封国。《左传》僖公二十四年："凡、蒋、邢、茅、胙、祭，周公之胤也。"在今河南延津县北。"胙伯"当为胙国之君，又见于西周中晚期的柞伯鼎，时代不同，绝非同一人。称：举。如《尚书·牧誓》："称尔戈，比尔干，立尔矛。"伪孔传："称，举也。"《诗经·豳风·七月》："跻彼公堂，称彼兕觥。""胙伯十称弓"意为胙伯十次举弓射箭。

[8] 法：通"废"，跌下、坠落。《左传》定公三年："（邾子）弗得，滋怒，自投于床，废于炉炭，烂，遂卒。"杜预注："废，隋（堕）也。""无废矢"意为"没有脱靶落地的箭"。④

[9] 则：连词，于是。畀：赐予。《尔雅·释诂》："畀，赐也。"《左传》昭公十三年："是区区者而不余畀，余必自取之。"

---

① 陈剑：《柞伯簋铭补释》，《甲骨金文考释论集》，线装书局 2007 年版，第 1 页。
② 李学勤：《柞伯簋铭考释》，《文物》1998 年第 11 期。
③ 陈剑：《柞伯簋铭补释》，《甲骨金文考释论集》，线装书局 2007 年版，第 1—7 页。
④ 李学勤：《柞伯簋铭考释》，《文物》1998 年第 11 期。

[10] 诞：虚词，用于两事之间，表时间先后。一说当释为"造"字。①
锡：赏赐、赐予。《公羊传》庄公元年："王使荣叔来锡桓公命。锡者何？赐
也。"柷：通"柷"，乐器。《吕氏春秋·仲夏纪》："是月也，命乐师修鞀鞞鼓，
均琴瑟管箫，执干戚戈羽，调竽笙壎篪，饬钟磬柷敔。"高诱注："柷如漆桶，
中有木椎，左右击以节乐。"一说"柷"为地名。② 見：乐器，具体不明。一说
读为管或柷③，《说文》："柷，击小鼓，引乐声也。"《周礼·春官·大师》："下
管播乐器，令奏鼓柷。"郑玄引郑司农云："柷，小鼓也。先击小鼓，乃击大
鼓。小鼓为大鼓先引，故曰柷。"一说读为"敔"，④ 即《吕氏春秋·仲夏纪》"柷
敔"之"敔"，高诱注："敔，木虎，脊上有鉏铻，以杖抚之以止乐。"

[11] 周公：即周公旦，文王之子、武王之弟，西周初年著名的政治家。
胙伯系其子孙，故为之作器。李学勤指出："邢侯簋云'作周公彝'，作器者
是邢国始封君，周公的儿子，与此对照，柞伯也应是胙国的始封君。按周公
另一子祭公，系昭王朝重臣，与昭王同死于汉水，见《吕氏春秋·音初》及
《帝王世纪》，所以柞伯在昭王时是没有什么奇怪的。"⑤

【疏义】

柞伯簋铭文是西周早期一篇重要的礼制文献，讲述了在某年八月庚申
这一天，周王在岐周举行大射礼。南宫、师鲁父分别奉命率领王多士（即小
子）、小臣参加射艺比拼，而周王陈列赤金十钣并将之作为奖品。在开始之
前，周王对王多士、小臣宣告比赛规则，即恭敬而又射中次数多的人获胜，
可以取得奖品。结果，作为王多士一员的柞伯十次拉弓射箭，均中箭靶，赢
得了胜利。周王于是赐予他赤金十钣，又赏赐了柷、見等乐器。柞伯因此铸
器祭祀其先人周公旦，以作为纪念。

柞伯簋铭文关乎射礼，涉及比耦而射与奖品奖励。事实上，西周金文中射礼的记

---

① 陈剑：《释造》，《甲骨金文考释论集》，线装书局 2007 年版，第 164—175 页。

② 袁俊杰：《再论柞伯簋与大射礼》，《华夏考古》2011 年第 2 期。

③ 王龙正、姜涛、袁俊杰：《新发现的柞伯簋及其铭文考释》，《文物》1998 年第 9 期。

④ 李学勤：《柞伯簋铭考释》，《文物》1998 年第 11 期。

⑤ 李学勤：《柞伯簋铭考释》，《文物》1998 年第 11 期。

载还有不少，结合传世文献，我们对西周时期射礼的基本情况梳理如下：

一、参加人员

参加射礼的人员，金文所见有周王、诸侯、邦君、王朝官员等，具体形式可以分为王射、王与诸侯臣工射、诸侯臣工射等①。

（一）王射

周王行射在西周金文中不乏其例，比如西周康王时期的作册麦方尊铭文（《集成》6015）云：

> 雩（越）若二月，侯见于宗周，亡尤。会王餱莽京，酌祀。雩若翌日，在辟雍，王乘于舟，为大礼。王射大鼙（鸿），擒。侯乘于赤旆舟，从，死（尸）。咸之日，王以侯内（入）于寝，侯锡玄珊戈。

辟雍，周天子所设之大学。《礼记·王制》："天子命之教，然后为学，小学在公宫南之左，大学在郊。天子曰辟雍，诸侯曰泮宫。"《诗经·大雅·灵台》孔颖达疏引《韩诗》云："辟雍者，天子之学，圆如璧，壅之以水，示圆，言辟，取璧有德。不言辟水，言辟雍者，取其雍和也，所以教天下春射秋飨，尊事三老五更。"东汉班固《白虎通·辟雍》曰："天子立辟雍何？所以行礼乐宣德化也。辟者，璧也，象璧圆，又以法天，于雍水侧，象教化流行也。"又云："小学者，经艺之宫；大学者，辟雍乡射之宫。"辟雍之环水，金文称作"大池"或"辟池"。辟雍为举行礼乐活动之地。如《诗经·大雅·灵台》："虡业维枞，贲鼓维镛。于论鼓钟，于乐辟雍。"《诗经·大雅·文王有声》："镐京辟雍，自西自东，自南自北，无思不服。皇王烝哉！"

尊铭记载，康王乘舟于辟雍之环水，举行射礼活动，具体内容有"王射大鼙（鸿），擒"。其中："鼙"通"鸿"，指鸿雁；"擒"意即射中。②此句

---

① 参看黄益飞：《西周金文礼制研究》，中国社会科学出版社2019年版，第284—291页。
② 马承源：《商周青铜器铭文选（三）》，第47页。

是讲康王射鸿雁，并有所中。这是射礼活动中王亲射之记录。"侯"指邢侯；"死"通"尸"，主管之义。"侯乘于赤旂舟，从，尸"是说在康王乘舟行射的过程中，邢侯乘坐悬挂赤色旂旗的船只相随从，并主司其事。可见在此次射礼中，康王是主射，而邢侯是辅助人员。

此外，西周中期的十五年趞曹鼎铭文（《集成》2784）载：

> 唯十又五年五月既生霸壬午，龏（共）王在周新宫。王射于射卢（庐），史趞曹锡弓、矢、虎卢（櫓）、叀、胄、盾、殳。趞曹敢对，曹拜稽首，敢对扬天子休，用作宝鼎，用飨朋友。

鼎铭记载了共王在岐周新宫的射庐行射，史官趞曹受到周王的赏赐而作器之事。此亦是关于王射之记录。

（二）王与诸侯臣工射

周王与诸侯、邦君、臣工行射，在金文中亦有记载，比如穆王时期的静簋铭文（《集成》4273，图5）云：

> 唯六月初吉，王在莽京。丁卯，王命静司射学宫，小子眔服眔小臣眔尸（夷）仆学射。雩（越）八月初吉庚寅，王以吴木、吕牫合歔、菶师，邦君射于大池。静学（教）无尤。王锡静韠鞁。静敢拜稽首，对扬天子丕显休，用作文母外姑尊簋，子子孙孙其万年用。

静又见于小臣静卣（或称簋）铭，知其职官为"小臣"，当为众小臣之长。唐兰指出："静似是以小臣而司射者。"[①]"学宫"即辟雍。静受命"司射学宫"，意为"主司学宫的学射之事，即在大学中教习射艺"。[②]具体而言，静负责教导小子、服、小臣、夷仆等学习射箭。这些人六月份之所以被安排受训，很有可能是要在八月份的正式射礼中充当辅助或陪射人员。而静教射

---

① 唐兰：《西周青铜器铭文分代史征》，第372—373页。
② 马承源：《商周青铜器铭文选（三）》，第111页。

有成效而无过失，因此受到周王的赏赐。

八月庚寅日的射礼，铭文载周王与吴彭、吕犅、幽师、莽师、邦君合射于大池（即辟雍之环水）。吴彭、吕犅分别即班簋铭文中的吴伯、吕伯。幽师、莽师本系周王朝直属常备军"西六师"之二，这里当代指其长官。

图 5　静簋铭文

此外，周王与诸侯行射又见于厉王时期的鄂侯驭方鼎铭文（《集成》2810），是云：

> 王南征，伐角、僪，唯还自征，在坏。鄂侯驭方纳壶于王，乃裸之。驭方侑王，王休宴，乃射。驭方合王射，驭方休阑，王扬，咸饮。王亲锡驭[方玉]五毂、马四匹、矢五[束]。[驭]方拜手稽首，敢[对扬]天子丕显休釐，[用]作尊鼎，其万年子孙永宝用。

据鼎铭所载，鄂侯驭方献纳、朝王，厉王设裸飨礼以招待之。关于"侑"，裘锡圭指出："被宴之臣与王相酬酢，就叫'侑'（或作'宥'）。"[①]宴飨结束后，厉王又与鄂侯驭方合射、饮酒，最后对后者加以赏赐。

像上述这种先飨后射的，文献称之为"飨射"或"燕射"。《周礼·春官·司几筵》："凡大朝觐、大飨射，凡封国、命诸侯，王位设黼依，依前南乡设莞筵纷纯，加缫席画纯，加次席黼纯，左右玉几。"《周礼·春官·司服》："享先王则衮冕，享先公、飨射则鷩冕，祀四望、山川则毳冕，祭社稷、五祀则希冕，祭群小祀则玄冕。"郑玄注："飨射，飨食宾客，与诸侯射也。"《礼记·射义》引故《诗》云："以燕以射，则燕则誉。"孔颖达疏："谓先行燕礼，而后射也。"《礼记·射义》孔颖达疏："燕射，谓息燕而与之射。"

另外，作为诸侯身份的鄂侯驭方因朝觐周王而与之合射，又可称作"宾射"。《礼记·射义》孔颖达疏："宾射，诸侯来朝，天子入而与之射也，或诸侯相朝而与之射也。"《周礼·春官·大宗伯》："以宾射之礼，亲故旧朋友。"郑玄注："射礼，虽王亦立宾主也。王之故旧朋友，为世子时，共在学者。天子亦有友诸侯之义，武王誓曰'我友邦冢君'是也。"孙诒让疏："云'天子亦有友诸侯之义'者，欲见此宾射内兼有诸侯之宾，《小臣》注云'宾射，与诸侯来朝者射'是也。"

（三）诸侯臣工射

诸侯臣工射多见于西周金文，比如柞伯簋、令鼎、长由盉、义盉盖诸器铭。柞伯簋铭文记载周王在岐周举行大射礼，具体参与行射的一方是由南宫率领的王多士（又称"小子"），作为诸侯的柞伯就是其中一员；另一方是由师鲁父带领的小臣。我们将之大致归为诸侯、臣工射。此种形式又见于西周早期的令鼎铭文（《集成》2803），是云：

> 王大耤农于谌田。锡（觞），王射。有司眔师氏、小子合射。王
> 归自谌田，王驭溓仲仆，令眔奋先马走。王曰："令眔奋，乃克至，

① 裘锡圭：《应侯视工簋补释》，《文物》2002 年第 7 期。

余其舍汝臣卅家。"王至于康①宫，令拜稽首，曰："小［子］迺学。"令对扬王休。

"耤农"相当于耤田，文献或作"藉田""籍田"，"是古代帝王于春耕开始时，象征性地亲自在特定的祭神和祭祖黍稷的田中起土耕作"②。"諆田"即諆地之农田，乃是周王举行籍田礼之地。"餳"通"觞"，义为宴飨。《吕氏春秋·达郁》："管仲觞桓公。日暮矣，桓公乐之而征烛。"高诱注："觞，飨也。"籍田礼之后有宴飨活动，亦见于史载。如《国语·周语上》："及籍，后稷监之，膳夫、农正陈籍礼，太史赞王，王敬从之。王耕一垹，班三之，庶人终于千亩。其后稷省功，太史监之。司徒省民，大师监之。毕，宰夫陈飨，膳宰监之。膳夫赞王，王歆太牢，班尝之，庶人终食。"《吕氏春秋·孟春》："乃择元辰，天子亲载耒耜，措之参于保介之御间，率三公九卿、诸侯、大夫躬耕帝籍田。天子三推，三公五推，卿、诸侯、大夫九推。反，执爵于太寝，三公九卿、诸侯、大夫皆御，命曰'劳酒'。"

据鼎铭所载，在宴飨之后，周王举行了射礼活动，属于"飨射"。在射礼中，"有司眾师氏、小子合射"。可见参与行射的人员包括有司、师氏、小子。作器者令即属于"小子"之列，故下文自言"小子迺学"。像这种周王主持而不亲射的射礼活动，金文还有记载。比如穆王时期的长甶盉铭文（《集成》9455，图6）载：

> 唯三月初吉丁亥，穆王在下减居。穆王飨醴，即井伯、大祝射。穆王蔑长甶以仇即井伯，井伯氏（视）引不奸。长甶蔑历，敢对扬天子丕杯休，用肇作尊彝。

① "康"字释读参见任学薆：《令鼎铭文考释二则》，《中国文字研究》第34辑，华东师范大学出版社2021年版，第26—29页。
② 马承源：《商周青铜器铭文选（三）》，第70页。

图 6　长甶盉铭文

　　"居"在西周金文里常见，如中甗（《集成》949）、中方鼎（《集成》2751—2752）、静方鼎（《铭图》2461）、师虎簋（《集成》4316）等，朱凤瀚认为指的是行宫、别馆。[①]据盉铭所载，穆王在下淢的行宫举办飨醴活动，之后又进行射礼，具体参与行射的双方为井伯、大祝。井伯又见于七年趞曹鼎（《集成》2783）、走簋（《集成》4244）、五祀卫鼎（《集成》2832）、永盂（《集成》10322）、师瘨簋盖（《集成》4283—4284）等器铭。据走簋、师瘨簋盖铭文知，其本人担任王朝司马一职。朱先生业已指出，井伯是"当时秉政重臣，活跃于王朝政治舞台上"。[②]大祝乃职官名，负责祝祷事务。据此来看，井伯、大祝皆系王朝官员。

———————

①　朱凤瀚：《论西周时期的"南国"》，《历史研究》2013年第4期。
②　朱凤瀚：《商周家族形态研究》（增订本），天津古籍出版社2004年版，第350页。

"仇"义为仇匹，引申为辅佐。[1]"穆王蔑长由以仇即井伯"大意为穆王命长由辅佐井伯行射。"氏"读作"视"。[2]"引"，《说文》："开弓也。""奸"，训为乱。《左传》成公十七年："臣闻乱在外为奸，在内为轨。""井伯视引不奸"意为井伯瞄准箭靶，开弓放箭，没有发生混乱之举。长由因辅佐有功得到了穆王的嘉勉。据盉铭来看，此次亦属于飨射，在射礼中长由受命充当赞射者。

此外，西周中期的义盉盖铭文（《集成》9453）载：

> 唯十又一月既生霸甲申，王在鲁，合即邦君、诸侯、正、有司大射。义蔑历罘于王，仇。义锡贝十朋，对扬王休，用作宝尊盉，子子孙其永宝。

此铭讲周王在鲁国举行大射礼，具体参与行射的有邦君、诸侯、正、有司。邦君、诸侯并称，身份或相近。《诗经·小雅·雨无正》："三事大夫，莫肯夙夜。邦君诸侯，莫肯朝夕。""正"指长官，《尔雅·释诂下》："正、伯，长也。"郭璞注："正、伯皆官长。""正"与"有司"当属王朝官员。据此来看，此次射礼虽然是由周王主持，但实际上属于诸侯臣工射。"义蔑历罘于王，仇"的意思当与长由盉铭的"穆王蔑长由以仇即井伯"类似，可能是义受王命辅佐行射的一方，因有功劳而受到周王十朋的赏赐。

综上梳理，射礼活动在西周时期颇为流行，而参与行射的人员比较广泛，包括了周王、诸侯（如柞伯、鄂侯驭方）、邦君、王朝官员（如井伯、大祝、有司）等等，彼此组合成不同形式，如王射、王与诸侯臣工射、诸侯臣工射等。值得注意的是，射礼除了单独举行外，有些发生于宴飨之后，故称为"飨射"或"燕射"。另外，诸侯朝觐周王而与之合射的，则称作"宾射"。

---

[1] 参见陈剑：《据郭店简释读西周金文一例》，《甲骨金文考释论集》，线装书局 2007 年版，第 20—38 页。

[2] 此为裘锡圭的看法，参见陈剑：《据郭店简释读西周金文一例》，《甲骨金文考释论集》，第 21 页。

二、射礼的地点、时间

据上引金文材料来看，西周射礼的举行地点似较多，具体有：

第一，岐周（或称岐邑），系周人旧都，西周时期仍是重要的畿内都邑。柞伯簋铭文所述大射礼就是在岐周举行。十五年趞曹鼎铭所讲王射亦在岐周，并交代了具体场所，即在岐周新宫之射庐。射庐亦见于师汤父鼎铭文（《集成》2780），是云："王在周新宫，在射庐。""射庐"的"庐"通"虏"，《说文》训作"庑也"。陈梦家指出，射庐"乃是新宫中习射之序，是在宫中东西厢的廊庑。序在宫中，故或曰射宫，《礼记·射义》曰'天子试之于射宫'，《谷梁传》昭八曰'其余与士众习射于射宫'。"[1]

第二，王畿辟雍之环水，称"大池"或"辟池"。在辟池乘舟行射礼，见于作册麦方尊、静簋等铭文。《诗经·大雅·灵台》："于论鼓钟，于乐辟雍。"《诗经·大雅·文王有声》："镐京辟雍，自西自东，自南自北，无思不服。"唐兰据此指出文王、武王分别在丰邑、镐京建有辟雍。[2]事实上，莽京亦有辟雍，如作册麦方尊、静簋、伯唐父鼎（《铭图》2449）诸器铭文所载之射礼就发生于此。可见，辟雍不止一处。

第三，其他地点，比如谋、坏、下淢、鲁国。据令鼎铭文载，周王从谋回到康宫，谋可能在王畿之内。坏，地望不详，王国维认为可能即大伾山。[3]《水经注·河水》"河水又东迳成皋大伾山下"，又《尚书·禹贡》曰"过洛汭至大伾者也"，在今河南荥阳市西北。下淢，元年师旋簋铭（《集成》4279）又称"淢"，"此称下淢，可见其地低下、潮湿。"[4]其地望，有学者认为在今陕西宝鸡凤翔南，可能即《汉书·地理志》《汉书·郊祀志》所载之"棫阳"。[5]那么，此地亦在王畿之内。鲁国可能是目前西周金文所见最东的射礼举行地点，在今山东曲阜。

---

[1] 陈梦家：《西周铜器断代》，第156页。

[2] 唐兰：《西周青铜器铭文分代史征》，第257页。

[3] 王国维：《鄂侯驭方鼎跋》，《观堂集林》，中华书局1959年版，第1194—1195页。

[4] 王辉：《商周金文》，第108页。

[5] 参看王辉：《商周金文》，第108页。

总体而言，周王举行射礼的地点大多在王畿地区，其他地方较少。从具体场所来看，又可分为陆射与水射。陆射场地有在宫中之射庐，文献称为"射宫"；水射则往往在辟雍之环水，乘舟而行射。《礼记·射义》："天子将祭，必先习射于泽。泽者，所以择士也。已射于泽而后射于射宫。"此将水射视作演习性质的习射，并不正确。刘雨分析金文，指出："周天子与邦君诸侯隆重的在莠京辟雍大池中射鱼射雁，其射并不像是习射，而是射礼的一种。"[1]

周王举行射礼的时间，西周金文所见有：

作册麦方尊：越若二月

长由盉：唯三月初吉丁亥

十五年趞曹鼎：唯十又五年五月既生霸壬午

柞伯簋：唯八月辰在庚申

静簋：越八月初吉庚寅

义盉盖：唯十又一月既生霸甲申

据上来看，射礼举行的时间并不固定，有二月、三月、五月、八月、十一月等，大致贯穿一整年。《诗经·大雅·灵台》孔颖达疏引《韩诗》有"春射秋飨"之语，与西周金文所见不同。刘雨认为："那些按政治形势需要与邦君诸侯举行的射礼是不受时间限制的，主要视政治需要而定。而文献中所说的'春射'可能是指王室每年例行的宫中射礼，这种射礼有可能固定在一年的某个季节进行。"[2]其说颇为允当。

三、射礼仪节

据上述西周金文资料，并结合《周礼》《仪礼》《礼记》等传世文献，我

---

① 刘雨：《西周金文中的射礼》，《考古》1986 年第 12 期。

② 刘雨：《西周金文中的射礼》，《考古》1986 年第 12 期。

们对西周射礼的仪节分析如下：

（一）耦射

涉及射礼的西周金文常见"合射"一词，如令鼎铭载："有司眔师氏、小子合射。"静簋铭云："王以吴弃、吕犅合㢑、莽师，邦君射于大池。"义盉盖铭载："合即邦君、诸侯、正、有司大射。"鄂侯驭方鼎铭云："驭方合王射，驭方休闻，王扬，咸饮。"而对比义盉盖铭知，长由盉铭文的"即井伯、大祝射"殆有省略，本应作"合即井伯、大祝射"。

刘雨已指出上述金文中的合射"可能就是文献中的'耦射'"。[1]汉书·扬雄传上》："抨雄鸠以作媒兮，何百离而曾不壹耦！"颜师古注："耦，合也。"黄益飞认为"用于射礼即'耦'"，并分析义盉盖铭文的"合即邦君、诸侯、正、有司大射"，意即"命邦君、诸侯、正、有司相互为耦而行大射礼"。[2]据此来看，令鼎铭文所述比耦而射的人员为王朝有司与师氏、小子，柞伯簋铭则为王多士与小臣。

二人为耦，至于相配成对的耦数，《周礼·夏官·射人》载：

> 以射法治射仪。王以六耦射三侯，三获三容，乐以《驺虞》，九节五正；诸侯以四耦射二侯，二获二容，乐以《狸首》，七节三正；孤卿大夫以三耦射一侯，一获一容，乐以《采蘋》，五节二正；士以三耦射豻侯，一获一容，乐以《采蘩》，五节二正。

孙诒让疏："云'王以六耦射三侯'者，王大射以诸侯为六耦，《大司马》云'若大射则合诸侯之六耦'是也。"《左传》襄公二十九年：

> 范献子来聘，拜城杞也。公享之，展庄叔执币。射者三耦。公臣不足，取于家臣。家臣，展瑕、展王父为一耦；公臣，公巫召伯、仲颜庄叔为一耦，鄇鼓父、党叔为一耦。

① 刘雨：《西周金文中的射礼》，《考古》1986年第12期。
② 黄益飞：《西周金文礼制研究》，中国社会科学出版社2019年版，第291页。

杨伯峻据上引《周礼》文献，认为"古代天子与诸侯射六耦，诸侯与诸侯射四耦，此诸侯与卿大夫射，则三耦"。[①]事实上，西周金文所见似有不同。柞伯簋、令鼎、义盉盖铭文皆交代了耦射人员之身份，但并未透露耦数。而长由盉铭文则讲述了比耦而射的为王朝卿大夫井伯、大祝二人，当系一耦，则与《周礼》"孤卿大夫以三耦射一侯"不合。静簋铭文所讲耦射双方分别为周王、吴奿、吕禸与幽师、萃师，邦君，三人对三人，当系三耦。鄂侯驭方鼎铭文所载耦射双方是周王、鄂侯驭方，仅有一耦。无论三耦抑或一耦，皆与《周礼》所载周天子"六耦"不合。

（二）射数

关于每一耦的射数，传世文献一般记为四次。如《诗经·齐风·猗嗟》：

> 猗嗟昌兮！颀而长兮，抑若扬兮。美目扬兮，巧趋跄兮。射则臧兮！
> 猗嗟名兮！美目清兮，仪既成兮。终日射侯，不出正兮。展我甥兮！
> 猗嗟娈兮！清扬婉兮，舞则选兮。射则贯兮，四矢反兮。以御乱兮！

此诗称扬射手之射艺。其中"终日射侯，不出正兮"是在赞叹射艺之高超，每只箭均射在箭靶之正中。而"射则贯兮，四矢反兮"，毛传："贯，中也。"郑玄笺："反，复也。礼射三而止，每射四矢，皆得其故处，此之谓复。"《仪礼·乡射礼》《仪礼·大射》所载射仪有颇多相似之处，后者云：

> 司马师命负侯者执旌以负侯。负侯者皆适侯，执旌负侯而俟。司射适次，作上耦射，司射反位。上耦出次，西面揖进，上射在左，并行。当阶北面揖，及阶揖。上射先升三等，下射从之中等。上射

① 杨伯峻：《春秋左传注》（修订本），第1159页。

升堂少左，下射升。上射揖，并行，皆当其物北面揖，及物揖，皆左足履物，还，视侯中，合足而俟。司马正适次，袒决、遂，执弓，右挟之，出，升自西阶，适下物，立于物间，左执弣，右执箫，南扬弓，命去侯。负侯皆许诺，以宫趋直西，及乏南又诺，以商至乏，声止，授获者，退立于西方。获者兴，共而俟。司马正出于下射之南，还其后，降自西阶，遂适次，释弓，说决、拾，袭，反位。司射进，与司马正交于阶前相左，由堂下西阶之东北面视上射，命曰："毋射获，毋猎获。"上射揖。司射退反位。乃射。上射既发，挟矢，而后下射射，拾发以将乘矢。获者坐而获，举旌以宫，偃旌以商。

三耦为上耦、次耦、下耦，每一耦两人分作上射、下射，前者先于后者射。"上射既发，挟矢，而后下射射，拾发以将乘矢。"拾，更替、轮流；乘矢，四矢。《诗经·齐风·猗嗟》毛传："四矢，乘矢。""拾发以将乘矢"意为上射、下射轮流各自射完四矢。

西周金文所载射数较少，似仅见于柞伯簋、鄂侯驭方鼎铭文。柞伯簋铭载："柞（胙）伯十称弓，无法（废）矢。"讲柞（胙）伯十次举弓射箭，箭无虚发，均中箭靶。据此推知，此次大射礼的射数达到十次。另外，鄂侯驭方鼎铭载："驭方合王射，驭方休阑，王扬，咸饮。"黄益飞认为："王与驭方当皆射一矢，且一扬一中阑，均未获，故皆饮酒。"[1]那么射数也只有一次。由此看来，西周时期射礼的射数可能并不固定。

（三）行射对象

前文已经指出，西周时期的射礼按场地不同大致可分为陆射、水射。陆射地点有在宫中之射庐，文献称为"射宫"，其行射对象应该是"侯"，即箭靶。《仪礼·乡射礼》："乃张侯，下纲不及地武。"郑玄注："侯，谓所射布也。"侯之中心名"正"或"鹄"。如《诗经·齐风·猗嗟》云："终日射侯，不出正兮。"郑笺："正，所以射于侯中者。"孔颖达疏："正者，侯中所射

---

① 黄益飞：《西周金文礼制研究》，第 292 页。

之处。经典虽多言正鹄，其正之广狭则无文。"《礼记·射义》："故射者，各射己之鹄。"孙希旦集解："鹄者，侯之中，射之的也。"《战国策·齐策五》："今夫鹄的，非咎罪于人也，便弓引弩而射之，中者则善，不中则愧。"

射侯除了文献记载外，亦见于战国时期的铜器纹饰中。比如四川成都百花潭中学十号墓所出铜壶一件，"其上满布用铅类矿物错成的图像"，"壶身以三条带纹分为四层画面"，其中就有两幅射礼图像，分别处于第一层左面、第二层右面（图7）。① 第一层左面上有一射庐，里面有二人正在比耦而射；其下有持弓者列队准备入庐行射。第二层右面上有一射庐，里面有四人持弓而进行耦射，射庐右前方置一"侯"，侯之中填实呈椭圆状的为正或鹄。② 此外，故宫所藏战国铜壶上亦有类似的射礼图像。③ 据此，我们可以推想西周时期的射礼景象。

图 7　百花潭铜壶第一、二层图像

不同于陆射，西周金文所见水射的对象则为各种动物。比如作册麦方尊铭文载："雩若翌日，在辟雍，王乘于舟，为大礼。王射大鷩（鸿），擒。"鸿即鸿雁，乃周王乘舟行射的对象。刘雨指出："金文中还有'射鱼'的记

---

① 四川省博物馆:《成都百花潭中学十号墓发掘记》,《文物》1976 年第 3 期。

② 参看四川省博物馆:《成都百花潭中学十号墓发掘记》,《文物》1976 年第 3 期；杜恒:《试论百花潭嵌错图象铜壶》,《文物》1976 年第 3 期；刘雨:《西周金文中的射礼》,《考古》1986 年第 12 期。

③ 参看杜恒:《试论百花潭嵌错图象铜壶》,《文物》1976 年第 3 期。

载，也在莘京的辟雍大池中举行，称之为'乎渔'。"①如穆王时期的遹簋铭文（《集成》4207）云："唯六月既生霸，穆穆王在莘京，乎（呼）渔于大池。王飨酒，遹御亡遣。"西周晚期的害簋铭文（《集成》4258—4260）载周王册命害"用纂乃祖考事，官司尸（夷）仆、小射、底鱼"。陈梦家认为"底鱼是刺鱼、射鱼之职"，"害乃司射之官"。②射鱼亦见于传世文献，如《春秋经》隐公五年："五年春，公矢鱼于棠。"《淮南子·时则训》："（季冬之月）命渔师始渔，天子亲往射渔，先荐寝庙。""射渔"当作"射鱼"。

除了射雁、射鱼外，还可以射其他动物。如西周昭穆时期的伯唐父鼎铭载："伯唐父告备，王格，乘辟舟，临辛白旂，用射兕、斄虎、貉、白鹿、白狐于辟池。""辟舟"即"辟池之舟"。③周王在辟雍池水上乘舟射牲，所射种类较多，包括兕、斄虎、貉、白鹿、白狐。其中"兕"，《说文》云"如野牛而青"，系犀牛一类的野兽。斄虎，刘雨解作"有斑纹的虎"。④

（四）赞射

射礼中除了比耦而射的行射者之外，还少不了为射礼服务的人员。《周礼·夏官·大仆》："王射，则赞弓矢。"郑玄注："赞谓授之、受之。"《仪礼·大射》："宰戒百官有事于射者，射人戒诸公卿大夫射，司士戒士射与赞者。"郑玄注："赞，佐也，谓士佐执事不射者。"《仪礼·乡射礼》《仪礼·大射》所载服务射礼的主要人员有司射（大射正、小射正）、司马（司马师、司马正）、获者（负侯者）、释获者等。其中"司射指挥和掌管'射'的事，司马总管有关事务"，获者即"射中的报告员"，释获者为"射中的统计员"。"有获者听命于司马，扬旌唱获，报告射中情况；有释获者听命于司射，计算射中次数，分别胜负。"⑤

上述文献记载在出土文物中也得到了部分印证，如前文提及的成都百花

① 刘雨：《西周金文中的射礼》，《考古》1986 年第 12 期。
② 陈梦家：《西周铜器断代》，第 226 页。
③ 袁俊杰：《伯唐父鼎铭通释补证》，《文物》2011 年第 6 期。
④ 刘雨：《伯唐父鼎的铭文与时代》，《考古》1990 年第 8 期。
⑤ 杨宽：《西周史》第六章《"射礼"新探》，上海人民出版社 2016 年版，第 760—769 页。

潭所出战国嵌错铜壶之器身上有四层图像，其中第一层左面、第二层右面均有射礼内容。据相关学者的研究，两处图中射庐前方均有一手执长旌者，其身份当为《仪礼》所载扬旌唱获之"获者"。另外，第一层左面所绘踞坐于屋檐下手执筹算者，其身份应为《仪礼》所载统计射中次数的"释获者"（参见图7）。[1]

从西周金文来看，也有赞射者的记载。静簋铭文讲静先受命"司射学宫"，负责教导小子、服、小臣、夷仆学习射箭。之后在八月份的射礼中，静及其所教的小子、服、小臣、夷仆很可能参与了射礼活动，其中当有赞射者。鉴于表现良好，周王赏赐了教导有方的静。静可能在射礼中充当司射，而主管夷仆、小射、底鱼的害也曾任此职。除此之外，长由盉铭文的长由受命辅佐井伯行射，义盉盖铭文的义亦受王命辅佐行射的一方，两人皆属于赞射者。

（五）奖惩

射礼中比耦而射，通过统计射中次数，最终会决出胜者、不胜者，或者出现双方战平的结果。对于不胜者，要予以惩罚，《仪礼·大射》云：

> 司射命设丰。司官士奉丰由西阶升，北面坐，设于西楹西，降复位。胜者之弟子洗觯，升，酌散，南面坐，奠于丰上，降反位。司射遂袒，执弓，挟一个，揳扑，东面于三耦之西，命三耦及众射者。胜者皆袒、决、遂，执张弓。不胜者皆袭，说决拾，却左手，右加弛弓于其上，遂以执弣。司射先反位。三耦及众射者皆升，饮射爵于西阶上。小射正作升饮射爵者，如作射。一耦出，揖如升射，及阶，胜者先升升堂，少右。不胜者进，北面坐，取丰上之觯，兴，少退，立卒觯，进坐，奠于丰下，兴，揖。不胜者先降，与升饮者相左交于阶前，相揖。适次释弓，袭，反位。仆人师继酌射爵，取

① 参见杜恒：《试论百花潭嵌错图象铜壶》，《文物》1976年第3期；刘雨：《西周金文中的射礼》，《考古》1986年第12期。

觯实之，反奠于丰上，退，俟于序端。升饮者如初。三耦卒饮。若宾、诸公卿大夫不胜，则不降，不执弓，耦不升，仆人师洗，升实觯以授。宾、诸公卿大夫受觯于席以降，适西阶上北面立饮，卒觯，授执爵者，反就席。若饮公，则侍射者降，洗角觯，升，酌散，降拜。公降一等。小臣正辞。宾升，再拜稽首。公答再拜。宾坐，祭，卒爵，再拜稽首。公答再拜。宾降，洗象觯，升，酌膳以致，下拜。小臣正辞。升，再拜稽首。公答再拜。公卒觯。宾进受觯，降，洗散觯，升，实散，下拜。小臣正辞。升，再拜稽首。公答再拜。宾坐，不祭，卒觯，降，奠于篚，阶西东面立。摈者以命升宾。宾升就席。若诸公卿大夫之耦不胜，则亦执弛弓，特升饮。众皆继饮射爵如三耦。射爵辩，乃彻丰与觯。

引文详述了"饮不胜者"的礼仪过程，即对于射艺比拼中不胜者要罚之以酒。但对于胜者的奖励，或者双方战平的结果如何处理，经无明文。考之以金文，西周射艺奖惩或可弥补文献之不足。奖励方面，比如柞伯簋铭文载："柞（胙）伯十称弓，无法（废）矢。王则畀柞（胙）伯赤金十反（钣），诞*锡祝（柷）、见。"柞伯在射艺比拼中十发十中，成为胜者。于是，周王将奖品"赤金十钣"颁授给他，并赏赐有柷、见等乐器。"赤金十钣"乃是十块饼状红铜，而红铜本身乃是铸造青铜器的主要原料，受到贵族阶层的追捧与关注，具有颇高的价值。据此来看，周王的奖品着实丰厚。

鄂侯驭方鼎铭文载："驭方侑王，王休宴，乃射。驭方合王射，驭方休阑，王扬，咸饮。"讲述了鄂侯驭方朝王，与周王先飨后射，属于"飨射"。具体耦射双方是鄂侯驭方、周王，当为一耦。"休阑"，刘雨解释为"射矢于侯框"[①]，意即鄂侯驭方射在了箭靶的边框，并未中的。《仪礼·大射》："大射正立于公后，以矢行告于公：下曰留，上曰扬，左右曰方。"郑玄注："留，不至也。扬，过去也。方，出旁也。"陈梦家据此指出"王扬"即"王所射之

① 刘雨：《西周金文中的射礼》，《考古》1986年第12期。

矢过去不中"①，实乃"矢行高于侯"②，也就是说周王射高了，亦未中的。因此，比射的结果是双方战平，没有胜者与不胜者。之后双方"咸饮"，即皆饮酒。据此来看，射艺双方若战平，可能皆须饮酒，与文献"饮不胜者"类似。

综上所述，我们通过柞伯簋铭文，再结合其他金文材料与传世文献，对西周射礼的情况进行了基本的梳理。西周金文中所见射礼不少，可与传世礼书如《仪礼》《礼记》等相互印证，或弥补其不足，具有重要的学术价值。另外，周王举行射礼活动亦具有现实的政治目的。刘雨曾指出，在分封制下周王"经常举行射、飨、聘、问等礼仪也在一定程度上起着维系统一的作用"。③

【推荐阅读】

刘雨：《西周金文中的射礼》，《考古》1986 年第 12 期。

王龙正、姜涛、袁俊杰：《新发现的柞伯簋及其铭文考释》，《文物》1998 年第 9 期。

李学勤：《柞伯簋铭考释》，《文物》1998 年第 11 期。

陈剑：《柞伯簋铭补释》，《甲骨金文考释论集》，线装书局 2007 年版。

袁俊杰：《再论柞伯簋与大射礼》，《华夏考古》2011 年第 2 期。

袁俊杰：《两周射礼研究》，科学出版社 2013 年版。

---

① 陈梦家：《西周铜器断代》，第 219 页。

② 刘雨：《西周金文中的射礼》，《考古》1986 年第 12 期。

③ 刘雨：《西周金文中的射礼》，《考古》1986 年第 12 期。

第二章　战国楚简礼制文献

战国时期礼崩乐坏，百家争鸣。其中儒家学派倡导恢复以西周礼乐文明为代表的周礼以维持社会秩序，"礼"成为儒家思想的重要命题。自 20 世纪 90 年代以来，出土或入藏的战国楚简中，儒家典籍类数量众多、内容丰富，为我们了解儒家礼学思想及先秦礼制提供了近古存真的宝贵资料，重要的有如下几批：

郭店楚墓竹简（简称"郭店简"），于 1993 年在湖北省荆门市郭店一号墓中出土，共有字简 730 多枚，13000 多字，是楚简的一次重大发现。其中，包括《缁衣》《鲁穆公问子思》《性自命出》等 11 种 14 篇儒家典籍。

上海博物馆藏战国楚竹书（简称"上博简"），为上海博物馆于 1994 年从香港购回，共计 1600 余枚，整理者推测为"楚国迁郢以前贵族墓葬中的随葬物"。上博简内容涉及哲学、文学、历史、宗教、文学等诸多方面，涵盖儒家、道家、兵家、阴阳家等，其中包括《孔子诗论》《缁衣》《性情论》等重要的儒家礼学材料。

安徽大学藏战国竹简（简称"安大简"），于 2015 年入藏安徽大学，共计 1167 枚。简文内容均为典籍类文献，这批材料"涉及经、史、哲、文和语言文字学等不同学科，具体包括《诗经》、楚国历史、孔子语录等诸子类著作、楚辞以及其他方面的作品，多不见于传世文献"。[①] 现已刊布的《诗经》《仲尼曰》都是与传世文献联系密切又可与传世文献对校、补充的儒家文献材料。

---

① 黄德宽:《安徽大学藏战国竹简概述》,《文物》2017 年第 9 期, 第 54 页。

另外，如包山简中有关卜筮祭祷的相关记载、清华简《耆夜》中对饮至礼的详细描述等也是我们了解先秦礼制的重要材料，可以印证或补充传世文献。有鉴于此，我们选择了上博简《孔子诗论》、清华简《耆夜》、郭店简《缁衣》以及安大简《诗经》等 8 篇代表文献，介绍战国楚简中所反映的儒家礼学思想与具体礼仪制度，同时结合传世文献及其他出土文献材料进行对读。

第一节　楚简礼制文献与儒家礼学思想

一、上博简《孔子诗论》的"诗教""礼教"

上博简《孔子诗论》完、残简共 29 支，其中完简仅 1 支，长 55.5 厘米。全篇共 1006 字，为孔子弟子就孔子授诗的追记，原无篇题，整理者据内容定为《孔子诗论》。《孔子诗论》的内容可以分成四类：一是概述，属于序言性质；二是论述各篇《诗》的具体内容；三是均为《邦风》相关内容；四是属于《邦风》《大夏》《小夏》并存。《孔子诗论》体现了孔子及儒门弟子对于诗教的重视，诗论中既有关于"色"与"礼"、"性"与"礼"等相关礼学理论的阐发，也涉及宗庙之礼、祭祀之礼、射礼等礼仪制度，对研究儒家礼学思想有着重要价值。

众多学者对本篇简序进行了调整，今按照总序、分论、合论三个部分为序，调整简序编排为 ①：

总论：简 1 至简 5 上

分论：简 5 下 + 简 7+ 简 8+ 简 9+ 简 10+ 简 14+ 简 12+ 简 13+ 简 15+ 简

---

① 《孔子诗论》缺文较多，给简序编排带来了极大困难，诸家意见分歧较大，但总体是依照整理者所述，按照总序、《颂》《雅》《风》分论及《颂》《雅》《风》合论为依据进行调整。诸家编联中，季旭升将简文分为三部八章，体例最为清晰、通畅，今参照季文编联调整。（参看季旭升主编：《〈上海博物馆藏战国楚竹书（一）〉读本》，北京大学出版社 2009 年版，第 2 页—第 3 页。）

11+ 简 16+ 简 24+ 简 20+ 简 18+ 简 19+ 简 27+ 简 17

　　合论：简 23+ 简 25+ 简 26+ 简 28+ 简 29+ 简 21+ 简 22+ 简 6

【图版】

简 1　　　　　　　　　　　　　简 2

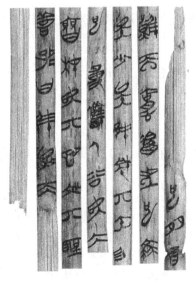

简 3　　　　　　　　　　　　　简 4

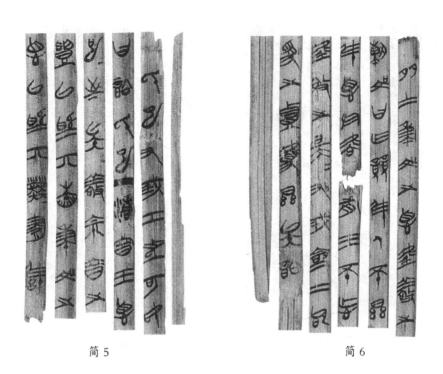

简 5

简 6

简 7

简 8

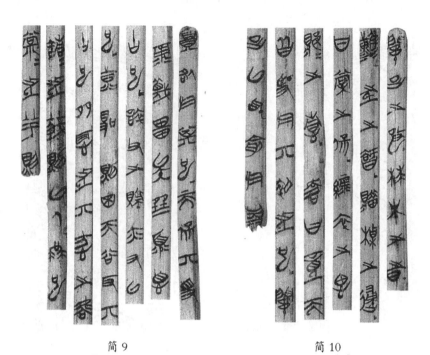

简 9　　　　　　　　　　　简 10

简 11　　　　　　　　　　简 12

简 13 　　　　　　　　　　 简 14

简 15 　　　　　　　　　 简 16

简 17

简 18

简 19

简 20

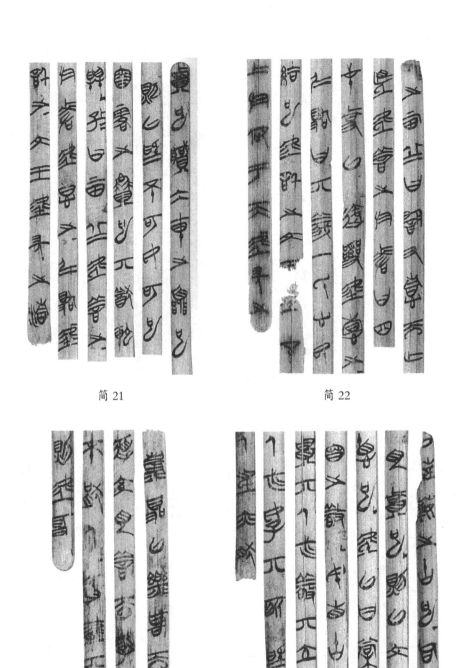

简 21　　　　　　　　　简 22

简 23　　　　　　　　　简 24

简 25

简 26

简 27

简 28

简 29

【著录】

《上海博物馆藏战国楚竹书（一）》①（简称"上博简一"）

【释文】

☐行此者其有不王乎？

孔子[1]曰：诗亡（无）𨼊（隐）[2]志，乐亡（无）隐情，旻（文）[3]亡（无）隐言。【1】寺也，文王受命矣。《讼（颂）》，坪（平）德也[4]，多言后[5]。其乐安而屖[6]，其诃（歌）绅（申）而葛（惕）[7]，其思深而远，至矣！《大夏（雅）》[8]，盛德也，多言【2】☐也，多言难而悁退（怼）[9]者也。衰矣！少矣！《邦风》，其内（纳）勿（物）也尃（溥），观人谷（俗）焉，大敛材焉[10]。其言文，其圣（声）善。

孔子曰：唯能夫☐【3】☐曰："诗其犹坪（平）门[11]歁？戔（贱）民而豫之，其甬（用）心也将何如？"曰："《邦风》氏（是）巳（已）。""民之有慼（感）怂（患）也[12]，上下之不和者，其甬（用）心也将何如？"☐【4】氏（是）巳（已）。""有成工（功）者何如？"曰："《讼（颂）》氏（是）巳（已）。"

《清庙》，王德也。至矣！敬宗庙之礼，以为其本；秉文之德[13]，以为其业；"肃雝[14]☐【5】""襄（怀）尔明德"[15]害（曷）？城（诚）胃（谓）之也。"有命自天，命此文王"，城（诚）命之也。信矣！孔子曰：此命也夫！文王唯（虽）谷（欲）巳（已），得乎？此命也。☐【7】

《十月》善諀言[16]。《雨亡（无）政（正）》《即（节）南山》皆言上之衰也，王公耻之。《少（小）旻》多疑矣[17]，言不中志者也。[18]《少（小）宛》其言不亚（恶），少有伎焉。《少（小）弁》《考（巧）言》则言谗人之害也。《伐木》【8】实咎于其（己）也。《天保》其得录（禄）葂疆（疆）矣[19]，巽寡德古（故）也[20]。《祈父》之责，亦有以也。《黄鸣〈鸟〉》则困而谷（欲）反（返）其古（故）也，多耻者[21]其忟（病）之乎？《菁菁者莪》则以人益

---

① 马承源：《上海博物馆藏战国楚竹书（一）》，上海古籍出版社 2001 年版。

也[22]。《裳裳者芋（华）》则□【9】

《关疋（雎）》之改[23]，《梂（樛）木》之时，《滩（汉）广》之智，《鹊槳（巢）》之归，《甘棠》之保（报）[24]，《绿衣》之思，《燕燕》之情，害（盖）曰：童（动）而皆贤于其初者也。《关疋（雎）》以色俞（喻）于礼[25]□【10】两矣，其四章则俞（喻）矣。以琴瑟之悦，拟好色之愿[26]，以钟鼓之乐□【14】□好，反内（纳）于礼[27]，不亦能改乎?《梂（樛）木》福斯在君子，不【12】□可得，不攻不可能，不亦智（知）亘（极）乎?《鹊槳（巢）》出以百两，不亦有离[28]虖（乎）?《甘棠》【13】□及其人[29]，敬爱其树[30]，其保（报）厚矣。《甘棠》之爱，以邵（召）公□【15】青（情）爱也。《关疋（雎）》之改，则其思賹（益）矣。《梂（樛）木》之时，则以其禄也。《滩（汉）广》之智，则智（知）不可得也。《鹊槳（巢）》之归，则送者【11】□也。《绿衣》之忧，思古人也。《燕燕》之情，以其蜀（笃）也。

孔子曰：吾以《葛覃》得氏初之诗[31]。民性古（固）然[32]：见其美，必谷（欲）反（返）其本。夫萬（葛）之见诃（歌）也，则□【16】□以绤绤[33]之古（故）也；句（后）稷之见贵也，则以文武之德也。[34]吾以《甘棠》得宗庙之敬。民性古（固）肰（然）：甚贵其人，必敬其位；悦其人，必好其所为；亚（恶）其人者亦肰（然）。【24】币帛之不可送（去）也。民性古（固）肰（然）：其隐志必有以俞（喻）也。其言有所载而句（后）内（入），或前之而句（后）交人，不可触也。吾以《折（梂？杕）杜》得雀（爵）[35]【20】因木芣（瓜）之保（报），以俞（喻）其怨者也。《折（梂？杕）杜》则情喜其至也。□【18】□溺志，既曰天也，犹有怨言。《木芣（瓜）》有藏愿而未得达也。交□【19】□如此何，斯雀（爵）之矣。送其所爱，必曰："吾奚舍之?宾赠[36]氏（是）巳（已）。"

孔子曰：《七（蟋）逵（蟀）》智（知）难。《中（螽）氏（斯）》君子。《北风》不绝人之悁（怨）。《子立（衿）》不□【27】《东方未明》有利词。《将中（仲）》之言，不可不韦（畏）也。《汤（扬）之水》其爱妇悡（烈）。《菜（采）萬（葛）》之爱妇□【17】

□《鹿鸣》以乐始而会，以道交，见善而教（效），终乎不猒（厌）

人。[37]《兔蘆（罝）》其甬（用）人，则吾取□【23】《[君子]肠（阳）肠（阳）》少（小）人。《有兔》奉（逢）时。[38]《大田》之卒章，智（知）言而有豊（礼）。《少（小）明》不□【25】忠。《北（邶）·白（柏）舟》闷。《浴（谷）风》背。[39]《罗（蓼）莪》有孝志。《隰有长（苌）楚》得而悉（悔）[40]之也，□【26】亚（恶）而不文。《墙有茨（茨）》慎密而不智（知）言。《青蝇》智（知）□【28】患而[41]不智（知）人。《涉秦（溱）》[42]其绝枏而士。《角枕》[43]妇，《河水》智（知）□【29】贵也。《将大车》[44]之嚣也，则以为不可如何也。《审（湛）露》之赠（益）也，其犹鼧与（欤）？

孔子曰：《宛丘》，吾善之；《于（猗）嗟》，吾喜之；《尸鸠》，吾信之；《文王》，吾美之；清[45]□【21】《宛丘》曰："洵有情，而亡（无）望"[46]，吾善之。《于（猗）差（嗟）》曰："四矢弁（反）"，"以御（御）乱"，吾喜之。《尸鸠》曰："其义（仪）一氏（是）"，"心如结也"，吾信。《文王》[曰："文]王在上，于邵（昭）于天"，吾美之。【22】"[济济]多士，秉文之德"，吾敬之。《剌（烈）文》曰："乍〈亡〉竞隹（维）人"[47]，"不（丕）显唯德"，"于（呜）呼！前王不忘"，吾悦之。"昊天有成命，二句（后）受之"，贵且显矣。讼（颂）□【6】

【注释】

[1] 原篆作"孔＝"，"＝"为借笔合文符号，可径直释读为"孔子"。这一合文又见于上博简《鲁邦大旱》和《子羔》篇，这两篇与《孔子诗论》字距行款基本一致，当为同一书手所抄。在《鲁邦大旱》简 3 中记载了一段对话，"出，遇子贡曰：'赐，尔闻巷路之言，毋乃谓丘之答非欤？'"其中说话者自称"丘"，可知是孔子与其弟子子贡的对话。因此，可以明确《孔子诗论》及其他两篇简文中的这一合文是"孔子"无疑，同时也就明确了诗论的作者是孔子。①

[2] 整理者读为"离"②。关于该字的讨论很多，还有读为"隐""泯"

---

① 参看濮茅左：《关于上海战国竹简中"孔子"的认定——论〈孔子诗论〉中合文是"孔子"而非"卜子"、"子上"》，《中华文史论丛》2001 年第 3 期。

② 马承源：《上海博物馆藏战国楚竹书（一）》，第 123 页。

"吝""陵""怜"等。"隐""𤺺"均为古音文部，为隐藏、隐蔽义，结合文意与音读，以读为"隐"的观点最优。[①] "诗无隐志"即诗中不会隐藏作者所要表达的心志。

[3] "旻"，从"文"从"口"，为《孔子诗论》所见的特殊字形，或为表"文章""文采"之"文"的专字。[②]

[4] 坪，读为"平"，冯时认为"平德"为近平和之德，即"正德"。[③] 孔子以"平德"描述《颂》，以"盛德"描述《大雅》，"平德"与"盛德"相对。《颂》的曲风是"安而屖"，是平和、舒缓的，因此用"平德"描述。

[5] 整理者指出"后"指文王、武王之后，泛指君主。[④]

[6] 屖，《说文·尸部》："屖，屖迟也。"徐锴系传："屖迟，不进也。"即栖迟缓慢之意，简文指《颂》的曲风安和、舒缓。

[7] "葛"字，整理者隶定为从艹从豸，读为《麓》[⑤]，还有读为"逖""易""惕""荡"等说。以读为"惕"更优，"申而惕"即指《颂》之歌声舒缓而庄重。[⑥]

[8] "大夏"即《诗·大雅》，"夏""雅"古通用。

[9] "退"读为"悆"，《说文·心部》："悆，怨也。""悁"，《说文·心部》："悁，忿也。""悁""悆"同义连用。《小雅》中多讽喻诗，因此说"多言难而悁悆者也"，即《小雅》中多抒发人们生活的艰难及对统治者的不满。

[10] "敛材"，整理者认为"简文'敛材'指邦风佳作，实为采风"。[⑦]

---

① 裘锡圭认为该字为"隐"的异体，从"心"应是表示心理语言方面的"隐"。关于该字的相关讨论可以参看郑玉珊的总结。(参看郑玉珊:《〈上博（一）·孔子诗论〉研究》，花木兰文化出版社 2008 年版。)
②《孔子诗论》简 5、简 6 中也有两处表示"文王"之义，使用区别并不严格。
③ 冯时:《论"平德"与"平门"——读〈诗论〉札记之二》，《新出土文献与古代文明研究》，上海大学出版社 2004 年版，第 16 页。
④ 马承源:《上海博物馆藏战国楚竹书（一）》，第 127 页。
⑤ 马承源:《上海博物馆藏战国楚竹书（一）》，第 127 页。
⑥ 关于该字的讨论，可以参看郑玉珊:《〈上博（一）·孔子诗论〉研究》，第 48 页。
⑦ 马承源:《上海博物馆藏战国楚竹书（一）》，第 130 页。

[11] "坪（平）门"，刘信芳认为《诗论》之平门乃平等贵贱出入之门"。① "诗其犹平门欤"，即诗像平门一样，是不分贵贱都可以平等抒发心志的。

[12] "懑恷"，整理者读为"疲倦"。"懑"，又见于郭店简《性自命出》简34"愠斯忧，忧斯懑"，《礼记·檀弓下》作"愠斯戚"；"恷"，即"倦"之异体。《广雅·释诂一》："感，忧也。""感倦"，即"忧患"之义。

[13] "秉文之德"，引自《诗经·周颂·清庙》："济济多士，秉文之德，对越在天。"即秉承着周文王的德行。

[14] "肃雍"后简文有残断，引用自《诗经·周颂·清庙》"肃雍显相"。"肃雍"亦作"肃雝"，毛传："肃，敬；雝，和"，指祭祀时庄严、整齐。

[15] "怀尔明德"，即《诗经·大雅·皇矣》："帝谓文王，予怀明德。"

[16] 諱，《广雅·释言》："諱，訾言也。"即诋毁、指责的言论。《十月》善諱言"中的《十月》即《诗经·小雅·十月之交》，毛诗序："《十月之交》，大夫刺幽王也。"《十月之交》是大夫讽刺幽王之诗，因此孔子对此诗评价是"善諱言"。

[17] 原篆作"疑＝"，读为"疑矣"，整理者指出："有重文符，增语辞'矣'。"②

[18] 孔子对《小旻》的评价是"言不中志"，《诗经·小雅·小旻》也是一首讽刺幽王的诗，朱熹集传："大夫以王惑于邪谋，不能断以善，而作此诗。"其内涵正如周凤五所说"在大臣为言不由衷，在幽王为忠言逆耳也"。③

[19] "得禄蔑疆"，整理者指出"即得福无疆之意"。④ "禄"，《尔雅·释诂下》："禄，福也。""蔑"，无、没有，《诗经·大雅·板》："丧乱蔑资，曾莫惠我师。"毛传："蔑，无。"

---

① 刘信芳：《关于上博藏楚简的几点讨论意见》，《新出楚简与儒学思想国际学术研讨会论文集》，清华大学出版社 2002 年版，第 36 页。
② 马承源：《上海博物馆藏战国楚竹书（一）》，第 136 页。
③ 周凤五：《〈孔子诗论〉新释文及注解》，《上博馆藏战国楚竹书研究》，上海书店出版社 2002 年版，第 159 页。
④ 马承源：《上海博物馆藏战国楚竹书（一）》，第 138 页。

[20]"巽寡德故也","寡德"指君王之德,"巽"还有读为"选""顺""赞"等说法,还有学者认为就读为本字即可。"选"从"巽"得声,以廖名春读为"选",训为"善"最优。^①简文认为《天保》中所赞颂的周宣王"得禄无疆"正是因其有美德。

[21]"多耻"即非常羞愧,屈万里《诗经诠释》认为《黄鸟》一诗是"此流寓者思归之诗"。"多耻"是《黄鸟》之作者流亡在外不受重视,而感到羞耻。

[22]"人益",廖名春认为:"简文'人益'则'益人',使人长进,义与'长育人才'同。"^②

[23]"改",原字形为"攺",整理者认为与"改"非一字,从攴巳声,读若"怡"。^③由于该字形在郭店简《缁衣》、上博简《缁衣》中均可与今本"其容不改"相对,因此该字当释为"改"。曹峰认为该字可读为"已",为"中止""抑止"之义^④,也很有参考价值。

[24]"保",整理者读为"褒",认为《甘棠》为美召伯。李学勤、廖名春等读为"报"。廖名春认为"《小序》:《甘棠》,美召伯也。召伯之教,明于南国。'郑《笺》:'召伯听男女之讼,不重劳烦百姓,止舍小棠之下而听断焉。国人被其德,说其化,思其人,敬其树。'召公'止舍小棠之下'勤劳民事,百姓方'美召伯也',诗文所谓'勿剪勿伐,召伯所茇''勿剪勿败,召伯所憩''勿剪勿拜,召伯所说'就是这种报的体现。"^⑤

[25]李学勤指出:"作者以为《关雎》之诗由字面上看系描写男女爱情,即'色',而实际上要体现的是'礼'。故云'以色喻于礼'。"^⑥曹峰指出该句

① 廖名春:《上海博物馆藏诗论简校释》,《中国哲学史》2002 年第 1 期,第 10 页。
② 廖名春:《上海博物馆藏诗论简校释》,《中国哲学史》2002 年第 1 期,第 10 页。
③ 马承源:《上海博物馆藏战国楚竹书(一)》,第 139 页。
④ 曹峰:《"色"与"礼"的关系——〈孔子诗论〉、马王堆帛书〈五行〉、〈孟子·告子下〉之比较》,《孔子研究》2006 年第 6 期,第 16 页。
⑤ 廖名春:《上海博物馆藏诗论简校释》,《中国哲学史》2002 年第 1 期,第 11 页。
⑥ 李学勤:《〈诗论〉说〈关雎〉等七篇释义》,《齐鲁学刊》2002 年第 2 期,第 91 页。

与马王堆帛书《五行》中"由色谕于礼，近耳"表述相似。[①]

[26]"好色"，整理者认为指"淑女"。"好色之愿"，张桂光认为是"追求淑女的愿望"。[②]

[27]"反内（纳）于礼"，郑玉珊认为"反纳于礼，就是将好色之心，回归到礼的过程"。[③]

[28]"离"字简文字形为从辵、离省声，周凤五读为"俪"，释为匹配之义。[④]《诗经·召南·鹊巢》为记述诸侯婚仪之诗，其中写到"百两御之""百两将之""百两成之"，毛传："百两，非乘也。诸侯之子嫁于诸侯，送御皆百乘。"简文中说"《鹊巢》出以百两，不亦有俪乎？"是说女方出嫁，男方用车队隆重来迎，女方也用车队隆重相送，男女双方不也很般配吗？

[29]此为对《甘棠》的评价，"其人"即指召公。召公，姓姬，名奭，是西周的宗室，因采邑在召，因此被称为"召公奭"或"召伯"。召公奭辅佐周武王、周成王，深受百姓爱戴，《诗经·召南·甘棠》就是人们缅怀、称颂召公而作。"召公奭"又见于清华简《耆夜》[⑤]，因召公担任过太保一职，其中称其为"召公保奭"。

[30]"其树"即指"甘棠"。"甘棠"，就是棠梨树，相传召公曾在一棵棠梨树下办公，人们不忍砍伐此树，朱熹集传："召伯循行南国，以布文王之政，或舍甘棠之下。其后人思其德，故爱其树而不忍伤也。"《甘棠》以描写人们对甘棠树之爱惜，而表达对召伯的怀念、爱戴。

[31]"氐初之诗"，"氐"，陈剑读为"祗"，训为"敬"。[⑥]"氐初"即"敬始""敬本"之义。《葛覃》一诗讲的是婚仪，文末"归宁父母"提示了诗旨，

① 曹峰：《"色"与"礼"的关系——〈孔子诗论〉、马王堆帛书〈五行〉、〈孟子·告子下〉之比较》，第17页。
② 张桂光：《〈战国楚竹书·孔子诗论〉文字考释》，《古文字论集》，中华书局2004年版，第191页。
③ 郑玉珊：《〈上博（一）·孔子诗论〉研究》，花木兰文化出版社2008年版，第161页。
④ 周凤五：《〈孔子诗论〉新释文及注解》，第160页。
⑤ 详见本章第二节《清华简〈耆夜〉与饮至礼》。
⑥ 陈剑：《战国竹书论集》，上海古籍出版社2013年版，第3页。

方玉润《诗经原始》认为"此亦采自民间，与《关雎》同为房中乐，前咏初昏，此赋归宁耳"，冯时指出："此文以葛之能为缔绤而被人歌咏，后稷因有道德高尚的文武后嗣而被人敬奉，皆喻妇德妇功之成乃女子修身之本，也为婚姻之本……婚礼既为礼之本，故反其本而明妇德，以求别男女，成婚姻之道。此与《关雎》所教互为表里，乃诗教之所明。"①

[32] 文中有三处"民性固然"，分别是评论《葛覃》《甘棠》以及《木瓜》三首诗。谈到人的本性，黄怀信认为"民性，就是指人的本性、自然心性"。②这里的"民性"是指人的自然情感，"固然"就是说"民性"是先天的而非后天养成的，不涉及善、恶的讨论。③

[33] 简文中"缔绤"二字原简残损较多，根据《诗经·周南·葛覃》："为缔为绤，服之无斁"中的"缔""绤"，简文中这两个字当从陈剑读为"缔绤"，陈文认为："反过来讲，人们由于缔绤之美与文武之有德，从而想到生出缔绤的葛和生出文武的后稷，正即简文上文所说的：'（民）见其美，必欲反其本。'""为缔为绤"一句又见于安大简《诗经》，其中，今本"缔"对应之字作从"希"、"氐"声，"绤"为从"希"、从"卩"，与简本异体，今本"绤"字对应之字安大简整理者认为该字应分析为从"巾"或从"希"，"卻"省声，为"绤"的异体。④

[34] "文武之德"是指周文王、周武王之德，陈剑认为"后稷因为有文王、武王这样有德的后代，因而受到周人的推崇"。⑤

[35]《折杜》所对应的今本篇目，有《诗经·小雅·杕杜》及《诗

① 冯时：《战国楚竹书〈子羔·孔子诗论〉研究》，《考古学报》2004年第4期，第405页。
② 黄怀信：《上海博物馆藏战国楚竹书〈诗论〉解义》，社会科学文献出版社2004年，第55页。
③ 孟子、荀子性善、性恶的讨论，则是儒家关于"性"本质讨论的进一步发展，廖名春认为简文中的"人性论"有别于孟子性善、荀子性恶论的早期阶段的人性论。（参看廖名春：《上博简〈关雎〉七篇诗论研究》，《中州学刊》2002年第1期，第76页。）
④ 参看黄德宽、徐在国主编：《安徽大学藏战国竹简（一）》，中西书局2019年版，第73页。安大简材料的刊布，又进一步证实简文所残的这两个字当读为"缔绤"无疑。
⑤ 陈剑：《战国竹书论集》，第2页。

经·唐风·有杕之杜》两种观点，认为是《杕杜》的主要是因为简文"情喜其至也"的评论，符合《杕杜》思妇盼望征夫来归，但是结合下文"得爵""宾赠"等评语则不合。而《有杕之杜》所描述的求贤若渴，既符合"情喜其至也"，即为贤才的到来而喜悦，也符合下文所描述的"宾赠"求贤之礼，因此应当对应的是今本《诗经·唐风·有杕之杜》。雀，读为"爵"。刘信芳认为从文意上看"得爵"即征夫建功得爵，从辞例上看包山简204有"雀立"即"爵位"，郭店简有"录雀"即"禄爵"。①

[36]"宾赠"即"赠宾"。朱熹集传："比也。此人好贤，而恐不足以致之，故言"，认为《有杕之杜》以"杕杜"比喻求贤之人。简文所说"斯爵之矣，送其所爱"就是"宾赠"的具体表现，季旭升认为"宾赠"就是"遇到所爱的贤才，有所馈赠，希冀贤才为我所用，这就是'斯爵之矣'"。②

[37]郑玉珊认为"'以乐始而会'即'鼓瑟吹笙'以迎之，乃待嘉宾之厚也。'以道交'即'人之好我，示我周行'；'见善而傚'即'视民不恌，君子是则是傚'；'不厌人'应为'主人不厌人；亦即天子不厌人才也。'"③

[38]《有兔》即《诗经·王风·兔爰》。朱熹《诗集传》中认为："为此诗者盖由及见西周之盛，故曰：'我生之初，天下尚无事，及我生之后，而逢时之多难。'"因此，孔子对这首诗的评价是"逢时"，为感叹生不逢时。

[39]李零认为："《邶风·柏舟》说：'耿耿不寐，如有隐忧。'故曰'闷'……《小雅·谷风》诉弃妇之怨。'弃予''忘我'不绝于口，故曰'负'。'负'原从心、从玉，原书读'背'，亦通。"④

[40]"思"有"悔""无""谋"等诸说。"思"在简文中多读为"谋"，此处读为"悔"，理解为"悔恨"似最为通顺。何琳仪："《诗序》：'疾恣也，国人疾其君之淫恣，而思无情欲者也。'所谓'思无情欲者'无疑有'悔'

---

① 刘信芳：《孔子诗论述学》，安徽大学出版社2003年版，第216页。

② 季旭升：《上海博物馆藏战国楚竹书（一）读本》，第59页。

③ 郑玉珊：《〈上博（一）·孔子诗论〉研究》，第226页。

④ 李零：《上博楚简三篇校读记》，中国人民大学出版社2008年版，第24页。

之意。"①

[41]"患而",简文为"惢而",整理者读为"《卷耳》",即《诗经·周南·卷耳》。李学勤认为当与简28连读,该字当读为"患",全句为"《青蝇》知患而不知人"。②由于本简残损较多,尚无确证。

[42]"涉溱",整理者指出即《诗经·国风·褰裳》的别名。③

[43]整理者认为是篇名,今本所无。④廖名春读为《角枕》,即今本《诗经·唐风·葛生》,"该篇描写妇人怀夫,故谓之'妇'"。⑤

[44]"将大车"即今本《诗经·小雅·无将大车》。简文篇名作《将大车》,许全胜认为:"'无'为虚字,正合省略之通例。"⑥

[45]《宛丘》《猗嗟》《鸤鸠》都属于"风",《文王》属于"雅"。同时,可以结合今本补全本简"清"后所残篇名《清庙》。

[46]"洵又情,而无望",即今本《诗经·陈风·宛丘》:"洵有情兮,而无望兮。"

[47]"乍竞佳人",今本作"无竞维人",整理者指出:"因简文'乍'与'亡'字形相近,古'亡''无'通用,今本'无'为传抄之讹。"⑦"无竞",先秦习语,表无可比拟之义。如《诗经·周颂·执竞》:"执竞武王,无竞维烈。"朱熹集传:"言武王持其自强不息之心,故其功烈之盛,天下莫得而竞。"

【疏义】

孔子重视诗教,《论语》《左传》《礼记》等传世典籍中记载有不少孔子引诗、论诗的材料,如《论语·子路》中"小子何莫夫学《诗》?《诗》可以

① 何琳仪:《沪简〈诗论〉选释》,《上博馆藏战国楚竹书研究》2002年版,第254页。
② 李学勤:《〈诗论〉的体裁和作者》,第59页。
③ 马承源:《上海博物馆藏战国楚竹书(一)》,第159页。
④ 马承源:《上海博物馆藏战国楚竹书(一)》,第159页。
⑤ 廖名春:《上海博物馆藏诗论简校释》,第14页。
⑥ 许全胜:《孔子诗论零识》,《上博馆藏战国楚竹书研究》,上海书店出版社2002年版,第366页。
⑦ 马承源:《上海博物馆藏战国楚竹书(一)》,第133页。

兴、可以观、可以群、可以怨"就体现了孔子对诗教作用的高度概括。《孔子诗论》是现今最早的出土诗论材料，关于《孔子诗论》的作者，李学勤认为："《诗论》非出孔子之手，也不像《论语》那样直记孔子言行，而是孔门儒者所撰，内中多引孔子亲说。"①《孔子诗论》中记载了孔子对于约 60 篇《诗》的评述，涉及诗的本义解读、文句评析等内容，是现存时间最早、内容最为丰富的先秦诗论材料，有助于我们更好地了解《诗经》在先秦两汉时期的形成与传授、孔子与《诗经》的关系，对于中国文学史、思想史的研究都有着重要价值，同时也是我们了解和研究儒家礼学思想的重要文献。

　　《孔子诗论》自 2001 年刊布，在简序编联、文本考释、诗义阐释等方面已经取得了丰硕的研究成果。对于《孔子诗论》的研读，首先应对《诗经》有一定的基础。《诗经·周南·关雎》《诗经·邶风·柏舟》《诗经·鄘风·墙有茨》《诗经·卫风·木瓜》等篇目在中学语文课本、大学《古代汉语》教程中都有选读，读者对简文中的相关论述更易理解。除了《诗经》本身外，还应结合《论语》等相关传世文献的记载，可以更全面地了解孔子对相关篇目的评述以及孔子与《诗经》的关系。《孔子诗论》以《颂》《大夏（雅）》《小雅》和《邦（国）风》为序，与今本《诗经》序次有异。

　　李学勤先生曾提出的与《孔子诗论》相关的七大研究课题中，其中之一便是"对先秦诗学的认识"。②《论语·泰伯》："子曰：'兴于诗，立于礼，成于乐。'"《孔子诗论》便是由诗谈礼，是孔子及儒家学派礼学观念的综合体现。《孔子诗论》所成书的战国时期，已经是"礼崩乐坏"，孔子以维护和恢复周礼为毕生志向，王秀臣认为"'礼义'的强调成为这一阶段礼学发展以及儒家同其他学派区别开来的重要理论标志"。③孔子及儒门弟子以诗论的方式来阐释和表达相关的政治主张，是服务于政治和现实生活的论诗。《孔子诗

① 李学勤：《〈诗论〉的体裁和作者》，第 54 页。
② 李学勤：《〈诗论〉简七问——在清华大学"新出楚简与儒学思想国际学术研讨会"上的演讲》，《中国三峡建设》2006 年第 3 期，第 20 页。
③ 王秀臣：《"礼义"的发现与〈孔子诗论〉的理论来源》，《江海学刊》2006 年第 6 期，第177 页。

论》从理论上探讨了诸多与"礼"相关的问题，如：

"色"与"礼"的关系。"色"在《论语》中屡有提及，有"颜色""神色""女色"等含义。《孟子·告子下》中说"食、色，性也"，饮食、男女是人的本性。《孔子诗论》中以《关雎》为例，所谓"《关雎》，以色喻于礼"（简 10），将《关雎》诗旨同"好色"相联系，此外还有"《关雎》之改，则其思赌（溢）溢"（简 11）、"好，反内于礼，不亦能改乎？"（简 12）、"以琴瑟之敛（悦），拟好色之愿"（简 14）等，讨论了"礼"的产生和作用，以及"色"与"礼"的关系。池田知久指出："《关雎》篇正是这样的诗篇，它根据人类抑止欲望的过程和方法（第十号简之"以色"），最终阐明（俞（谕））（第十号简、十四号简）了'豊（礼）乐'这个道德世界之存在和意义。"[1] 曹峰认为，由简文可以看出："色"是一种"情""欲"；"好色"是正常的情欲，但是超过了一定的度，是需要"礼"的制约的；"诗"是"礼"之教化的重要手段和工具，"诗教"有助于"礼"的建设和传播。[2]

"性""情"与"礼"的关系。[3]孔门论诗是有着思想含义的，目的是通过论诗实现教化功能，《孔子诗论》在论诗涉及"性、情、德、命"时，都蕴含着儒家思想。但是，《诗论》中还是注意到了"诗"的抒情性本质。简文中所提到的"性"，如"民性固然"，即人的本性[4]，是人的自然性情的真实流露。儒家认为"性"是自然的，但不完善，要使其向具有仁、善的道德情感即"情"演变，儒家尊重情感的自然抒发，但是也需要一些节制，所谓"发乎情，民之性也；止乎礼义，先王之泽也"（《毛诗序》）[5]，即需要"礼"的制约。如果失去了"礼"的制约，就如《礼记·曲礼上》所说"今人而无礼，虽能言，不亦禽兽之心乎？"人就和禽兽无别。王秀臣认为"礼"与"性情"的关系正是《孔子诗论》的重要哲学和礼学依据。[①]简文中分别用"民性固然"评论《葛覃》《甘棠》《木瓜》《杕杜》四诗，曹峰认为这四首诗分别与"反本之礼""宗庙之礼""苞苴之礼"等礼仪制度相对。诗教、乐教、礼教都是孔子道德教化的具体方式，黄意明认为："孔子为了达到这样的目的，在平时除了随机指示，言传身教之外，更注重从'诗''礼''乐'中发掘情感的道德因素，以培养和陶冶学生合理的情感态度，并以先王'制礼作乐'的理想作为召唤，最终达到整饬规范人生行为的目的。"[②]总之，关于"礼""情"与《诗》的关系，曹峰认为："'礼'来自于情欲，是对情欲之调节或引导，《诗》是礼之教化的重要工具。"[③]

对相关礼仪制度的阐述。依据"礼"的要求，体现在以祭祀为核心的活动中，便形成了"礼制"。《诗》又是对"礼"的宣扬和反映，《孔子诗论》所评述的诗歌就广泛涉及各种礼仪。[④]比如：宗庙之礼，如简5"《清庙》，王德也，至矣。敬宗庙之礼，以其为本，秉文之德，以为其业"，《清庙》这类的郊庙乐歌是对先秦典籍有关"宗庙之礼"论述的重要补充；祭祀之礼，如简25"大田之卒章，知言而有礼"，《诗经·小雅·大田》最后一章说"来方禋祀，以其骍黑，与其黍稷。以享以祀，以介景福"，为曾孙视察农事所举行的祭祀；射礼，如简21"《于（猗）差（嗟）》曰："四矢弁，以御（御）乱"，今本《诗经·齐风·猗嗟》作"四矢反兮，以御乱兮"，郑玄笺："射必四矢者，象其能御四方之乱也"，体现射礼用矢之数是有严格要求的。对

---

① 王秀臣：《"礼义"的发现与〈孔子诗论〉的理论来源》，第180页。

② 黄意明：《依仁游艺——论孔子"诗""礼""乐"的情感内涵》，《上海戏剧学院学报》2010年第1期，第104页。

③ 曹峰：《"色"与"礼"的关系——〈孔子诗论〉、马王堆帛书〈五行〉〈孟子·告子下〉之比较》，第24页。

④ 陈桐生认为这并非偶然，"《孔子诗论》所评的近一半作品，都在礼仪中得到运用或被礼学家征引，这绝不是偶然的巧合，而是共同的礼义目光将他们吸引到共同的作品"。（陈桐生：《〈孔子诗论〉研究》，中华书局2004年版，第142页。）

于鲁庄公的精妙射技，孔子的评价是"喜"①。

综上所述，《孔子诗论》由诗谈礼，将诗教与礼教相结合，既有关于"色""性"等与"礼"关系的理论论述，也有具体礼仪制度的展现。其目的正如《毛诗序》所说的"先王以是经夫妇，成孝敬，厚人伦，移风俗"，通过"诗"与"乐"②以达到"移风易俗"的政教目的。

二、郭店简《性自命出》的"性""情""乐"

郭店简《性自命出》共存简 67 枚，简长 32.5 厘米。在简 35 和文末有两处钩形标志。简文原无篇题，整理者据文意取简 2 中"性自命出"拟为篇题。根据简文内容，可以以简 35 将全篇分为两个部分。③ 这两部分的关系或认为是两篇文献或认为是一篇文献的上下部分。郭店简《性自命出》相关内容又见于上博简，题为《性情论》。

《性自命出》与《性情论》主要讨论了"性"与"情"两大概念，《性自命出》较《性情论》内容更为完整，二者在用字、章序上略有不同。本文节选了郭店简《性自命出》简 1 至简 35，这部分内容主要围绕"性""情"展开，是儒家心性论研究的重要材料。其中，还有不少篇幅讨论并提倡"乐"，颇具特色，也是先秦乐教的重要材料。

① 余培林指出《猗嗟》一诗是"此尽美庄公之诗……庄公以善射名，曾射宋之勇士南宫长万，事见《左传·庄公十一年》，正与咏善射合"。[余培林：《诗经正诂》（修订二版），三民书局 2005 年版，第 195 页。]
②《荀子·乐论》："乐者，圣人之所乐也，而可以善民心，其感人深，其移风易俗，故先王导之以礼乐而民和睦。"即阐明了"乐教"的作用，与《毛诗序》所说的"诗"的"移风俗"功能相近。
③ 李学勤先生认为简 1 至简 36 中心在论乐，简 37 至简 67 中心在论情。李零则是以简35 为界进行划分。[参看李零：《郭店楚简校读记》（增订本），中国人民大学出版社 2007年版，第 137 页。]

【图版】

1　　2　　3　　4　　5　　6　　7

简1　　简2　　简3　　简4　　简5　　简6　　简7

8　　　9　　　10　　　11　　　12　　　13　　　14

简8　　简9　　简10　　简11　　简12　　简13　　简14

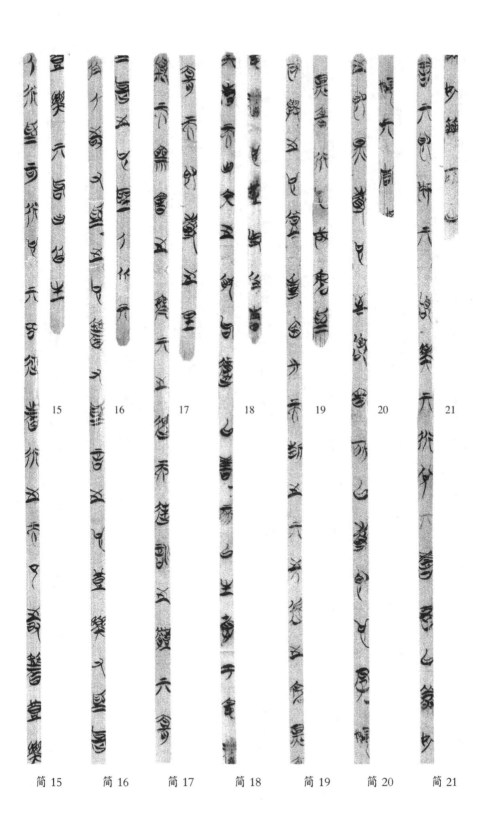

15   16   17   18   19   20   21

简 15　　简 16　　简 17　　简 18　　简 19　　简 20　　简 21

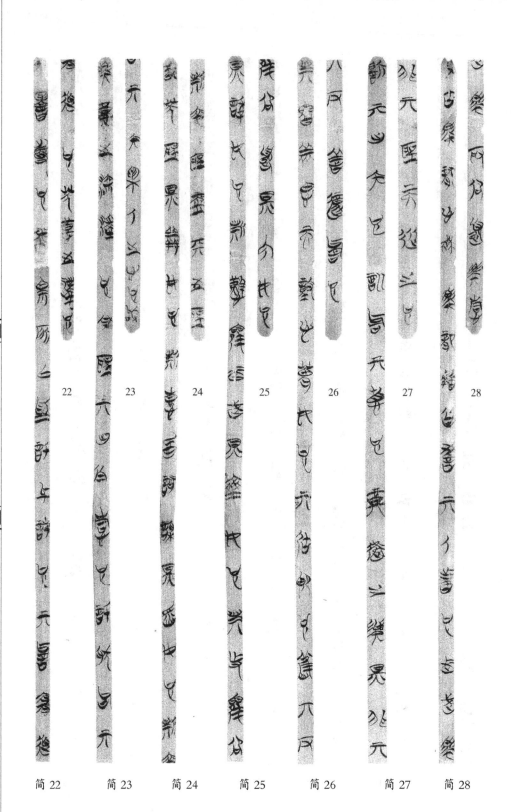

22　　　　　23　　　　　24　　　　　25　　　　　26　　　　　27　　　　　28

简 22　　　简 23　　　简 24　　　简 25　　　简 26　　　简 27　　　简 28

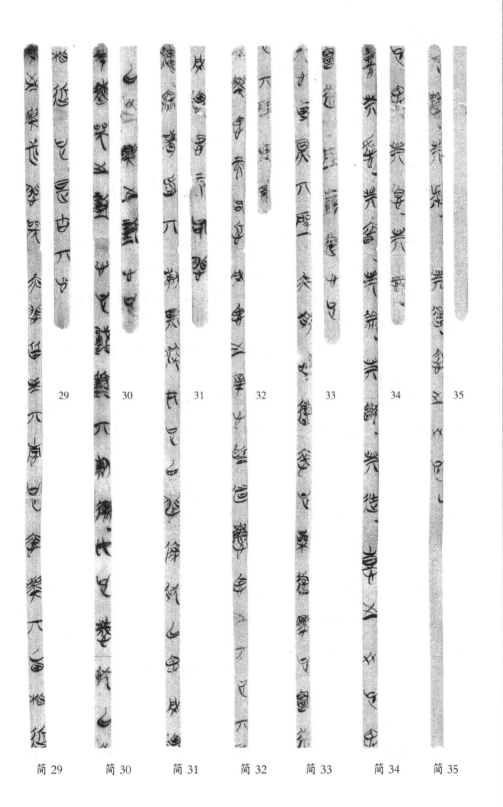

29 30 31 32 33 34 35

简 29   简 30   简 31   简 32   简 33   简 34   简 35

《郭店楚墓竹简》（简称"郭店简"）①

《楚地出土战国简册合集（一）：郭店楚墓竹书》②

【释文】

凡人唯（虽）有眚（性）[1]，心亡（无）奠（定）志[2]，待勿（物）而句（后）作，待兑（悦）而句（后）行，待习而句（后）【1】奠（定）。喜怒哀悲之气，性也[3]。及其见于外，则勿（物）取之也。性自命出，命【2】自天降。道始于青（情），青（情）生于性[4]。始者近青（情），终者近义。智（知）[青（情）者能]【3】出之[5]，智（知）宜（义）者能内（入）之。[6]好亚（恶），眚（性）也。所好所亚（恶），勿（物）也。善不[善，眚（性）也][7]【4】，所善所不善，势也。

凡性为宝（主），勿（物）取之也。金石之有圣（声）[也，弗扣]【5】[不鸣。[8]人]唯（虽）有眚（性），心弗取不出。

凡心有志也，亡与不□□□□□[9]【6】蜀（独）行，犹口之不可蜀（独）言也。牛生而伏（长），雁生而伸，其[性]□□□，【7】而学或使之也[10]。

凡勿（物）亡（无）不异也者。刚之椯（树）也，刚取之也。柔之【8】约，柔取之也[11]。四海之内其性一也，其甬（用）心各异，教使然也。

凡性，【9】或动之，或逆之，或交之，或万（厉）之，或出之，或兼（养）之，或长之。

凡动性【10】者，勿（物）也。逆性者，兑（悦）也。交性者，古（故）也。万（厉）性者，宜（义）也。出性者，势也。兼（养）性【11】者，习也。长性者，道也。[12]

凡见者之胃（谓）勿（物），快于己者之胃（谓）兑（悦），勿（物）

① 荆门市博物馆编：《郭店楚墓竹简》，文物出版社1998年版。

② 武汉大学简帛研究中心，荆门市博物馆编著：《楚地出土战国简册合集（一）：郭店楚墓竹书》，文物出版社2011年版。

先秦礼制文献讲疏

【12】之势者之胃（谓）势，有为也者之胃（谓）古（故）。义也者，群善之蕝[13]也。习也【13】者，有以习其性也。道者，群勿（物）之道。

凡道，心述（术）为宝（主）。道四述（术），唯【14】人道为可道也。其三述（术）者，道之而已。时（诗）、箸（书）、豊（礼）、乐，其始出皆生【15】于人。时（诗），有为为之也。箸（书），有为言之也。礼、乐，有为举之也。圣人比其【16】頪（类）而仑（论）会之，观其之〈先〉后而逆训（顺）之，体其宜（义）而即（节）蔓（文）[14]之，里（理）【17】其青（情）而出内（入）之，然句（后）复以教[15]。教，所以生德于中者也。礼作于青（情），【18】或兴之也。堂（当）事因方[16]而折（制）之，其先后之舍（叙）则宜（义）道也。或舍（叙）为【19】之即（节）则文也。至（致）颂（容）貌所以文，即（节）也。君子美其青（情），[贵其宜（义）][17]，【20】善其即（节），好其颂（容），乐其道，兑（悦）其教，是以敬安（焉）。拜，所以□□□，【21】其誉文也。币帛，所以为信与征也，其词宜道也。笑，懮（喜）[18]之浅泽也。【22】乐，喜之深泽[19]也。

凡圣（声），其出于情也信，然句（后）其内（入）拔[20]人之心也敏（厚）。【23】闻笑圣（声），则鲜（馨）如[21]也斯喜。昏（闻）诃（歌）谣，则舀（陶）如也斯奋。圣（听）琴瑟之圣（声），【24】则悸如也斯戁（叹）[22]。观赉、武，则齐如也斯作。观卲（韶）夏，则免（勉）如也【25】斯敛[23]。羕（咏）思而动心，喟如也。其居即（次）也旧（久），其反善复始[24]也【26】慎，其出内（入）也训（顺），始其德也。奠（郑）卫之乐，则非其圣（声）而从之也。【27】

凡古乐龙[25]心，嗌（益）乐龙指，皆教其人者也。赉武乐取，卲（韶）夏乐情。【28】

凡至乐必悲，哭亦悲，皆至其情也。哀、乐，其性相近也，是古（故）其心【29】不远。哭之动心也，浸杀[26]，其剌（烈）恋恋[27]如也，戚肰（然）以终。乐之动心也，【30】濬深[28]郁舀（陶）[29]，其剌（烈）则流如也以悲，条（悠）肰（然）以思。

凡忧思而句（后）悲，【31】凡乐思而句（后）忻。凡思之甬（用），心为甚。戁（叹），思之方[30]也。其圣（声）变，则[心从之][31]；【32】其心变，则其圣（声）亦肰（然）。唫（吟）[32]游（由）[33]哀也，喿（噪）游（由）乐也，啾游（由）圣（声）[也]，戏游（由）心也。【33】喜斯[34]慆，慆斯奋，奋斯羕（咏），羕（咏）斯猷（犹），猷（犹）斯舞。舞，喜之终也。愠斯忧，忧斯慼，慼【34】斯戁（叹），戁（叹）斯辟，辟斯通（踊）。通（踊），愠之终也。[35]【35】

【注释】

[1]"眚"，读为"性"，即人的天性。上博简《性情论》简1作"生"。简文中以"生"或"眚"读为"性"，"性"本有生命之义，如《诗经·大雅·卷阿》："岂弟君子，俾尔弥尔性，似先公酋矣。"郑玄笺："乃使女终女之性命，无病困之扰。"这里的"性"就是生命。

[2]"奠"读为"定"，"定志"，上博简《性情论》作"正志"。"定"从"正"得声，"心无定志"即心志未定。

[3]喜、怒、哀、悲都是人的天性，是人情感的自然外露。在《逸周书·官人》中把"喜怒欲忧惧"称为"五气"。

[4]以上两句阐述了"性""情"的来源，"性"来自天命，"情"来自天性。

[5]这里的"之"指代"道"，强调了"情"对"道"的生发作用，以及"义"对于"道"的节制作用。可以根据上博简《性情论》补"情者能"。

[6]"知情者能出之，知义者能入之"中的"出"和"入"，刘钊认为是生发和调节之义。① "始者近情"，所以说知"情"的人能引发道；"终者近义"，所以说知道"义"的人能调节"道"。

[7]可以据上博简《性情论》简3补"善，性也"。

[8]可据上博简《性情论》简3补"也弗扣不鸣"。"金石之有声也，弗扣不鸣"即金石虽可发声，但不敲击也不会响。

---

① 刘钊:《郭店楚简校释》，福建人民出版社2005年版，第92页。

[9] 此处所缺五字，刘钊补为"可人之不可"。^①

[10] 简7句末残缺三字，刘钊补为"使然人"^②，该句可读为"牛生而长，雁生而伸，其性使然，人而学或使之也"，人与动物都有天性，不同之处在于人可以通过后天的学习改变而产生差异。

[11] 以上两句与《荀子·劝学》"刚自取柱，柔自取束"意思相近，都是表明事物本性的重要影响。

[12] 该段阐述了"物""悦""故""义""势""习""道"对于"性"的作用，如"砺性者，义也""长性者，道也"，说明了"义"可以磨砺天性，"道"可以增进天性。

[13] "蔹"，《说文·艸部》："朝会束茅草表位曰蔹"，由表明位次的茅束，含义扩大为"标明""标志"。"义也者，群善之蔹"，即"义"是众多善的标志。

[14] "节釐"一词又见于郭店简《语丛一》简31+ 简97"礼因人之情而为之即釐者也"，与《礼记·坊记》"礼因人之情而为之节文"可以对读。"即釐"即"节文"，即制定礼仪制度。

[15] 自简15、16"诗、书、礼、乐，其始出皆生于人"至简18"然后复以教"，阐述了"诗、书、礼、乐"的教化作用。简文认为"诗、书、礼、乐"都是因人而产生，圣人加以编排、增损，以教化人们。

[16] "方"，如《礼记·缁衣》所说"故君子之朋友有乡，其恶有方"，为类别之义。文中指"礼"应根据实际情况而灵活处理。

[17] 可据上博简《性情论》简12补"贵其宜"。这里可以读为"贵其义"，与上文中"美其情"相对。

[18] 该字有读为"礼"以及"喜"字异体两说。上博简《性情论》该字对应之字从"喜"、从"心"，为"喜"之异体。

[19] "泽"，《说文·水部》："泽，光润也。"由光亮、润泽之义可引申出

① 刘钊:《郭店楚简校释》，第93页。
② 刘钊:《郭店楚简校释》，第93页。

"表现"，文中深泽和浅泽指"笑"和"乐"分别是"喜"的深层和浅层表现形式。

[20]《说文·手部》："拔，擢也。""拔"由抽拔引申出产生、引发义，指有真情实感的声音能够引发人内心的共鸣。

[21] 如，王引之《经传释词》："如，犹然也。"简24至简25中，用"鲜如""陶如""悸如"等分别修饰听到笑声、歌谣、琴瑟之声的感受。

[22]"悸"，《说文·心部》："悸，心动也。""嘅"，读为"叹"，感慨、感叹。

[23]"敛"，收敛，与上文"作"相对。

[24]"反善复始"，刘钊认为："既指音乐的一章奏完又重新开始，同时亦指人心被音乐打动而回归于善。"[①]

[25] 龙，《广雅·释诂三》："龙，和也。""古乐龙心"指如韶夏之乐等古乐与心相协。或说读为"弄"，为拨动义。

[26]"浸杀"，李零认为是"渐趋衰弱"之义。[②]

[27] 裘按读为"恋恋"，"恋恋"即顾念不舍。[③]

[28]"濬"，《尔雅·释言》："濬，深也。""濬深"同义连用。

[29] 简文作"腻舀"，读为"郁陶"，又见于简44。陆德明释文"郁陶，忧思也"，简44谓"郁陶之气"，李天虹认为："应该就是内涵于人体之中的性。"[④]

[30]"方"，《广雅·释诂三》："方，类也。""叹，思之方也"，即吟咏感叹是忧思的一种表达形式。

[31] 可据上博简《性情论》简20补"心从之"。声音与心情相互影响，所以简文说"其声变，则心从之"，同样的，"其心变，则其声亦然"。

[32]"吟"，即呻吟，因苦闷而呻吟、叹息。

① 刘钊：《郭店楚简校释》，第97页。
② 李零：《郭店楚简校读记（增订本）》，中国人民大学出版社2007年版，第141页。
③ 荆门市博物馆编：《郭店楚墓竹简》，第183页。
④ 李天虹：《郭店竹简〈性自命出〉研究》，湖北教育出版社2002年版，第167页。

[33]"游"，刘钊读为"由"，"游""由"都在喻纽幽部，训作"由于"。①

[34]"斯"，王引之《经传释词》："斯，犹则也。""喜斯慆"即"喜则慆"，人高兴就会陶醉。

[35] 简34至简35与《礼记·檀弓下》"礼道则不然，人喜则斯陶，陶斯咏，咏斯犹，犹斯舞，舞斯愠，愠斯戚，戚斯叹，叹斯辟，辟斯踊矣"大体相同。

【疏义】

儒家崇尚"礼乐"文明，虽然"礼"与"乐"均是"六艺"的重要组成部分，"制礼作乐"是同时进行的，但是后世对"礼"的倡导显然更为偏重，对于"乐"则较为薄弱。《性自命出》的作者尚存争议，但应属思孟学派，是一部重要的儒家典籍。本节选取的简1至简35，即一般认为的《性自命出》的上半部分就主要论述了"性"和"情"，尤其是侧重"性"，体现了儒家的心性论思想。同时，简文谈到了"乐"对于性、情培养的重要影响和作用，是重要的"乐论"材料。

首先看简文中对于"性"的论述。简文开宗明义提出"凡人虽有性"，简2、简3"性自命出，命自天降"阐述了"性"的来源②，整理者以其中的"性自命出"作为篇题可见该句对简文理解的重要性和概括作用。《性自命出》中的"性"是人与生俱来的天性，如《孟子·告子上》"告子曰：'生之谓性'"以及《荀子·正名》"生之所以然者，谓之性。"都是说"性"即生下来就形成的，《礼记·中庸》说"天命之谓性"直接说明天所赋予的东西就是"性"。简9说"四海之内其性一也"。濮茅左在整理上博简《性情论》中指出"性"的内涵包括：喜、怒、哀、悲之气，好恶，善与不善，等等。③关于简文中"性"的性质主要有自然人性论以及性善论两说，李天虹认为《性自命出》中的人性论具有较强的"善"的色彩，"这类思想倾向当

① 刘钊：《郭店楚简校释》，第99页。
② 关于"性"的来源问题，还可参看上一节《孔子诗论》中的相关讨论。《性自命出》及《性情论》又将"性"的讨论进一步发展。
③ 马承源：《上海博物馆藏战国楚竹书（一）》，第177页。

可视为孟子性善论的滥觞"。① "性"的来源是"命"，但是又是可以受到后天"教"的影响，简10至简12就阐述了"物、悦、故、义、势、习、道"等七者对"性"产生的"动、逆、交、厉、出、养、长"等七种影响。可以看出，简文已有较为成熟的"心性"论思想，也使我们更好地了解儒家心性论的形成，为相关思想史研究也提供了宝贵材料。

再看本节对于"情"的论述。本节所选的《性自命出》上篇中的"情"凡10见，李天虹总结均为"情性"之"情"。② 传世儒学典籍中不乏对"情"的讨论，自《礼记》《大戴礼记》开始，"情"表示情性、情感的用法渐多，李天虹将这种专门用以表达情感的"情"归纳为发自真心和出自天性两类。③ 一说"情"发自真心。简文中"情"常与"信"相联系，如简23"凡圣（声），其出于情也信"，在简36以下的内容中对此还有更充分的论述。简文认为"情"是真诚的、可信的，李天虹指出："其论情之说的主旨是弘扬情性，贬斥虚伪。"④ 一说"情"出自天性。如简3认为"情生于性"，情由性产生，简2所说的"喜怒哀悲之气，性也"就是性的具体表现，与《大戴礼记》中说"五性"是"喜怒欲惧忧"、《礼记》说"人情"是"喜怒哀惧爱恶欲"、《荀子·正名》说"性者，天之就也；情者，性之质也"相似——"情"是"性"的外在流露和具体表现。简18"礼作于情"（《性自命出》中"性""情""礼"相生的观点），即郭店简《语丛二》简1所谓"情生于性，礼生于情"。⑤

再看简文中对于"乐"的论述。"兴于诗，立于礼，成于乐"，孔子是非常重视"乐"对人的礼义塑造作用的，本篇也让我们看到了文献记载中较少的儒家乐教思想。"诗、书、礼、乐"之教中，《孔子诗论》以"诗教"为落脚点，本篇则以"乐教"为落脚点。简23至简35（对应上博简《性情论》简14至简21）较为集中地讨论"乐"，濮茅左认为"本篇（《性情论》）内

---

① 李天虹：《郭店竹简〈性自命出〉研究》，第82页。
② 李天虹：《郭店竹简〈性自命出〉研究》，第50页。
③ 李天虹：《郭店竹简〈性自命出〉研究》，第40页。
④ 李天虹：《郭店竹简〈性自命出〉研究》，第32页。
⑤ "性""情"与"礼"的关系，在《孔子诗论》中也有论及，可以参看《孔子诗论》疏义部分相关阐述。

容与古乐密切有关，提倡乐教，对于乐本、乐言、乐化、乐象、乐礼、乐情等方面内容皆有所涉及"。①关于"乐"的产生，从《性自命出》及《礼记》等传世文献中，都可以看到"乐"是产生于情、性的。"与'礼'从外在方面来规范不同，'乐'只有直接诉诸人的内在的'心''情'，才能与'礼'相辅相成。"②《礼记·乐记》说："凡音之起，由人心生也。人心之动，物使之然也。感于物而动，故形于声。"与简23所说的"凡声，其出于情也信"含义相近，李学勤指出，"（人心）感于物，亦即简文的物取之"③，李天虹进一步认为《乐记》所说的"人心"即简文所说的"性"。关于"乐"的作用，简14至简15中提到，"四术"包括心术、诗、书、礼乐，其中"心术"最为重要，而"诗、书、礼、乐，其始出皆生于人"（简15）。"礼乐"的产生是基于人的需要，上文提到《性自命出》中的"性"有较强的善的色彩，同时又认为后天的学习对于人性有重要影响，"礼乐"正具有对于"性"的积极教化作用，如简28所说的"古乐龙心，益乐龙指"。"乐"与情、性又是互相影响的：如简23至简26层层递进，举了听到笑声、歌谣、琴瑟之声以及赉武韶夏之乐等不同的乐声，会引发喜、奋、叹、作、俭等不同的情感；如简32说"其圣（声）变则其心变，其心变则声亦然"；简34、简35中所谈到的"舞，喜之终也""踊，愠之终也"，人的情感（喜、怒）表现在乐舞（舞、踊）中。关于"礼"与"乐"的关系，文献中对于"礼"的论述甚多，论"乐"较少，先秦传世典籍中对乐教论述较为详细的就是《礼记·乐记》。"礼乐"常常并提，但一般都认为"礼"比"乐"更为重要，如《礼记·孔子闲居》"礼之所至，乐亦至焉"，就认为"乐"是在"礼"实现之后的，而在《性自命出》中体现出礼、乐均有着重要的地位。周公"制礼作乐"，"乐教"在西周达到繁盛，礼制与乐制构成了周代的礼乐制度，"乐"与"礼"一样具有重要的教化作用。李天虹认为：《性自命出》的出土提醒我们，在原始

---

① 马承源：《上海博物馆藏战国楚竹书（一）》，第218页。

② 李泽厚：《美学三书》，安徽文艺出版社1999年版，第234页。

③ 李学勤：《荆门郭店楚简中的〈子思子〉》，《中国哲学（第二十辑）：郭店楚简研究》，辽宁教育出版社1999年版。

的儒家思想里，乐的地位似乎不亚于礼，在某些方面甚至是重于礼的。"[①]

总之，本篇简文以及上博简《性情论》以"情"贯通全篇，论述了"性""情""乐"等儒家思想中重要的概念，补充了传世典籍中的相关记载，有助我们更加深入了解儒家礼学思想在先秦时期的流传情况。

【推荐阅读】

陈来：《郭店楚简〈性自命出〉与上博楚简〈性情论〉》，《孔子研究》2002 年第 2 期。

李天虹：《郭店竹简〈性自命出〉研究》，湖北教育出版社 2003 年版。

刘信芳：《孔子诗论述学》，安徽大学出版社 2003 年版。

黄怀信：《上海博物馆藏战国楚竹书〈诗论〉解义》，社会科学文献出版社 2004 年版。

季旭升：《上海博物馆藏战国楚竹书（一）读本》，北京大学出版社 2009 年版。

刘钊：《郭店楚简校释》，福建人民出版社 2005 年版。

郑玉珊：《〈上博（一）·孔子诗论〉研究》，花木兰文化出版社 2008 年版。

第二节　楚简礼制文献与相关礼仪制度

一、清华简《耆夜》与饮至礼

清华简《耆夜》共 14 支简，简长 45 厘米，简背有次序编号，第 14 支简的背面有"耆夜"二字，为篇题。简文记述了武王八年伐耆凯旋后，在文王太室举行饮至礼的情况。

---

① 李天虹：《郭店竹简〈性自命出〉研究》，第 4 页。

简 1　　　　　简 2　　　　　简 3　　　　　简 4

简 5　　　　　　　简 6　　　　　　　简 7　　　　　　　简 8

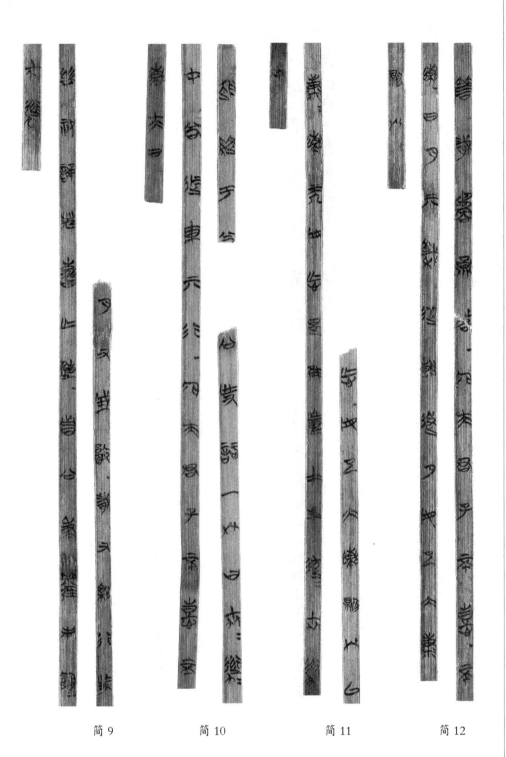

简 9　　　　　　简 10　　　　　　简 11　　　　　　简 12

简 13　　　　简 14

【著录】

《清华大学藏战国竹简（一）》①（简称"清华简一"）

【释文】

武王八年，征伐耆[1]，大戡之。还，乃饮至[2]于文大（太）室[3]。繹（毕）公高为客[4]，邵（召）公保奭（奭）为【1】夹，周公叔旦为宝（主），辛公諑甲为立（位），作策逸为东尚（堂）之客。吕上（尚）甫（父）命为【2】司政，监饮酒。[5]王夜爵寿（醻）毕公[6]，作訶（歌）一终[7]曰《药（乐）药（乐）旨酒》："药（乐）药（乐）旨酒[8]，宴以二公。纴（恁）仁兄弟[9]【3】，庶民和同。方臧（壮）方武，穆穆克邦。[10]嘉爵速饮，后爵乃从。[11]"王夜爵寿（酬）周公，【4】作歌一终，曰《輶乘》："輶乘既饬[12]，人备（服）余不肎[13]。嗟士奋甲，殹（繄）民之秀[14]。方臧方武，克燮【5】仇雠[15]。嘉爵速饮，后爵乃复。"周公夜爵醻毕公，作歌一终，曰《赑赑》："赑赑[16]戎服，臧【6】武求求（赳赳）。忘情谋猷[17]，裕德乃救。王有脂（旨）酉（酒），我忧以覆，既罪又蛕，明日勿稻[18]。"周【7】公或夜爵酬王，作祝诵一终，曰《明明上帝》[19]："明明上帝，临下之光，不（丕）显来各（格），歆匜（厥）裡明（盟）[20]，于【8】☑月有盈缺，岁有歇行，作兹祝诵，万寿无疆。"周公秉爵未饮，蟋蟀【9】趯降于尚（堂）上，[周]公作歌一终曰《蟋蟀》[21]："蟋蟀在尚（堂），役车其行[22]；今夫君子，不喜不药（乐）。夫日【10】□□，□□□忘（荒）；母（毋）已大药（乐）[23]，则终以康，康药（乐）而母（毋）忘（荒），是隹（惟）良士之迖（方）迖（方）[24]。蟋蟀才（在）【11】席，岁裔员（云）茖（莫）[25]，今夫君子，不喜不乐。日月其迈，从朝及夕，母（毋）已大康，则终【12】以祚。康乐而母（毋）[忘]（荒），是隹（惟）良士之思（瞿）思（瞿）[26]。蟋蟀才（在）舒，岁裔员□，□□□□，□□□□【13】，□□□□□□□，□□□□。母（毋）已大康，则夊（终）以思（瞿）。康药（乐）而母（毋）忘（荒），是隹（惟）良士之思（惧）思（惧）。"【14】

① 李学勤：《清华大学藏战国竹简（一）》，中西书局2010年版。

【注释】

[1]"耆"，简文中该字原篆从"邑""旨"声，整理者指出古书作"黎"或"耆"。① 《尚书·西伯戡黎》中的"西伯"历来存在是周文王还是周武王的争议，简文则明确了当是武王。

[2]"饮至"，军礼的一种。"饮至"的具体内容如《左传·桓公二年》记载："凡公行，告于宗庙；反行，饮至、舍爵、策勋焉，礼也。"其目的如《左传·隐公五年》"三年而治兵，入而振旅，归而饮至，以数军实"所说，是在战争胜利之后的庆功以及检点、统计战损和所获俘虏、财物等。

[3]"大室"，即"太室"，为古代帝王宗庙。《尚书·洛诰》："王入太室，祼。"孔传："太室，清庙。"

[4]《史记·魏世家》："魏之先，毕公高之后也。毕公高与周同姓。武王之伐纣，而高封于毕，于是为毕姓。"可知毕公高为周之宗室，魏国先祖。此外，参与者还有召公奭、周公旦、辛公甲、作册逸以及吕尚等。

[5]简1、简2记载了毕公高等参与者分别是客、夹、主、立（位）、东堂之客以及司政。"客"与"宾"浑言无别，田旭东认为"客"就是《周礼》《礼记》中所说的"国宾"②，《礼记·乡饮酒义》："宾者，接人以义者。""夹"，玄应《一切经音义》："夹，辅也。""夹辅"常常同义连用，"夹"即辅助义。"主"，《礼记·燕义》："设宾主，饮酒之礼也。""位"，段注："中庭之左右谓之位。""东堂之客"，可读为"东上之客"，曹建墩认为："'东堂之客'席位在堂上尊位，其身份盖类似于乡饮酒礼中的'僎宾'。"③

[6]"夜爵"，整理者读为"舍爵"④，陈伟进一步指出"舍爵"是将盛有酒的器具放置于神位之前，是祭祀神灵的仪式。裘锡圭则读为"举爵"，认为简文中的"举爵"有可能兼指"自饮"和"复酳进宾"。⑤ "酬"，《诗经·小

---

① 李学勤：《清华大学藏战国竹简（一）》，第151页。
② 田旭东：《清华简〈耆夜〉中的礼乐实践》，《考古与文物》2012年第1期，第90页。
③ 曹建墩：《清华简〈耆夜〉篇中的饮至礼考释二则》，《楚简楚文化与先秦历史文化国际学术研讨会论文集》，湖北教育出版社2013年版。
④ 李学勤：《清华大学藏战国竹简（一）》，第152页。
⑤ 裘锡圭：《说夜爵》，《出土文献（第二辑）》，中西书局2011年版，第19页。

雅·彤弓》："钟鼓既设，一朝酬之。"郑笺："饮酒之礼，主人献宾，宾酢主人，主人又饮而酌宾，谓之酬。酬犹厚也，劝也。"

[7]"终"，乐曲一章为"终"，"一终"即一曲、一首。"作歌一终"亦见于《吕氏春秋·音初》："二女作歌一终，曰：'燕燕往飞。'"

[8]《乐乐旨酒》，先秦逸诗。"旨酒"，《诗经》习见，即美酒。如《诗经·小雅·鹿鸣》："我有旨酒，以燕乐嘉宾之心。"

[9]"纴"，整理者读为"恁"①，《广韵》："恁，信也。"伏俊琏认为"纴仁"，当作"任仁"，是相亲相爱的意思。②

[10]"臧"，读为"壮"，"壮""武"义近对用。"穆穆"，《诗·大雅·文王》："穆穆文王，于缉熙分敬止。"毛传："穆穆，美也。"

[11]整理者指出"'嘉爵速饮，后爵乃从'与后面'嘉爵速饮，后爵乃复'相类，都是劝酒之辞"。③

[12]"辂乘既饬"，"辂乘"犹"辂车"，一种轻便的车，可用为战车或使者所乘之车。"饬"，整治。整理者指出"辂乘既饬"与《诗经·小雅·六月》"戎车既饬"句式相同。④

[13]"人服余不胄"，即敌方已经整饬完毕而我方还未戎装。但是，我方未戎装准备与"辂乘既饬"矛盾，颜伟民、陈民镇认为"不"或可读为"丕"，为语助词，可从。⑤

[14]"嗟士"之"嗟"用为句首语气词，读为"嗟"。⑥"民之秀"，就是百姓中优秀、突出的人，《国语·齐语》："秀民之为士者，必足赖也。"韦昭注："秀民，民之秀出者也。"

---

① 李学勤：《清华大学藏战国竹简（一）》，第153页。
② 伏俊琏、冷江山：《清华简〈耆夜〉与西周时期的"饮至"典礼》，《西北师大学报（社会科学版）》，2011年第1期，第62页。
③ 李学勤：《清华大学藏战国竹简（一）》，第153页。
④ 李学勤：《清华大学藏战国竹简（一）》，第153页。
⑤ 该句释读分歧较大，详参季旭升：清华大学藏战国竹简（一）读本，艺文印书馆2013年版。
⑥ 李学勤：《清华大学藏战国竹简（一）》，第153页。

[15]"爕",读为"袭",与"伐"义近,《诗·大雅·大明》:"保右命尔,爕伐大商。"用法相同。"克爕仇雠"即能够战胜敌人。

[16]"赑",《玉篇》:"赑,赑屃,作力貌。"颜伟明、陈民镇认为"赑赑戎服,壮武赳赳"意谓军服威武,兵士英武刚毅。①

[17]"毖",《说文·比部》:"毖,慎也。"为谨慎之义。②"情",诚挚、真诚之义。"谋猷",文献多见,为谋略、计划之义。"毖情谋猷",就是审慎诚挚地谋划。

[18]"蛕"对应的简文,整理者指出即《说文》"蛕"字,读为"侑",劝饮。"慆",读为"慆",《玉篇·心部》:"慆,慢也。"为懈怠之义。③

[19]《明明上帝》,整理者认为《逸周书·世俘》记载武王克商,在牧野举行典礼,其中"献《明明》三终"的《明明》就是《明明上帝》的简称。④"明明",《诗经》中习见,简文"明明上帝,临下之光"与《诗经·小雅·小明》:"明明上天,照临下土。"句式、含义均近。

[20]"禋明",读为"禋盟",整理者指出泛指祭祀。⑤

[21]周公所作《蟋蟀》与《诗经·唐风·蟋蟀》有部分文句可以对读,关系密切。黄效认为周公所作的应是以歌词为主的歌谣,而不是诗,所以简文说"作歌一终"。⑥

[22]"役车其行",今本《诗经·唐风·蟋蟀》作"役车其休"。

[23]"毋已大乐",简12和简14还有"毋已大康",今本《诗经·唐风·蟋蟀》均为"毋已大康"。

---

① 颜伟民、陈民镇:《清华简〈耆夜〉集释》,复旦大学出土文献与古文字研究中心,2011年9月15日。
② 颜伟民、陈民镇:《清华简〈耆夜〉集释》,复旦大学出土文献与古文字研究中心,2011年9月15日。
③ 李学勤:《清华大学藏战国竹简(一)》,第154页。
④ 李学勤:《清华大学藏战国竹简(一)》,第154页。
⑤ 李学勤:《清华大学藏战国竹简(一)》,第154页。
⑥ 黄效:《清华简〈蟋蟀〉再议》,《江西师范大学学报(哲学社会科学版)》,2020年第2期,第75页。

[24] 简文"是惟良士之方方""是惟良士之思思"，今本《蟋蟀》有"良士瞿瞿""良士蹶蹶""良士休休"。

[25] "岁裔员荅"，整理者指出"可联系《诗·蟋蟀》'岁聿其莫'来理解。'裔'通'聿'，语助词。员，通'云'，与'其'字用法相似，句中助词。'荅'通'莫'"。"荅"，可读为"落"，与"莫"义近。

[26] "思思"，今本作"瞿瞿"，毛传："瞿瞿然顾礼义也。"为"勤谨""警醒"之义。"良士瞿瞿"即贤良之士多警悟。

【疏义】

"饮至礼"属于军礼中的一种，马智全概括"饮至礼"是"古代王侯征伐盟会返回后在宗庙举行的告至活动"。[①]"饮至礼"自周初已有实行，体系完整，《诗经》《左传》以及三礼等传世典籍是考察"饮至礼"的主要资料。周公东征鼎（《集成》2739）、虢季子白盘（《集成》10173）、小盂鼎（《集成》2839）等铭文中的相关记载以及清华简《耆夜》等出土文献材料，又为周代饮至礼的实行和流传提供了丰富材料。

清华简《耆夜》中"饮至礼"纪年明确、过程记载详尽，是研究"饮至礼"的重要新材料。自刊布之后，其中相关的礼制问题，尤其是其中的"饮至礼"受到了学界的广泛关注。简1"武王八年征伐耆，大戡之，还乃饮至于文太室""是纪年明确的最早的周初饮至礼仪"。[②]《尚书·西伯戡黎》载："西伯既戡黎，祖伊恐，奔告于王。"简文所说的"武王伐耆"，即典籍所载的"西伯戡黎"。在周武王八年，为庆祝伐耆的胜利而在宗庙举行"饮至礼"。此次"饮至礼"的参与者，据简1至简3可知，有周武王、毕公高、召公奭（召公奭）、周公旦、辛公甲、史逸、吕尚等，其中周公、太公（吕尚）、召公、史逸，《大戴礼记·保傅》记载"故成王中立而听朝，则四圣维之，是以虑无失计，而举无过事"，是辅佐周王的四位非常重要的大臣，被称为"四圣"。"毕公高为客，召公保奭为夹，周公叔旦为主，辛公甲为立，

① 马智全：《饮至礼辑考》，《简牍学研究》，2014年第5期，第210页。

② 马智全：《饮至礼辑考》，第210页。

作策逸为东尚之客。吕尚父命为司政，监饮酒"，体现了严格的等级制度和尊卑有序的分工。简文中虽然没有描述武王及其他参与者的座次，整理者依据三礼中的相关记载，推测出"以《燕礼》例之，应为武王席在阼阶上，西面；毕公席在户牖之间，南面；召公为介，辅弼公为礼，席在西阶上，东面"。①

伏俊琏、冷江山将"饮至礼"的流程归纳为赏赐策命，赋诗言志、饮酒祝福两个阶段。②关于告庙、策勋等这些赏赐策命的阶段的内容，简文没有详述，而是将重点在第二阶段，记载了此次宴饮武王所作《乐乐旨酒》《輶乘》以及周公所作《赑赑》《明明上帝》《蟋蟀》。简文将三首诗都称为"作歌一终"，其中尤为值得一提的是《蟋蟀》一诗，与今本《诗经·唐风·蟋蟀》及安大简《蟋蟀》有着密切的关系。③关于简本《蟋蟀》与今本《蟋蟀》的关系，李学勤认为："简本《蟋蟀》系戡耆时作，于是在那一带流传，后来竟成为当地的诗歌了。"④今本《蟋蟀》与简本《蟋蟀》在语句上有不少重合之处，又较简本更为整饬，应是如李先生所说，简本《蟋蟀》创作之后，经过流传和加工，形成了今本《蟋蟀》。从《耆夜》中所记载的《蟋蟀》一诗，到安大简《蟋蟀》再到今本《蟋蟀》可以窥见《蟋蟀》一诗由创作到定型的过程。

《耆夜》所记载的"饮至礼"与燕礼大体相同，可与《仪礼·燕礼》《礼记·燕义》等相参照，但也有差异。《仪礼·燕礼》主要讲述了诸侯宴请款待下属之礼，《耆夜》所述是天子为庆功举行的"饮至礼"，对象和目的有别。有学者认为《耆夜》与古礼所载流程有不同之处，因此怀疑《耆夜》为伪。《耆夜》与《仪礼·燕礼》等典籍所载"饮至礼"有不合之处，确实值得深入研究，但是古礼流传至今不少已失传，且如程浩所说传世礼书也不能完全覆盖周代礼制。⑤

① 李学勤：《清华大学藏战国竹简（一）》，第152页。
② 伏俊琏、冷江山：《清华简〈耆夜〉与西周时期的"饮至"典礼》，《西北师大学报（社会科学版）》，2011年第1期，第61页。
③ 安大简《蟋蟀》属《魏风》，共三章，每章八句，在章序上与今本《毛诗》第一、第二章颠倒，内容与今本基本相同。这里讨论《蟋蟀》的礼制问题，就以今本《蟋蟀》为主进行对比。
④ 李学勤：《清华简〈耆夜〉》，《光明日报》，2009年8月3号。
⑤ 程浩：《清华简〈耆夜〉篇礼制问题解惑——兼谈如何阅读出土文献》，《社会科学论坛》，2012年第3期，第69页。

这也提醒我们，现如今我们对于先秦礼学的研究以传世文献为主，随着出土文献资料的刊布，不断丰富了我们的相关认知。出土文献材料可以补充或佐证礼学典籍的相关记载，同时，二者记载有异之处更是值得探究。要更好地了理解出土文献中的相关记载，应当要熟悉传世典籍，但也不能以传世典籍为唯一标准。

二、上博简《天子建州（甲本）》与建制礼

上博简《天子建州》有甲、乙两个版本，内容相同，字体有别，个别字词不同。甲本完整，共有简 13 支，完简长度约 46 厘米，共 407 字；乙本存简 11 支，缺简 2 支。简文原无篇题，整理者摘首句四字命为《天子建州》。简文分为两章，每章末有"L"形章节符号。简文内容没有明确的主题，涉及建制礼、飨礼等，整理者认为其性质属于"礼家杂记"，是研究先秦礼学的重要材料。

【图版】

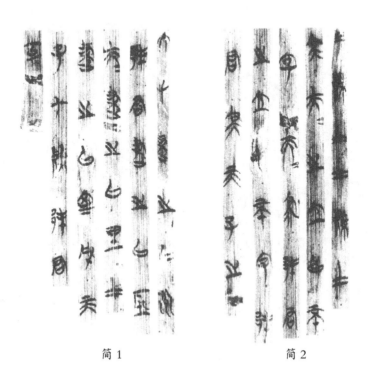

简 1   简 2

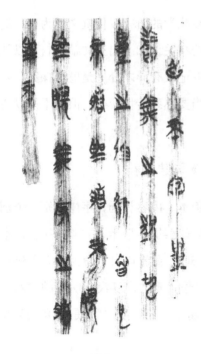

简 3

简 4

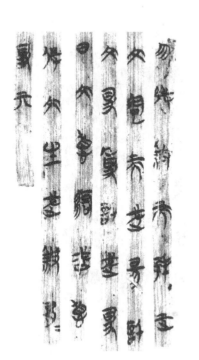

简 5

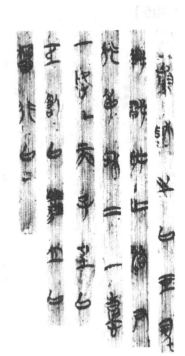

简 6

简 7

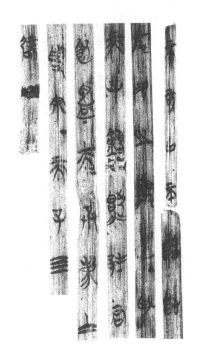

简 8

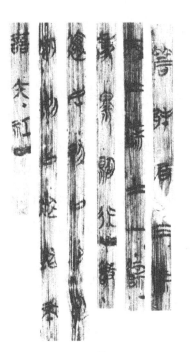

简 9

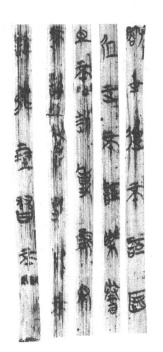

简 10

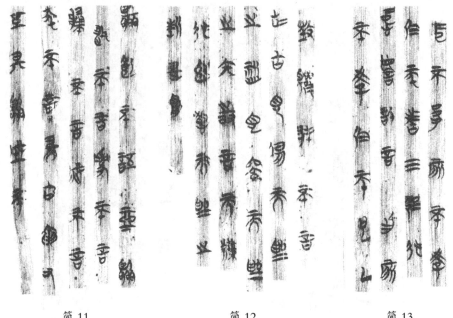

简 11　　　　　　　简 12　　　　　　　简 13

【著录】

《上海博物馆藏战国楚竹书（六）》①（简称"上博简六"）

【释文】

[凡][1]天子[2]建之以州，邦君建之以垗（都），大夫建之以里，士建之以室[3]。凡天子七殜（世），邦君五【1】[殜（世），大夫]三殜（世），士二殜（世）。[4]士象[5]大夫之立（位），身不免；大夫象邦君之立（位），身不免；邦君象天子之【2】[立（位）]，身不免。

礼者，义（仪）之兄也。礼之于尸庙[6]也，不腈（精）为腈（精），不嫩（美）[7]为嫩（美）。义（仪）反之，腈（精）为不腈（精）【3】，嫩（美）为不嫩（美）。故亡礼大废，亡义（仪）大孽[8]。

型（刑），屯（纯）用青（情），邦丧；屯（纯）用勿（物）[9]，邦丧。必中青（情）以瞿于勿（物）【4】，几杀而邦正[10]。

——————————
① 马承源：《上海博物馆藏战国楚竹书（六）》，上海古籍出版社 2017 年版。

文阴而武阳。信文得事，信武得田[11]。文德治，武德伐，文生武杀。日月得其甫（辅）【5】，相之以玉斗[12]，仇雠戋（残）亡。洛、尹（伊）[13]行，身和二：一憙（喜）一忢（怒）。

天子坐以巨（矩），飤（食）以义（仪），立以县（悬），行以【6】[兴（绳），视]侯量，顾环身。[14]者（诸）侯飤（食）同状，视百正，顾还肩，与卿大夫同耻（止）厇（度）[15]。士视目恒，顾还【7】[面]。不可以不闻耻（止）厇（度），民之义（仪）也。

凡天子钦（歆）气（饩），邦君飤（食）浊，大夫承鬵（馐）[16]，士受余（馀）。天子四辟【8】[筵]席，邦君三辟，大夫二辟，士一辟。

事鬼则行敬，怀民[17]则以德，断型（刑）[18]则以哀。朝不语内，功[19]【9】[不语]战。在道不语匿[20]，尻（处）正（政）不语乐，尊且（俎）[21]不折（誓）事，聚众不语逸，男女不语鹿（离），朋友不【10】语分。临食不语亚（恶），临兆不言乱，不言寝（侵），不言威（灭），不言发（拔），不言耑，古（故）龟有五期（忌）。临城不【11】[言]毁，观邦不言丧，古（故）见伤（殇）[22]而为之祈，见突[23]而为之内（入）。时言而殜（世）行，因[24]德而为之折（制），是胃（谓）【12】中不韦（违）。所不教于师者三：强行、忠谋、信言，此所不教于师也。【13】

【注释】

[1] 据乙本补此处缺文"凡"。"凡"，《说文·二部》："凡，最括也"，表概括。上博简"凡物流形"，即万物流形。

[2] "天子""诸侯""大夫""士"是先秦礼制区分贵族的四个阶层，如《礼记·曲礼下》所说"天子穆穆，诸侯皇皇，大夫济济，士跄跄"等。

[3] "州"，整理者认为"州，指古代分天下为九州"①，天下之"州"均为天子所建。"都"，《说文·邑部》："都，有先君之旧宗庙曰都。""里"，基层行政单位，具体构成有二十五家、五十家、百家等不同的说法，如《周礼·地官·遂人》："五家为邻，五邻为里。"即二十五家为里。"室"，即家、户，基

---

① 马承源：《上海博物馆藏战国楚竹书（六）》，第 311 页。

本的家庭单位，《管子·乘马》："上地方八十里，万室之国一，千室之都四。"

[4] 简2简首残二字（包括一合文），可据乙本补为"殜，大夫"。"殜"读为"世"，"七世""五世""三世"对应的是不同等级可以建庙的数量。《大戴礼记·礼三本》："故有天下者事七世，有国者事五世，有五乘之地者事三世，有三乘之地者事二世，待年而食者不得立宗庙。"与简文所记相同。

[5] "象"，效法，《广雅·释诂三》："象，效也。"

[6] "尸庙"，"尸"是古代祭祀中代表死者受祭的活人，"尸庙"是有"尸"参加祭祀的庙。

[7] "嫩"，古同美。《集韵·旨韵》："嫩，善也。通作美。"

[8] "孽"，为害，"亡义大孽"即失去"仪"就会使国家遭受灾祸。

[9] "勿"，读为物，"物"有典章制度之义，如《礼记·檀弓下》："礼有微情者，有以故与物者，有直情而径行者，戎狄之道也"，郑玄注："（物）衰绖之制。"简文中指具体的法律细节或条文。

[10] "几"，整理者指出"几"训为"察"，"杀"为裁削之义，"邦正"即"国治"。① 简文认为刑罚要结合法理与情理，省察、裁削，那么国家就能治理好。

[11] "信"，整理者认为，"'信'，用，《荀子·哀公》：'明主任计不信怒，暗主信怒不任计。'杨倞注：'信，亦任也。'"② "信文得事，信武得田"，即凭借文治可以成事，凭借武力可以开拓疆土。

[12] "相"，为辅助义，《集韵·漾韵》："相，助也。""玉斗"，北斗星。"相之以玉斗"，即以玉斗（北斗星）为引导。

[13] "洛""尹"主要有人名、地名两说。沈培认为读为"洛伊"，指洛水和伊水③，"洛伊行"与《国语·周语上》："昔伊、洛竭而夏亡，河竭而商亡"中的"伊、洛竭"相对。

---

① 马承源：《上海博物馆藏战国楚竹书（六）》，第317页。

② 马承源：《上海博物馆藏战国楚竹书（六）》，第317页。

③ 沈培：《释上博简〈天子建州〉讲述"文""武"的一段文字》，《古文字研究（第三十辑）》，中华书局2014年版，第349页。

[14] 以上阐述了天子坐、食、立、行、视等应遵循的礼仪。"矩"是曲尺，"悬"是悬线或悬锤，都是指坐、站、立姿之挺直、规矩。

[15] 耻度，侯乃峰读为"止度"，"止"即容止、礼节，"度"即法度。[①]

[16] "钦气"，裘锡圭读为"歆气"，"'歆气'与'食浊'为对，当指摄取食物之精华部分"。[②]

[17] "怀"，《礼记·中庸》："怀诸侯，则天下畏之。"孔颖达疏："怀，安抚也。""怀民"，安抚人民。

[18] "断刑"，判刑。《吕氏春秋·孟秋》："戮有罪，严断刑。"简文认为应敬重鬼神，以德行安抚百姓，以悲痛的心态判刑。

[19] "功"，功劳、功绩。"功不语战"，即论功绩时不说战功。

[20] "匿"，《尔雅·释诂下》："匿，微也。"简文指隐秘、隐私的事情。"在道不语匿"，即在路途中不说隐秘之事，而路途中的"隐秘之事"即走失、迷失之类的事情。

[21] "尊俎"，古代盛酒肉的器皿，泛指宴席。"尊俎不誓事"，即宴席中不行发誓之事。

[22] "傷"，整理者读为"禓"[③]，《说文·示部》："禓，道上祭。"

[23] "突"，《尔雅·释宫室》："东南隅曰突。突，幽也。"

[24] "因"，沿着，《广韵·真韵》："因，缘也。"简文认为一时说出的话也要一生遵守，以德行来做出判断，就是不违背内心。这里强调言、行与德的统一。

【疏义】

《天子建州》中涉及的礼制内容丰富而驳杂，包括建制礼、祭礼、飨礼等。简文开篇是有关宗庙建制的相关礼制，也就是"建制礼"。简1"凡天子建之以州，邦君建之以都，大夫建之以里，士建之以室"，论述了封建制度。简文所体现的封建制度，是按阶层以行政区划为单位的等级层递构成的，

---

① 侯乃峰：《〈天子建州〉礼学字词疏证三则》，《古籍研究》，2013年第57卷，第68页。

② 裘锡圭：《〈天子建州〉（甲本）小札》，《简帛（第三辑）》，上海古籍出版社2008年版，第105页。

③ 马承源：《上海博物馆藏战国楚竹书（六）》，第331页。

"室"这样的基本家庭单位构成了"里","里"这样的基层行政单位构成了卿大夫封地，又都属于天子的王土"州"，符合儒家"溥天之下，莫非王土"的理念。这与西周时期的封建制度以宗法制为依托不同，曹建墩认为这种变化体现了战国时期宗法制的衰落，不是纯粹的西周春秋时期的封建制度，是儒家构拟的封建规划蓝图。[①] 该篇的整理者曹锦炎认为："由此可见，简文是说各级贵族建庙的地方，实可补庙制之礼。"[②] "士象大夫之位，身不免"一句，曹锦炎认为是记载庙中祭祀时关于"尸"的礼制，"士象大夫之位"是士作为尸象大夫之位，"身不免"指祭祀尸身可不按一般丧礼用"免"代替原有的冠，是对丧礼的补充。[③]

自"礼者，仪之兄也"至"亡礼大废，亡仪大孽"一节，则记载了庙内祭祀时的相关礼仪。"礼""仪"常常并提，关系密切，简文说"礼者，仪之兄也"，体现出了"礼"的重要性。"礼"是"仪"的根本，"仪"则是"礼"的具体表现，简文又说到礼、仪在宗庙祭祀时的区别，裘锡圭认为："礼重玄酒大羹，即以不精为精，不美为美；仪者斤斤计较于形式，故与礼相反"[④]，这种"不精为精""不美为美"的祭祀之礼，曹建墩认为正体现了"尚质贵朴"的礼学观。[⑤] "故亡礼大废，亡仪大孽"又体现了"礼""仪"的相互依存，文质缺一不可。

"天子作以矩"之前有章节符号，可依此将简文分为两章。自简6"天子坐以矩"至"士一辟"，讲的是天子、邦君、臣下宴请之礼。自"朝不语内"至"观邦不言丧"等讲述了言谈时的相关禁忌，可见无论是何种等级，都要遵守言谈举止的相关礼仪规定，言谈中的禁忌规定是对简文中所说祭祀、饮食、日常举止礼仪的重要补充。

---

① 曹建墩：《战国竹书与先秦礼学研究》，人民出版社 2018 年版，第 24 页。

② 曹锦炎：《上博简〈天子建州〉首章重释》，《出土文献（第四辑）》，中西书局 2013 年版，第 156 页。

③ 曹锦炎：《上博简〈天子建州〉首章重释》，《出土文献（第四辑）》，中西书局 2013 年版，第 156 页。

④ 裘锡圭：《〈天子建州〉（甲本）小札》，第 105 页。

⑤ 曹建墩：《上博竹书〈天子建州〉"礼者义之兄也"章的礼学阐释》，《孔子研究》，2014 年第 3 期，第 61 页。

简文所载的礼制有一些与西周时期相关制度以及《礼记》等记载不合，贾海生、马瑜慧认为简文所述的礼制是理想的、未曾践行的，"简文本是针对时政撰作的礼文，意在托古改制，并非记录曾经或当时实际践行过的礼制，因而固当就简文论简文而不应该与传世礼书的记载相互比勘，判断孰是孰非"。[①]

三、上博简《君子为礼》与容礼

上博简《君子为礼》共 16 支简，整理者以简 1 中的"君子为礼"为篇题。简文残缺较多，其内容与下一篇《弟子问》内容性质相类，多为孔子与弟子问答之语，但在切口位置、文字书写等有别，整理者仍分为两篇。

《君子为礼》简 1 至简 4 及简 9 是颜渊与孔子及颜渊与弟子的问答，简11 至简 16 是子羽和子贡的对话，简 5 至简 8 则是关于容止的相关礼仪。结合陈剑、陈伟、廖名春等学者的释读意见，调整简文编联为：

简 1–2–3–9A–4–9B–11–15–13–16–14–12–10–5–6–7–8

【图版】

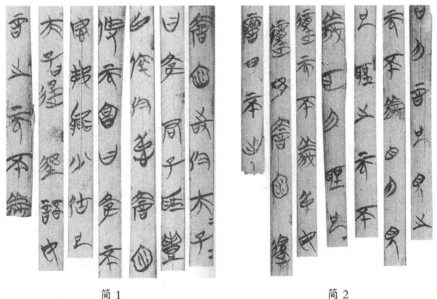

简 1　　　　　　　　　　　　　简 2

① 贾海生、马瑜慧：《论上博简〈天子建州〉首简所言礼制》，《中国经学（第十八辑）》，广西师范大学出版社 2016 年版，第 47 页。

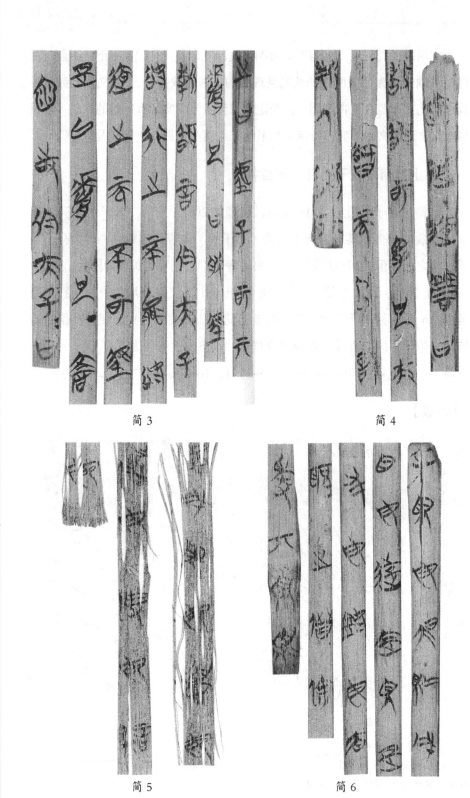

简 3   简 4

简 5   简 6

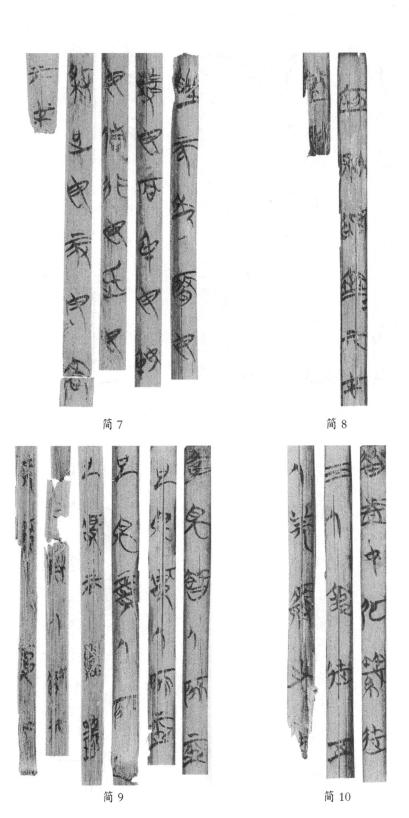

简 7   简 8

简 9   简 10

简 11

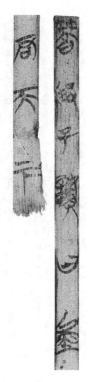

简 12

简 13

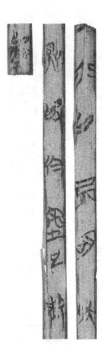

简 14

简 15   简 16

【著录】

《上海博物馆藏战国楚竹书（五）》①（简称"上博简五"）

【释文】

颜渊侍于孔子。夫子曰："韦（回）！君子为豊（礼），以依于仁[1]。"颜渊作而答曰："韦（回）虽不敏，弗能少居也。"夫子曰："坐，吾语汝。言之而不义，【1】口勿言也；视之而不义，目勿视也；圣（听）之而不义，耳勿圣（听）也；动而不义，身毋动焉。"[2]颜渊退，数日不出。[□□问][3]【2】之曰："吾子何其膡（瘠）[4]也。"曰："然，吾新（亲）闻言于夫子，欲行之不能，欲去之而不可，吾是以膡（瘠）也。"颜渊侍于夫子，夫子曰【3】：

———————

① 马承源：《上海博物馆藏战国楚竹书（五）》，上海古籍出版社 2015 年。

"韦（回）！独智（知）人所恶也，独贵人所恶也，独富人所恶 [也。" 颜]
【9A】渊起，逾席[5] 曰："敢问何胃（谓）也？"夫子 [曰]："智而比信，斯
人欲其☒【4】[☒智] 也；贵而能壤（让），斯人欲其长贵也；富而☒。"【9B】

行子人子羽[6] 问于子赣（贡）曰："中（仲）尼与吾子产孰贤？"子贡
曰："夫子治十室之邑亦乐，治万世之邦亦乐，然则☒【11】☒喜（矣）""与
禹孰贤？"子贡曰："禹治天下之川[7]，【15】☒以为己名。夫【13】子治诗书
【16】，亦以为己名。然则贤于禹也。""与舜【14】孰贤？"子贡曰："舜君天
下，☒。"【12】

☒昔者中（仲）尼緘* 徒三人，弟徒五人，芄（玩）嬉* 之 [徒]【10】
☒好。凡色毋忧、毋佻、毋作、毋慆[8]，毋☒【5】勄（俛）视，毋侧
睨；凡目毋游，定（正）视是求。[9] 毋钦（唅）毋去，圣（声）之疾徐[10]，
称其众寡。【6】颈而秀。肩毋发（废）[11]、毋倾，身毋偃、毋倩，行毋蹶、
毋摇，足毋鞭（蹁）[12]、毋高。其【7】在庭则欲齐齐，其在堂则☒。【8】

【注释】

[1]"依"，依靠。"依于仁"，又见于《论语·述而》："志于道，据于德，
依于仁，游于艺。"何晏集解："依，倚也。"

[2]《论语·颜渊》："子曰：'非礼勿视，非礼勿听，非礼勿言，非礼勿
动。'"简文所说的"不义"即传世本所说的"非礼"的行为。

[3] 陈剑据文义补"问"，并认为前两字应是"门人"或"弟子"。[①] 这里
应是颜渊的弟子问颜渊。

[4]"膵"，陈剑读为"瘠"，训为"瘦"。[②]

[5]"逾"，《玉篇·辵部》："逾，越也。""逾席"即"越席"，离开席位。

[6]"行子人子羽"，当为"行人子羽"，"子"为衍文。《论语·宪问》：

① 陈剑：《战国竹书论集》，第 175 页。
② 陈剑：《战国竹书论集》，第 175 页。

"子曰：'为命，裨谌草创之，世叔讨论之，行人子羽修饰之，东里子产润色之。'"

[7] "禹治天下之川"，即文献习见的大禹治水传说。

[8] "佻"，轻佻，《尔雅·释言》："佻，偷也。"郭璞注："谓苟且。""作"，整理者读为"怍"，羞愧，《说文·心部》："怍，惭也。"① "愮"，读为"摇"，"言容色宜注意稳重"。

[9] "凡目毋游，定视是求"，徐少华解释为："目光一定要集中，不要到处游移。"②

[10] "钦"，读为"唫"，闭口不言。"疾徐"，此指声音的舒缓、急促。

[11] "发"，秦桦林读为"废"，简文中为低下、垂下之义。③

[12] "蹁"，《说文·足部》："蹁，足不正也。"

【疏义】

容礼是关于仪容举止的相关礼仪，包括容貌情色、盘旋辟退、进退登降等诸多方面④，自商代始已有专门负责容礼的官员，西周时期更加完备，儒家在此基础上，构建了一套完整的容礼规范。《周礼》中所记载的"六仪"包括《周礼·地官·保氏》中所记载的"一曰祭祀之容，二曰宾客之容，三曰朝廷之容，四曰丧纪之容，五曰军旅之容，六曰车马之容"即祭祀、宴请、临朝、丧仪、行军等。容止的重要性如《礼记·冠仪》所说："凡人之所以为人者，礼义也。礼义之始，在于正容体，齐颜色，顺辞令。容体正，颜色齐，辞令顺，而后礼义备。""正容体"是行礼知义的发端和重要方面，儒家重视"容礼"，也是因为"容礼"是品性的外在表现。"容礼"是儒家礼仪中重要的成分，《礼记》《新书》等典籍中都有一些相关的记载，但这些记载缺乏系统性，以至于这方面的研究比较薄弱。

上博简《君子为礼》则详细记载了大夫"容礼"的若干细节，包括色容、目容、行容、足容等，以及在不同场合的不同容礼，如朝廷之容、祭祀之容的基本形态。主要内容与文献记载基本一致而更加详细，许多地方可以互相补充和启发。

简文内容大体可以分为三章。自"颜渊侍于夫子"到夫子的回答"智而比信"一句，可算作第一章，孔子与颜回围绕"仁""义""礼"展开了讨论。简文开篇"君子为礼，以依于仁"，谈到了"礼"和"仁"这两个儒家思想中重要的概念，也是本篇的核心。"依于仁"，又见于《论语·述而》："志于道，据于德，依于仁，游于艺。""为礼"，即践行礼仪，"以依于仁"则是"为礼"的目的，宋立林认为："礼仍然是实现仁的前提，仁依然是为礼的目的。"①

简1至简2，关于"君子为礼"的对话，与《论语》一样属于语录性质，可与《论语·颜渊》"颜渊问仁"相参照。这里讲了举止的礼仪，又涉及"义"，简文说"言之而不义，口勿言也；视之而不义，目勿视也；圣（听）之而不义，耳勿圣（听）也；动而不义，身毋动焉"，是言谈礼仪："言之而不义，口勿言也"与《论语·颜渊》中所说的"非礼勿言"含义相近；"视之而不义，目勿视也"是关于"目容"，与"非礼勿视"含义相近；"圣（听）之而不义，耳勿圣（听）也"是"听容"，与"非礼勿听"含义相近；"动而不义，身毋动焉"，与"非礼勿动"含义相近，具体说明了孔子提倡的言、视、动"不义"时则不说、不看、不动。与《论语·颜渊》中颜渊问仁的具体事例，孔子所说的"非礼勿视，非礼勿听，非礼勿言，非礼勿动"一致，顺序上略有不同，这"四勿"很可能就是在简文较为原始的文献记载基

① 宋立林：《上博简〈君子为礼〉与颜氏之儒》，《中国哲学史》2014年第4期，第22页。

础上凝练而成。

自"行人子羽问于子贡曰"到"子贡曰:'舜君天下'",则是子羽和子贡关于孔子与子产、禹、舜"孰贤"的问答。

自"凡色毋忧"到"其在堂则"则涉及行为举止的相关规范即"容礼"。"色"即容色,在《孔子诗论》已多有提及。如"肩毋发(废)、毋倾,身毋偃、毋倩,行毋蹶、毋摇,足毋蹁、毋高(蹺)"以四个祈使排比句说明了肩、身、行、足举止所应注意的事项。徐少华认为上述是大夫朝见天子时的容礼规范,可与《礼记·曲礼》"天子视不上于袷,不下于带;国君,绥视;大夫,衡视;士视五步。凡视,上于面则敖,下于带则忧,倾则奸"相参照。[①]"在庭则欲齐齐"与《礼记·曲礼》"大夫济济"都是讲述大夫在朝堂的容止,"齐齐""济济"可通。这一部分对"习礼"包括动作、行为、表情等方面的细节有着详细的描述。[②]

通过简文,我们对战国时期"容礼"的内涵有了更加深刻的认识,了解了更多早期儒家"容礼"的内容和细节。可见,在儒家礼仪观中,仪态容止与等级尊卑有着密切联系,是"仁""义"等儒家思想在仪容举止上的具体体现。

【推荐阅读】

徐少华:《论竹书〈君子为礼〉的思想内涵与特征》,《中国哲学史》2007 年第 2 期。

裘锡圭:《〈天子建州〉(甲本)小札》,《简帛》(第三辑),上海古籍出版社 2008 年版。

陈致:《清华简所见古饮至礼及〈耆夜〉中古佚诗试解》,《出土文献》

[①] 徐少华:《论竹书〈君子为礼〉的思想内涵与特征》,第 26 页。
[②] 李泽厚指出:"所谓'习礼',其中就包括对各种动作、行为、表情、言语、服饰、色彩等一系列感性秩序的建立和要求。"(李泽厚:《美学三书》,第 230 页。)

（第一辑），中西书局 2010 年版。

王春华：《上博简〈君子为礼〉首章所体现的仁、义、礼之关系——以〈论语〉"颜渊问仁"章为参照》，《中国哲学史》2011 年第 1 期。

曹建墩：《上博简〈天子建州〉与周代的飨礼》，《孔子研究》，2012 年第 3 期。

曹锦炎：《上博简〈天子建州〉首章重释》，《出土文献》（第四辑），中西书局 2013 年版。

李家浩：《清华简〈耆夜〉的饮至礼》，《出土文献》（第四辑），中西书局 2013 年版。

宋立林：《上博简〈君子为礼〉与颜氏之儒》，《中国哲学史》2014 年第 4 期。

贾海生、马瑜慧：《论上博简〈天子建州〉首简所言礼制》，《中国经学》第十八辑，广西师范大学出版社 2016 年版。

第三节　楚简礼制文献与传世典籍对读

一、郭店简《缁衣》与《礼记·缁衣》

《缁衣》见于今本《礼记》，是一篇重要的儒学文献。郭店简《缁衣》于 1993 年 10 月出土于湖北省荆门市郭店村，《缁衣》共 47 简，简长 32.5 厘米，共计 1156 字。简本《缁衣》与传世本《缁衣》的关系，整理者认为二者"大体相合，应是同一篇书的不同传本"。全文分为二十三章，以方形墨块作为分章标志。2001 年上博简第一册中又刊布了《缁衣》，进一步推动了《缁衣》的研究。这里节选郭店简《缁衣》简 1 至简 16。为便于对比，同时附上上博简《缁衣》释文与《礼记·缁衣》原文。

简1　　　简2　　　简3　　　简4　　　简5　　　简6　　　简7

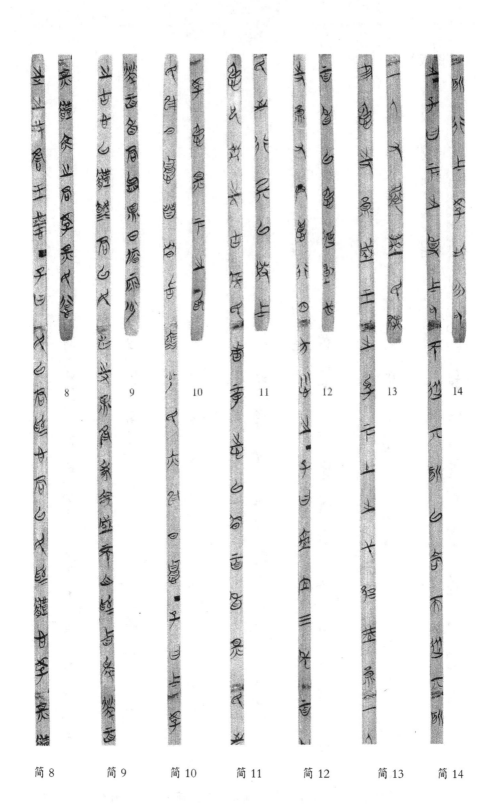

简 8　　　简 9　　　简 10　　　简 11　　　简 12　　　简 13　　　简 14

简 15　　简 16　　简 17　　简 18　　简 19　　简 20　　简 21

《郭店楚墓竹简》（简称"郭店简"）

《楚地出土战国简册合集（一）：郭店楚墓竹书》

【释文】

夫子曰：好嫩（美）[1]如好兹（缁）[2]衣，亚（恶）亚（恶）如亚（恶）巷白（伯）[3]。则民咸力而桎（刑）[4]不屯（蠢）[5]。《寺（诗）》【1】员（云）："仪桎（刑）文王，万邦乍（作）孚。"[6]

子曰：有国者[7]章好章亚（恶）[8]，以视民厚，则民【2】青（情）不紲（忒）[9]。《寺（诗）》员（云）："情（靖）[10]共尔立（位），好氏（是）贞（正）植（直）。"

子曰：为上可望而智（知）也，为下【3】可頪（类）[11]而篝（志）[12]也。则君不疑其臣，臣不惑于君。《寺（诗）》员（云）："淑人君子，其义（仪）不【4】弋（忒）。"《尹诰》员（云）："惟尹（伊）躬[13]（尹）及汤，咸有一德。"

子曰：上人疑则百眚（姓）惑，下难【5】智（知）则君伥（长）劳，古（故）君民者章好以视（示）民欲，懂（谨）[14]亚（恶）以渫[15]（御）民泾〈淫〉，则民不惑。臣事君【6】，言其所不能，不辞其所能，则君不劳。《大夏（雅）》员（云）："上帝板板，下民卒担（瘅）。[16]"《少（小）夏（雅）》员（云）："非其【7】止之，共唯王恭（卭）[17]。"

子曰：民以君为心，君以民为体。心好则体安之，君好则民欲【8】之。古（故）心以体法（废）[18]，君以民芒（亡）。《寺（诗）》员（云）："佳（谁）秉国城（成），不自为贞（正），卒劳百眚（姓）。"《君牙[19]》员（云）："夏日暑雨[20]，少（小）【9】民佳（惟）日[21]怨；晋[22]冬旨（祁）沧，少（小）民亦佳（惟）日怨。"

子曰：上好仁[23]，则下之为【10】仁也争先。古（故）伥（长）民者章志以卲（昭）[24]百眚（姓），则民至（致）行己以敓（悦）上。【11】《寺（诗）》员（云）："有梏[25]惠（德）行，四方顺之。"

子曰：禹立三年，百眚（姓）以仁道[26]，剀（岂）必【12】尽仁。《寺

先秦礼制文献讲疏

（诗）》员（云）："城（成）王之孚，下土之弋（式）[27]。"《邵（吕）基（刑）》员（云）："一人有庆，万[28]民膊（赖）【13】之。"

子曰：下之事上也，不从其所以命，而从其所行。上好此勿（物）也【14】，下必有甚安（焉）者矣。古（故）上之好亚（恶）不可不慎也，民之蕈（表）[29]也。《寺（诗）》【15】员（云）："赫赫[30]帀（师）尹，民具尔瞻。"【16上】

【注释】

[1] "嬐"，今本作"贤"。廖名春："'嬐'字之省文。《汗简》以'嬐'为'美'字……'嬐''贤'义近，故可通用。"①

[2] "兹"，读为"缁"，上博简作"纺"，今本作"缁"。《诗经·郑风·缁衣》："缁衣之宜兮，敝予又改为兮。"毛传："缁，黑也，卿士听朝之正服也。"

[3] "巷"，上博简作"衖"，今本作"巷"。《一切经音义》："'巷'或作'衖'，古字也，今省作'巷'。""巷伯"，掌管宫内事务的官员。

[4] "基"，《正字通》："基，古文型。"今本作"型"，段注："（型）假借'荆'（刑）字为之。""刑"通"型"。

[5] "屯"，整理者读为"蠢"，今本作"试"。不少学者指出"屯"为"弋"之误，如白于蓝认为"（屯、弋）二字形体亦十分接近，很容易致误。试从式声，而式又从弋声，则弋自可读为试"。②"则民咸力而刑不屯"，上博简作"则民咸饰而刑不屯"，今本作"刑不试而民咸服"，即不用刑罚百姓也都臣服。

[6] 该句今本作："《大雅》曰：'仪刑文王，万国作孚。'""仪刑文王，万邦作孚"出自《诗经·大雅·文王》，郭店简、上博简均作"万邦"，今本作"万国"为避讳而改用同义词。"孚"，《尔雅·释诂上》："孚，信也。"即效法文王，天下就会诚信。

---

① 廖名春：《荆门郭店楚简与先秦儒学》，《中国哲学（第二十辑）：郭店楚简研究》，辽宁教育出版社1999年版，第40页。

② 白于蓝：《郭店楚简拾遗》，《华南师范大学学报》2000年第3期，第89页。

[7]"有国者"典籍习见，指掌管国家的统治者。

[8]"章好章恶"，今本作"章善瘅恶"，即彰显善恶。"瘅"同"瘅"，为"憎恶"之义，《集韵》："瘅，怒也。""章"与"瘅"则含义相反。

[9]"𢁩"，上博简作"弋"，今本作"贰"。"𢁩""贰"均从"弋"得声，读为"忒"。《广雅·释诂》："忒，差也。"

[10]"情"，上博简作"静"，今本作"靖"。"情""静"当读为"靖"，"靖""恭"同义连用，均为"恭敬"之义。简文引自《诗经·小雅·小明》"靖共尔位，好是正直"，即要恭谨忠于职守，结交正直之士。

[11]"颣"，今本作"述"。"颣"即"类"的异体，整理者与"述"同属物部，读为"述"。①

[12]"箿"，整理者读为"志"，裘锡圭先生认为该句可直接读为"可类而等之"，似不必从今本改读。②"为上可望而知也，为下可类而等也"，即统治者表里如一，臣下有秩序。

[13]"尹"下一字今本作"躬"。裘按："'尹'下一字可能是'允'之繁文。长沙楚帛书有此字，旧释'夋'，'夋'从'允'声。'惟伊尹及汤咸有一德'，于义可通，似不必读'惟'下二字为'伊尹'。伪古文《尚书》'尹'下一字作'躬'也可能是讹字。后三六号简亦有此字，今本正作'允'。"③

[14]"堇"，读为"谨"，今本作"慎"，为同义换用。

[15]"渫"，《说文》："渫，除去也。"今本作"御"。"谨恶以御民淫"即审慎惩治坏人以防止百姓作乱。

[16]"担"，该字上博简残，今本作"瘅"。

[17]"恭"，上博简作"功"，传世本作"卬"。徐在国指出："恭可分析为从'共'从'忑（恐）'，是双声符字，应从今本读为'卬'。"④

① 荆门市博物馆编：《郭店楚墓竹简》，文物出版社1998年版，第132页。
② 荆门市博物馆编：《郭店楚墓竹简》，文物出版社1998年版，第132页。
③ 荆门市博物馆编：《郭店楚墓竹简》，文物出版社1998年版，第132页。
④ 徐在国：《郭店楚简文字三考》，《简帛研究二〇〇一》，广西师范大学出版社2001年版，第78页。

[18]"法"，上博简作"廌"，今本作"全"。虞万里认为"廌"是"法（灋）"的省写，传本"全"乃"灋"古文的误字。[①]

[19]"牙"，读为"雅"。《君牙》今本作《君雅》，为《尚书》篇名。

[20]"夏日暑雨"，《礼记·缁衣》同，古文尚书《君牙》作"夏暑雨"。

[21]"日"，上博简及今本作"曰"，"曰"为"日"形近而讹。

[22]"晋"，上博简作"晋"，今本作"资"。陈佩芬指出："《马王堆汉墓帛书·周易》'资'作'潸'。"[②]"晋"从"䇳"得声，今本作"资"。郑玄注："资当为至。""晋""资"均当训为"至"。"晋冬祁寒"，即到了冬天非常寒冷。

[23]古文"仁"从"千"、从"心"，简文从"身"、从"心"，"身"与"千"形近异混。

[24]"以卲百姓"，陈佩芬读为"以昭百姓"。[③]

[25]该字形整理者未释，上博简作"共"，传世本作"梏"。该句引用《诗·小雅·斯干》："有觉其楹，四国顺之。""梏""觉"音同可通，"方""国"同义换用。

[26]"道"，今本作"遂"，朱骏声："遂，道也，与术略同。""禹立三年，百姓以人道"，即大禹即位三年，百姓在仁的方面有所成。

[27]"弋"，今本作"式"，"式"从"弋"得声。《说文·工部》："式，法也。""成王之孚，下土之式"即成王令人信服，是天下的好榜样。

[28]"万"，今本作"兆"，同义换用。"万民"或"兆民"泛指百姓。

[29]"薹"，整理者释为"蕫"，李零认为"似应释'標'或'薹'，用为'表'"。[④]

[30]简本该字为"虩"的省写，今本作"赫"，"虩"读为"赫"。"赫赫师尹"，即太史尹地位显赫。

① 虞万里:《上博简、郭店简〈缁衣〉与传本合补校正》,《史林》2002 年第 2 期,第 10 页。
② 马承源:《上海博物馆藏战国楚竹书(一)》,第 181 页。
③ 马承源:《上海博物馆藏战国楚竹书(一)》,第 181 页。
④ 李零:《郭店楚简校读记》(增订本),中国人民大学出版社 2007 年版,第 486 页。

附一：上博简《缁衣》

[夫]子曰：好美如好紞（缁）衣，亚（恶）亚（恶）如亚（恶）巷白（伯），则民咸伤而型（刑）不屯。《诗》员（云）："我（仪）型（刑）文王，万邦作孚。"

子曰：有国者章好章恶，以眠（示）民【1】厚，则民情不弋（忒）。《诗》员（云）："静（靖）龏（恭）尔位，好是正植（直）。"

子曰：为上可望而智（知）也，为下可述而识也，则君不疑其臣，臣不或（惑）于君。《诗》员（云）：【2】"弔（淑）人君子，其义（仪）不弋（忒）。"《尹诰》员（云）："佳（唯）尹允及康（汤），咸有一德。"

子曰：上人疑则百眚（姓）惑，下难智（知）则君长劳。古（故）君民者，章好以眠（示）民【3】谷（欲），谨恶以御民淫，则民不惑。臣事君，言其所不能，不辞其所能，则君不劳。《大夏（雅）》员（云）："上帝板板，[下民卒担。"《少（小）夏（雅）》员（云）："非其止共]，【4】□佳（唯）王之邛。"

子曰：民以君为心，君以民为体。[心好则体安之]，君好则民〈谷〉（欲）之。古（故）心以体䇫（存），君以[民]亡。《诗》员（云）："佳（谁）秉或（国）[成，不自为]【5】正，卒劳百眚（姓）。"《君牙（雅）》员（云）："日暑雨，少（小）民佳（唯）日怨。晋冬耆（祁）寒，少（小）民亦佳（唯）日怨。"

子曰：上好仁，则下之为仁也静（争）先。古（故）长民者章（彰）志【6】以邵（昭）百眚（姓），则民至（致）行己以兑（悦）上。《诗》员（云）："有觉德行，四或（国）川（顺）之。"

子曰："禹立三年，百眚（姓）以仁道，[敳（岂）必尽仁？《诗》员（云）："成王之孚]，【7】下土之式。"《吕型（刑）》员（云）："一人有庆，万民赖之。"

子曰：下之事上也，不从其所以命，而从其所行。上好[此勿（物）也，下必有甚焉者矣。古（故）]【8】上之好亚（恶）不可不慎也，民之表也。《诗》员（云）："虩虩（赫赫）帀（师）尹，民具尔詹（瞻）。"

子曰：长民者衣备（服）不攺（改），从容有常，则【9】民德一。《诗》员（云）："其容不攺（改），出言【香港简1】[有慎，利（黎）民]所信。"

子曰：大人不亲其所贤，而信其所贱，教此以失，民此以烦。《诗》员（云）："皮（彼）求我则，女（如）不我得。执我仇仇，亦不我力。"《君陈》员（云）："未见【10】圣，如其弗克见；我既见，我弗迪圣。"

子曰：大臣之不亲也，则忠敬不足而富贵已（已）过。邦家之不宁也，[则大臣不台（以）而埶（亵）臣托也。此以大臣]【11】不可不敬也，民之蕝也。古（故）君不与少（小）谋大，则大臣不怨。《祭公之寡（顾）命》员（云）："毋以少（小）谋败大图，毋以辟（嬖）御疾妆（庄）后，毋以辟（嬖）士蠤（疾）大夫、向（卿）使（士）。"

子曰：【12】长民者教之以德，齐之以豊（礼），则民有劝心。教之以正（政），齐之以型（刑），则民又（有）免心。古（故）慈以悉（爱）之，则民有亲；信以结之，则民不怀（背）；恭以立（涖）之，则民有逊心。《诗》员（云）：【13】"吾大夫龏（恭）且金（俭），麻（靡）人不敛。"《吕型（刑）》员（云）："覣（苗）民非甬（用）霝（灵），折（制）以型（刑），佳（唯）作五虐之型（刑）曰法。"

子曰：正（政）之不行，教之不成也，[则型（刑）罚不足耻，而爵不足懂（劝）]【14】也，古（故）上不可以埶（亵）型（刑）而轻爵。《康诰》员（云）："敬明乃罚。"《吕型（刑）》员（云）："播型（刑）之由（迪）。"

子曰：王言如丝，其出如缙；王言如索，其[出如绋。古（故）大人不昌（倡）流言。《诗》员（云）："慎尔出话]，【15】敬尔威义（仪）。"

子曰：可言不可行，君子弗言；可行不可言，君子弗行。则民言诡行，行不诡言。《诗》员（云）："吊（淑）慎尔止，不偈[于义（仪）。"

子曰：君子道（导）人以言，而极以行。]【16】古（故）言则虑其所终，行则旨（稽）其所蔽（敝），则民慎于言而谨于行。《诗》员（云）："穆穆文王，于缉熙义〈敬〉止。"

子曰：言从行之，则行不可匿。古（故）君子寡（顾）言而行，以成其信，则民不【17】能大其美而少（小）其亚（恶）。《大夏（雅）》员（云）：

"白珪（圭）之砧（玷），尚可磨。此言之砧（玷），不可为。"《少（小）夏（雅）》员（云）："允也君子，鏖（展）也大成。"《君奭》员（云）：〔"昔在上帝，割申观文王德，其〕【18】集大命于氏〈氒（厥）〉身。"

子曰：君子言有勿（物），行有格，此以生不可敓（夺）志，死不可敓（夺）名。古（故）君子多睧（闻），齐而守之；多识，齐而亲之；青（精）智（知），格而行之。【19】〔《诗》员（云）："吊（淑）〕人君子，其义（仪）一也。"《君迪（陈）》员（云）："出内（入）自尔帀（师），庶言同。"

子曰：句（苟）有车，必见其辙；句（苟）有衣，必〔见其敝。人句（苟）有言，必睧（闻）其圣（声）；句（苟）有行〕，【20】必见其成。《诗》员（云）："备（服）之亡（无）臭（斁）。"

子曰：私惠不裹（怀）德，君子不自蓄（留）焉。《诗》员（云）："人之好我，示我周行。"

子曰：唯君子能好其匹，小人敳（岂）能好其匹？【21】古（故）君子之友也有向，其恶也有方。此以迩者不惑而远者不疑。《诗》员（云）："君子好仇。"

子曰：轻绝贫贱而重绝富贵，则好仁不【22】坚而恶恶不着也。人佳（虽）曰不利，吾弗信之矣。《诗》员（云）："塸（朋）友卣（攸）图（摄），图（摄）以威义（仪）。"

子曰：宋人有言曰："人而亡（无）恒，〔不可为卜筮也。"其古【23】之遗言钦？昆〈黾（龟）〉筮猷（犹）弗智（知），而皇（况）于人乎？《诗》〕员（云）："我昆〈黾（龟）〉既猷（厌），不我告猷。"【24】

附二：《礼记·缁衣》

子言之曰："为上易事也，为下易知也，则刑不烦矣。"子曰："好贤如《缁衣》，恶恶如《巷伯》，则爵不渎而民作愿，刑不试而民咸服。大雅曰：'仪刑文王，万国作孚。'"子曰："夫民，教之以德，齐之以礼，则民有格心；教之以政，齐之以刑，则民有遁心。故君民者，子以爱之，则民亲之；信以结之，则民不倍；恭以泣之，则民有孙心。《甫刑》曰：'苗民匪用命，制以刑，惟作五虐之刑曰法。是以民有恶德，而遂绝其世也。'"

子曰："下之事上也，不从其所令，从其所行。上好是物，下必有甚者矣。故上之所好恶，不可不慎也，是民之表也。"子曰："禹立三年，百姓以仁遂焉，岂必尽仁？《诗》云：'赫赫师尹，民具尔瞻。'《甫刑》曰：'一人有庆，兆民赖之。'《大雅》曰：'成王之孚，下土之式。'"子曰："上好仁，则下之为仁争先人。故长民者章志、贞教、尊仁，以子爱百姓；民致行已以说其上矣。《诗》云：'有梏德行，四国顺之。'"

子曰："王言如丝，其出如纶；王言如纶，其出如綍。故大人不倡游言。可言也，不可行。君子弗言也；可行也，不可言，君子弗行也。则民言不危行，而行不危言矣。《诗》云：'淑慎尔止，不愆于仪。'"子曰："君子道人以言，而禁人以行。故言必虑其所终，而行必稽其所敝；则民谨于言而慎于行。《诗》云：'慎尔出话，敬尔威仪。'《大雅》曰：'穆穆文王，于缉熙敬止。'"

子曰："长民者，衣服不贰，从容有常，以齐其民，则民德壹。《诗》云：'彼都人士，狐裘黄黄，其容不改，出言有章，行归于周，万民所望。'"子曰："为上可望而知也，为下可述而志也，则君不疑于其臣，而臣不惑于其君矣。《尹吉》曰：'惟尹躬及汤，咸有壹德。'《诗》云：'淑人君子，其仪不忒。'"

子曰："有国者章义瘅恶，以示民厚，则民情不贰。《诗》云：'靖共尔位，好是正直。'"子曰："上人疑则百姓惑，下难知则君长劳。故君民者，章好以示民俗，慎恶以御民之淫，则民不惑矣。臣仪行，不重辞，不援其所不及，不烦其所不知，则君不劳矣。《诗》云：'上帝板板，下民卒瘅。'《小雅》曰：'匪其止共，惟王之邛。'"

子曰："政之不行也，教之不成也，爵禄不足劝也，刑罚不足耻也。故上不可以亵刑而轻爵。《康诰》曰：'敬明乃罚。'《甫刑》曰：'播刑之不迪。'"

子曰："大臣不亲，百姓不宁，则忠敬不足，而富贵已过也；大臣不治而迩臣比矣。故大臣不可不敬也，是民之表也；迩臣不可不慎也，是民之道也。君毋以小谋大，毋以远言近，毋以内图外，则大臣不怨，迩臣不疾，而远臣不蔽矣。叶公之顾命曰：'毋以小谋败大作，毋以嬖御人疾庄后，毋以嬖御士疾庄士、大夫、卿士。'"

子曰："大人不亲其所贤，而信其所贱；民是以亲失，而教是以烦。《诗》云：'彼求我则，如不我得；执我仇仇，亦不我力。'《君陈》曰：'未见圣，若己弗克见；既见圣，亦不克由圣。'"

子曰："小人溺于水，君子溺于口，大人溺于民，皆在其所亵也。夫水近于人而溺人，德易狎而难亲也，易以溺人；口费而烦，易出难悔，易以溺人；夫民闭于人，而有鄙心，可敬不可慢，易以溺人。故君子不可以不慎也。《太甲》曰：'毋越厥命以自覆也；若虞机张，往省括于厥度，则释。'《兑命》曰：'惟口起羞，惟甲胄起兵，惟衣裳在笥，惟干戈省厥躬。'《太甲》曰：'天作孽，可违也；自作孽，不可以逭。'《尹吉》曰：'惟尹躬天，见于西邑；夏自周有终，相亦惟终。'"

子曰："民以君为心，君以民为体；心庄则体舒，心肃则容敬。心好之，身必安之；君好之，民必欲之。心以体全，亦以体伤；君以民存，亦以民亡。《诗》云：'昔吾有先正，其言明且清，国家以宁，都邑以成，庶民以生；谁能秉国成，不自为正，卒劳百姓。《君雅》曰：'夏日暑雨，小民惟曰怨；资冬祁寒，小民亦惟曰怨。'"

子曰："下之事上也，身不正，言不信，则义不壹，行无类也。"子曰："言有物而行有格也；是以生则不可夺志，死则不可夺名。故君子多闻，质而守之；多志，质而亲之；精知，略而行之。《君陈》曰：'出入自尔师虞，庶言同。'《诗》云：'淑人君子，其仪一也。'"

子曰："唯君子能好其正，小人毒其正。故君子之朋友有乡，其恶有方；是故迩者不惑，而远者不疑也。《诗》云：'君子好仇。'"子曰："轻绝贫贱，而重绝富贵，则好贤不坚，而恶恶不着也。人虽曰不利，吾不信也。《诗》云：'朋有攸摄，摄以威仪。'"子曰："私惠不归德，君子不自留焉。《诗》云：'人之好我，示我周行。'"

子曰："苟有车，必见其轼；苟有衣，必见其敝；人苟或言之，必闻其声；苟或行之，必见其成。《葛覃》曰：'服之无射。'"子曰："言从而行之，则言不可饰也；行从而言之，则行不可饰也。故君子寡言，而行以成其信，则民不得大其美而小其恶。《诗》云：'自圭之玷，尚可磨也；斯言之玷，不可为也。'小雅曰：'允也君子，展也大成。'《君奭》曰：'昔在上帝，周田观文王之德，其集大命于厥躬。'"子曰："南人有言曰：'人而无恒，不可以为卜筮。'古之遗言与？龟筮犹不能知也，而况于人乎？《诗》云：'我龟既厌，不我告犹。'《兑命》曰：'爵无及恶德，民立而正事，纯而祭祀，是为不敬；事烦则乱，事神则难。'《易》曰：'不恒其德，或承之羞。恒其德侦，妇人吉，夫子凶。'"

【疏义】

郭店简《缁衣》保存完整，出土时间、地点明确，整篇简文可以同上博简《缁衣》和今本《礼记·缁衣》对读。简本和今本的字句、章序有所不同，内容也有一定不同，而郭店简《缁衣》与上博简《缁衣》的文本内容差别不大，文章在分篇、结构上相似。现如今，学界充分运用新刊布的出土文献资料，对《缁衣》的版本流传、文本结构、儒学思想等方面进行了考察，对今传本与简本的异文进行对比。

从文本来源上看，郭店简《缁衣》和上博简《缁衣》的刊布，让我们看到了秦火之前《缁衣》的原貌。上博简和郭店简均分为23章且章序相同，今本则分为25章，且顺序与简本亦有所不同。简本《缁衣》以及今本《缁衣》可能是来自不同的传本，而不是简单的继承关系。简本《缁衣》的刊布让我们看到了更接近《缁衣》原貌的文献，同时，为今本《缁衣》及《礼记》的相关篇目成书于战国时期提供了有力的证据。彭林认为："出于不同墓葬的两篇《缁衣》，抄手不一，字体或异，而内容全同，这决不是一种偶然的巧合，可以肯定至迟在战国中期，《缁衣》就有了定本。"[①]

从学派归属上看，《缁衣》作为儒学经典，是对孔子有关治国言论的汇

① 彭林：《郭店简与〈礼记〉的年代》，《中国哲学（第二十一辑）：郭店简与儒学研究》，辽宁教育出版社2000年版，第53页。

集，"核心乃孔子之学"①，弟子又加以申说和引证。《缁衣》自唐代开始便有子思、公孙尼子所著等诸说，李学勤等先生结合简本材料认为是子思一派所传，这一观点影响最大②。

从文章结构上来看，简本《缁衣》每章以"子曰"起首，章末引用《诗经》是其特色，体例严密且一致。今本中不见于简本的第一章和第十八章都不合于此体例，且引《诗》《书》顺序和内容简本有所不同。一是简本和今本在引书顺序上有所不同，夏含夷指出："（郭店简）一章里凡有两个或以上的经典引语，皆先引《诗》后引《书》；若有两个《诗》语，则先引《大雅》后引《小雅》或《国风》。"③今本的顺序则并不如此严格，而且今本有章节未见任何引《诗》《书》的内容，也是不符合《缁衣》体例的，可能是经过了后人改动。二是简本的引诗内容和今本有所不同。如上博简、郭店简均引的"吾大夫恭且俭，靡人不敛"一句不见于今本，刘传宾认为："此语今本当有讹脱，因为两种简本同时衍出的可能性不是很大。"④

正如王平所说"以出土文献与出土文献互勘、以出土文献与传世文献对勘，这样多层次、多角度的校勘，将会订正今本《缁衣》存在的一些问题，把孔子的言辞，恢复原来的形态，使文、史、哲学界能看到真正属于古代的文献"⑤，两种简本《缁衣》的刊布推动了《缁衣》及《礼记》的相关研究，而又因为可与今本相校，两种简本《缁衣》也备受关注，并取得了丰富的研究成果，是二重证据法运用的成功实践。

---

① 李二民认为："《缁衣》中的'子'乃是'孔子'，而'子曰'后边的话，一部分是孔子所言，另一部分则为孔门所学所申说引论。"（李二民：《〈缁衣〉之学派归属及思想特质发微》，《中国文化》2016年第1期，第249页。）

② 李学勤指出："这里面，《缁衣》《五行》和《鲁穆公》都应属《子思子》。"李二民认为："既然缁衣的核心乃孔子之学，则孔门弟子都有可能传授这篇东西。"即子思、公孙尼子都有可能传《缁衣》，此说亦颇有见地。（李学勤：《诗论的体裁和作者》，第76页。）

③ 夏含夷：《试论〈缁衣〉错简证据及其在〈礼记〉本〈缁衣〉编撰过程中的原因和后果》，《新出土文献与古代文明研究》，上海大学出版社2004年版，第290页。

④ 刘传宾：《郭店竹简文本研究综论》，上海古籍出版社2017年版，第606页。

⑤ 王平：《上博简、郭店简和今本〈缁衣〉文献结构差异》，《汉语史研究集刊》，巴蜀书社2003年版，第361页。

二、上博简《民之父母》与《礼记·孔子闲居》

上博简《民之父母》共存14简397字，内容基本完整。简文讲述了子夏向孔子请教"民之父母""五至""三无"等问题，以及孔子对上述问题的回答，体现了儒家德政思想。整理者根据简文内容，概括篇题为"民之父母"，内容又见于《礼记·孔子闲居》。为便于对比，附上《礼记·孔子闲居》原文。

【图版】

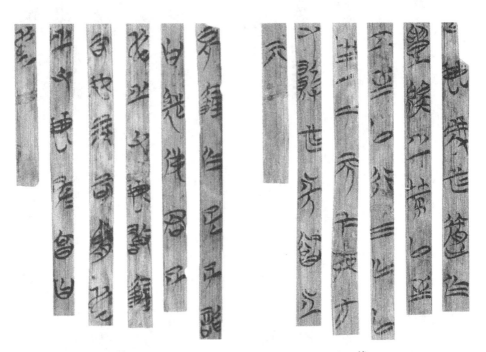

简 1   简 2

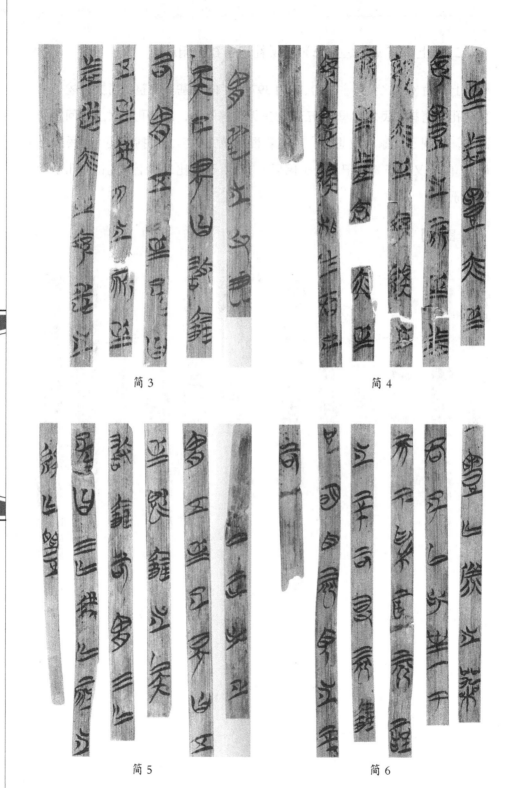

简 3

简 4

简 5

简 6

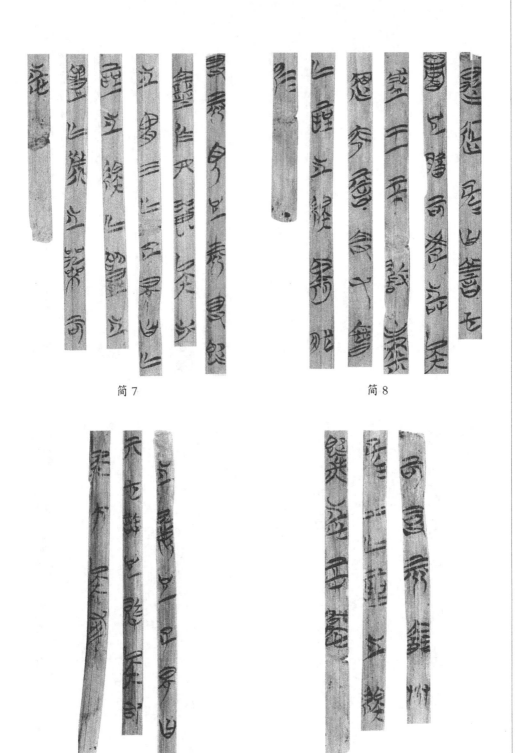

简 7

简 8

简 9

简 10

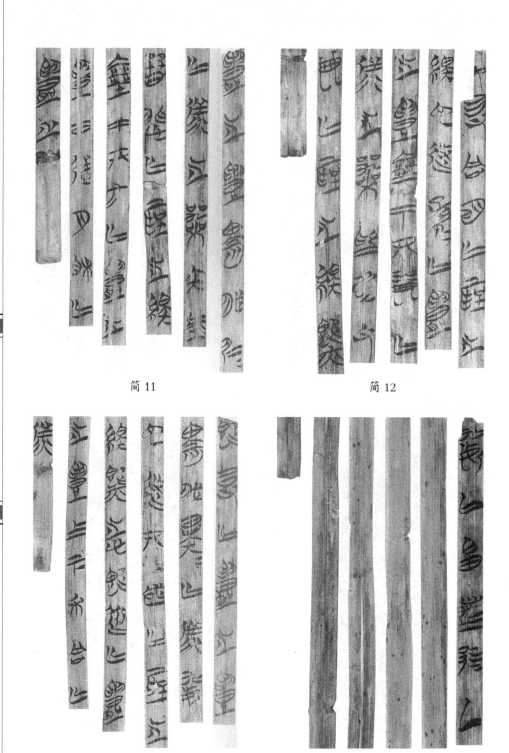

简 11   简 12

简 13   简 14

【著录】

《上海博物馆藏战国楚竹书（二）》①（简称"上博简二"）

【释文】

[子]夏问于孔子[1]：《诗》曰：'几（恺）悌君子，民之父母'，敢问何如而可胃（谓）民之父母[2]？孔子答曰：'民'【1】[之]父母虖（乎），必达于礼乐之原[3]，以至（致）'五至'，以行'三无'[4]，以皇（横）[5]于天下。四方有败，必先知之，其【2】[可]胃（谓）民之父母矣。"

子夏曰："敢问何胃（谓）'五至'？"[6]孔子曰："'五至'虖（乎）？勿（物）之所至者，志亦至安（焉）；志之【3】[所][7]至者，礼亦至焉；礼之所至者，乐亦至安（焉）；乐之所至者，哀亦至安（焉）。哀乐相生，君子【4】以正。[8]此之胃（谓）'五至'。"

子夏曰："'五至'既闻之矣，敢问何胃（谓）'三亡（无）'？"孔子曰："'三亡（无）'虖（乎）？[9]亡（无）圣（声）之乐，亡（无）体【5】[之]礼，亡（无）服之丧。君子以此皇（横）于天下。奚（倾）耳而听之，不可得而闻也；明目而视之，不可【6】得而见也；而志既（气）塞于四海矣[10]。此之胃（谓）'三无'。"

子夏曰："'亡（无）圣（声）之乐【7】，亡（无）体之礼，亡（无）服之丧'，何志（诗）是近？"[11]孔子曰："善才（哉），商也！将可教诗矣。'城（成）王不敢康，夙夜基命又（宥）密'，亡（无）圣（声）之乐；'威我（仪）迟迟[12]，【8】[不可选也'，亡（无）体之礼；'凡民有丧，匍匐救之'，亡（无）服]之丧也。"

子夏曰："其在语也，败矣！厷（宏）矣！大矣！[13]尽【9】[于此而已乎？"孔子曰："何为其然？犹有'五起'焉。"子夏曰]："可得而闻欤？"孔子曰："亡（无）圣（声）之乐，气质不违；【10】[亡（无）]体之礼，威我（仪）迟迟；亡（无）备（服）之丧，内恕巽悲[14]。亡（无）声之乐，塞于

---

① 马承源：《上海博物馆藏战国楚竹书（二）》，上海古籍出版社 2002 年版。

四方；亡（无）体之礼，日述月相[15]；亡（无）服之【11】[丧]，屯（纯）德孔明。亡（无）圣（声）之乐，它（施）及孙子；亡（无）体之礼，塞于四海；亡（无）服之丧，为民父母（母）。[16]亡（无）圣（声）之乐，炁（气）【12】[志]既得[17]；亡（无）体之礼，威我（仪）异（翼）异（翼）；亡（无）服[之]丧，它（施）及四或（国）。亡（无）圣（声）之乐，炁（气）志既从；亡（无）体之礼，上下禾（和）同；亡（无）服【13】[之]丧，以畜万邦。"[18]【14】

【注释】

[1]"子夏问于孔子"，《礼记·孔子闲居》作："孔子闲居，子夏侍。子夏曰"，表述虽略有不同，但是《孔子闲居》用"子夏侍"，更清楚地表明了孔子与弟子的地位关系。

[2]子夏引《诗经·大雅·泂酌》中"民之父母"一句，问孔子什么是"民之父母"。《孔子闲居》作"何如斯可谓民之父母矣"。简文围绕"民之父母"展开，整理者以此概括为篇题。

[3]"原"，《孔子闲居》同，郑玄注："原，犹本也。"

[4]"以致'五至'，以行'三无'"一句，《孔子闲居》作"以致'五至'，而行'三无'"。

[5]"皇"，读作"横"，"皇""横"匣母阳部，音同。《孔子闲居》即作"横"，郑玄注："横，充也。""横于天下"即普及于天下。

[6]《孔子闲居》在此句之前还有"民之父母既得而闻之矣"一句，简本无。

[7]"所"，简本残，据《孔子闲居》补。

[8]"君子以正"，《孔子闲居》作"是故正"。"是"可能是与"君子"合文相近而误。

[9]《孔子闲居》无"三无乎"。

[10]"志气塞于四海矣"，《孔子闲居》作"志气塞乎天地"，即为民父母者的志气充满于天地。"四海"犹言"天下"，与"天地"义近。

[11]《孔子闲居》作"'三无'既得略而闻之矣，敢问何诗近之？""近""迡"

同义。表示距离、关系相近之义，在先秦汉语中主要有"迩""近"，简文中还有"逗"。战国以前，"迩"是表"近"义的主导词，战国末期逐渐为"近"所替代。从简文中，可以窥见当时真实的词汇面貌。

[12]"迟迟"，整理者指出引申为"行礼以和，而又从容不迫"。《孔子闲居》作"逮逮"，郑玄注："逮逮，安和之貌也，言君之威仪安和逮逮然，则民傚之，此非有所升降揖让之礼也。"

[13]《孔子闲居》作"言则大矣！美矣！盛矣"，"败"与"美"音近可通，"宏""盛"义近。

[14]"内恕巽悲"，《孔子闲居》作"内恕孔悲"，"巽"可读为"洵"，为"诚然""实在"之义，"巽"与"孔"都表强调语气。

[15]"日迷月相"，《孔子闲居》作"日就月将"。"日就月将"，见于《诗经·周颂·敬之》："日就月将，学有缉熙于光明。"指不断进步。"迷""就"都有"增益"义，"相"由审视义引申出"相助"义，"迷"与"就"、"相"与"将"音义具近。

[16]"无服之丧，为民父母"一句，《孔子闲居》作"无服之丧，施于孙子"，在《孔子闲居》中属于"五起"部分。"无服之丧"即没有丧服的丧仪。

[17]本简残缺一字，可据《礼记·孔子闲居》补为"志"。

[18]"以畜万邦"，《孔子闲居》同。"畜"，《礼记》郑玄注："畜，孝也，使万邦之民竟为孝也。"

附：《礼记·孔子闲居》

孔子闲居，子夏侍。子夏曰："敢问《诗》云：'凯弟君子，民之父母'，何如斯可谓民之父母矣？"孔子曰："夫民之父母乎，必达于礼乐之原，以致'五至'，而行'三无'，以横于天下。四方有败，必先知之。此之谓民之父母矣。"

子夏曰："民之父母，既得而闻之矣；敢问何谓'五至'？"孔子曰："志之所至，诗亦至焉。诗之所至，礼亦至焉。礼之所至，乐亦至焉。乐之所至，哀亦至焉。哀乐相生。是故正明目而视之，不可得而见也；倾耳而听之，不可得而闻也；志气塞乎天地。此之谓'五至'。"

子夏曰："'五至'既得而闻之矣，敢问何谓'三无'？"孔子曰："无声之乐，无体之礼，无服之丧，此之谓'三无'。"

子夏曰："'三无'既得略而闻之矣，敢问何诗近之？"孔子曰："'夙夜其命宥密'，无声之乐也。'威仪逮逮，不可选也'，无体之礼也。'凡民有丧，匍匐救之'，无服之丧也。"

子夏曰："言则大矣！美矣！盛矣！言尽于此而已乎？"孔子曰："何为其然也。君子之服之也，犹有五起焉。"子夏曰："何如？"孔子曰："无声之乐，气志不违；无体之礼，威仪迟迟；无服之丧，内恕孔悲。无声之乐，气志既得；无体之礼，威仪翼翼；无服之丧，施及四国。无声之乐，气志既从；无体之礼，上下和同；无服之丧，以畜万邦。无声之乐，日闻四方；无体之礼，日就月将；无服之丧，纯德孔明。无声之乐，气志既起；无体之礼，施及四海；无服之丧，施于孙子。"

子夏曰："三王之德，参于天地，敢问何如斯可谓参于天地矣？"孔子曰："奉三无私以劳天下。"子夏曰："敢问何谓三无私？"孔子曰："天无私覆，地无私载，日月无私照。奉斯三者以劳天下，此之谓三无私。其在《诗》曰：'帝命不违，至于汤齐。汤降不迟，圣敬日齐。昭假迟迟，上帝是祗。帝命式于九围。'是汤之德也。天有四时，春秋冬夏，风雨霜露，无非教也。地载神气，神气风霆，风霆流形，庶物露生，无非教也。清明在躬，气志如神，嗜欲将至，有开必先。天降时雨，山川出云。其在《诗》曰：'嵩高惟岳，峻极于天。惟岳降神，生甫及申。惟申及甫，惟周之翰。四国于蕃，四方于宣。'此文武之德也。三代之王也，必先令闻，《诗》云：'明明天子，令闻不已。'三代之德也。'弛其文德，协此四国。'大王之德也。"子夏蹶然而起，负墙而立曰："弟子敢不承乎？"

【疏义】

上博简《民之父母》以子夏与孔子问答的形式，就"民之父母"的标准以及"五至""三无"的内涵等问题展开。子夏就《诗经·大雅·泂酌》中的

"民之父母"，询问孔子"民之父母"的标准。孔子说"民之父母乎，必达于礼乐之原，以致'五至'，以行'三无'，以横于天下"，提出了民之父母的具体标准，也是全文的总纲领。

"礼乐之原"即"礼乐之本"，但是简文并未对此展开论述。接下来，孔子分别回答了什么是"五至""三无"。"五至"和"三无"是本文讨论的重点内容。"五至"的具体内容简本与《孔子闲居》有所差异。简文中"五至"是指物、志、礼、乐、哀，《孔子闲居》中则是志、诗、礼、乐、哀。"物"不属于《孔子闲居》"五至"的内容，而《孔子闲居》"五至"中的"诗"不见于简文。虽然简本和《孔子闲居》中"五至"的内容不完全相同，但是"五至"并不是简单的罗列，而是层层递进的。"志""礼""乐""哀"的顺序简本和《孔子闲居》均同。简文以"物"为"五至"之首，季旭升认为简文所说的"物"即"天地万物之理"。[①]"物至"是基础，体现了"先富后教"的原则。

"五至"是"三无"的基础，整理者认为"三无"的"无"有着特殊的哲理引申意义。"三无"强调抛开形式，更加重视内容。关于"礼乐之原"与"五至""三无"的关系，方旭东认为二者似乎都是民之父母所当采取的行为，而这些行为在某种意义上正是达于礼乐之原的一种表现。[②]《孔子闲居》"五至"中的"明目而视之"句，在简本中是"三无"内容的论述，方旭东从表达形式和内容上分析，认为这两句与"三无"关系更为密切，今传本发生了错简。

通过比较可以发现，简本和《孔子闲居》内容相近[③]，文辞有异。简本与

---

① 季旭升：《上海博物馆藏战国楚竹书（二）读本》，万卷楼图书有限公司2003年版，第7页。
② 方旭东：《二重证据法研究思想史之一例——上博简〈民之父母〉篇论析》，《学术月刊》2004年第1期，第61页。
③ 据刘洪涛统计《孔子闲居》及《论礼》相关内容，百分之八十以上的文字都与简本相同。（刘洪涛：《上博竹书〈民之父母〉研究》，北京大学硕士学位论文2008年。）

《孔子闲居》的对读，有助于疏通文义，厘清文本自先秦至汉代的流传面貌。除了字词差异外，简本和《孔子闲居》在章句上也有差异。这些差异还关系到相关概念的理解，如上文所述的"明目而视之句"句，因为简序的不同，也影响了对"五至""三无"具体概念的理解。

关于简本与《孔子闲居》的关系，具体的文句对比可以参照注释中相关说明，据刘洪涛统计，《民之父母》全文445字中，见于《孔子闲居》有335字，"说明《孔子闲居》对简本文字继承比较多，所载信息比较完整"。[1]庞朴认为《民之父母》可以消除对今本"五至三无"说的怀疑，"五至""三无"可以视为孟庄以前的儒家论题，具有重要价值。[2]

三、安大简《诗经》与传世本《诗经》

安大简《诗经》完简长48.5厘米，宽0.6厘米，三道编绳，每支简27字至38字不等。简文内容为《国风》部分，共存57篇（含残篇），包括《周南》《召南》《秦风》《侯风》《鄘风》《魏风》等。简本《诗经》是目前发现的时代最早的《诗经》抄本。简本在字句、章节、篇序等方面与《毛诗》有异，有助于我们了解战国时期《诗经》的面貌和文本流传情况。同时，《诗经》作为礼乐文化的产物，有助于我们更好地了解周代礼乐的真实面貌及流传情况。

本文节选其中的《周南·关雎》《秦风·蒹葭》《侯风·硕鼠》三篇，可与今本《诗经·周南·关雎》《诗经·秦风·蒹葭》《诗经·魏风·硕鼠》对读。

① 刘洪涛:《上博竹书〈民之父母〉研究》，第30页。
② 庞朴:《话说"五至三五"》，《文史哲》2004年第1期，第74页。

【图版】

（一）《周南·关雎》

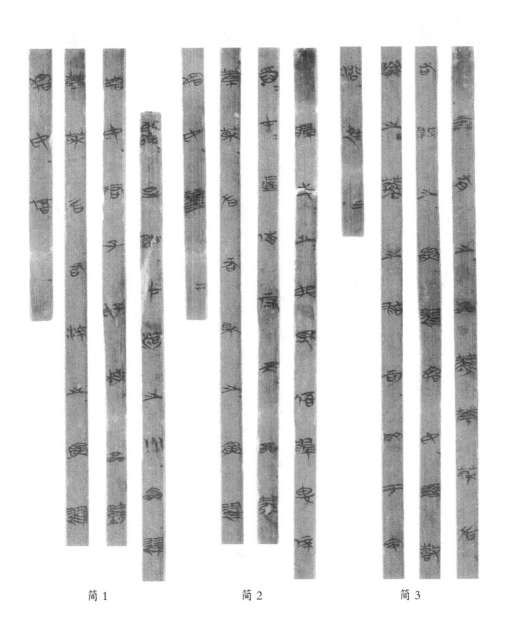

简 1　　　　　　　　简 2　　　　　　　　简 3

（二）《秦风·蒹葭》

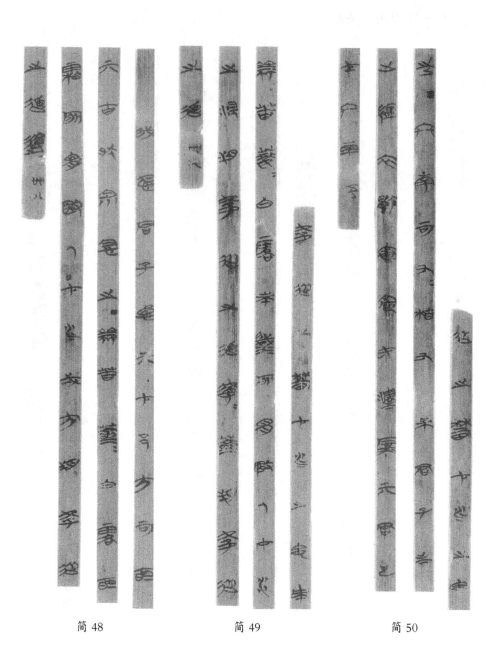

简 48 　　　　　　　简 49 　　　　　　　简 50

（三）《庋风·硕鼠》

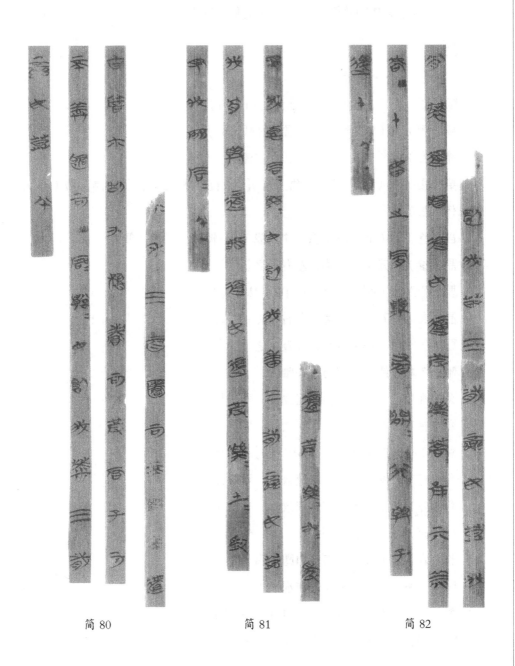

简 80   简 81   简 82

【著录】

《安徽大学藏战国竹简（一）》①（简称"安大简"）

【释文】

（一）《周南·关雎》

闚（关）关疋（雎）鸠[1]，在河之州（洲）。

要（腰）翟（嫚）[2]淑女，君子好栽（仇）[3]。

晶（参）差[4]芫（荇）[5]菜，左右流之。

要（腰）翟（嫚）淑女，倍（寤）【1】寝[6]求之。求之弗得，倍（寤）寝思怀（服）。[7]

舀（悠）才（哉）舀（悠）才（哉）[8]，辗转[9]反昃（侧）。

晶（参）差芫（荇）菜，左右采之。

要（腰）翟（嫚）淑女，琴【2】瑟有（友）之。

晶（参）差芫（荇）菜，左右教（芼）之。[10]

要（腰）翟（嫚）淑女，钟鼓乐之。【3】

附：今本《诗经·周南·关雎》

关关雎鸠，在河之洲。窈窕淑女，君子好逑。

参差荇菜，左右流之。窈窕淑女，寤寐求之。

求之不得，寤寐思服。悠哉悠哉，辗转反侧。

参差荇菜，左右采之。窈窕淑女，琴瑟友之。

参差荇菜，左右芼之。窈窕淑女，钟鼓乐之。

（二）《秦风·蒹葭》

兼（蒹）苦（葭）苍苍，白露为霜。[11]

所胃（谓）殿（伊）人，在水弌（一）[12]方。

朔（溯）韦（洄）从之，道阻且【48】[长]。

[朔（溯）]韦（洄）从之，菀在水之中央。[13]

---

① 黄德宽，徐在国主编：《安徽大学藏战国竹简（一）》，中西书局 2019 年版。

兼（蒹）苦（葭）萋萋，白露未幾（晞）。[14]

所胃（谓）殹人，在水之溦（湄）[15]。

朔（溯）韦（洄）从之，道阻且荠（跻）。

朔（溯）韦（洄）从之，道【49】[阻且右]。

[朔（溯）韦（洄）][16]从之，菀（宛）在水之中沚。【50】

附：今本《诗经·秦风·蒹葭》

蒹葭苍苍，白露为霜。所谓伊人，在水一方。

溯回从之，道阻且长。溯游从之，宛在水中央。

蒹葭凄凄，白露未晞。所谓伊人，在水之湄。

溯回从之，道阻且跻。溯游从之，宛在水中坻。

蒹葭采采，白露未已。所谓伊人，在水之涘。

溯回从之，道阻且右。溯游从之，宛在水中沚。

（三）《庆风·硕鼠》[17]

硕鼠硕鼠[18]，母（毋）飤（食）我麦。

三岁贯女（汝），莫【80】[我肯德][19]。

[逝将去女]，适皮（彼）乐国，乐国乐国，爱得我悳（直）。[20]

石（硕）鼠石（硕）鼠，母（毋）飤（食）我黍。

三岁贯汝，莫我肯与（顾）。

适皮（彼）乐土，乐土乐土，爱得我所。

石（硕）鼠【81】[石（硕）鼠]，[母（毋）]飤（食）我苗。[21]

三岁贯汝，莫我肯袋（劳）。[22]【82】

附：今本《诗经·魏风·硕鼠》

硕鼠硕鼠，无食我黍！三岁贯女，莫我肯顾。

逝将去女，适彼乐土。乐土乐土，爰得我所！

硕鼠硕鼠，无食我麦！三岁贯女，莫我肯德。

逝将去女，适彼乐国。乐国乐国，爰得我直。

硕鼠硕鼠，无食我苗！三岁贯女，莫我肯劳。

逝将去女，适彼乐郊。乐郊乐郊，谁之用号！

【注释】

[1] "闗",从"门","綉"声,即"关"。"疋"与"雎"上古音均为"鱼"部,二者音近可通。简本无篇名①,今本篇名《关雎》,上博一《孔子诗论》中作"闗疋"。

[2] "要翟",整理者指出读为"腰嬥",《毛诗》作"窈窕"。②杜泽逊认为"要翟"为联绵词,意为"姣好之貌","'茭芍''窈窕''要翟'皆一声之转,字形无涉,而音近义同,皆姣好之貌"。③

[3] "栽",《毛诗》作"逑",《齐诗》《鲁诗》作"仇",整理者指出"栽"字为从"戈"、"棗"省声,为"仇"字异体。④"仇",《尔雅·释诂》:"仇,匹也。"为配偶义。

[4] "晶"为"曑"之省,"曑",《说文·晶部》:"曑,商星也。"段注:"今隶变为'参'。"今本作"参","参差"为联绵词,指不齐的样子。

[5] "芫菜",《毛诗》作"荇菜",整理者指出:"'芫''荇'古音均为匣纽阳部,故可通假。"⑤"芫",《尔雅·释草》:"芫,东蠡。"为陆生草本植物。"荇菜",即"荇菜",为水生草本植物。结合诗意,诗中说"在河之洲"则应为水生植物,以荇菜为优,简文"芫"当为"荇"之通假。

[6] "寤寝",《毛诗》作"寤寐","寝""寐"义近换用。"俉",从"人"、"吾"声,"俉""寤"谐声;"帚"即"寝"字异体。整理者认为:"秦朝焚书坑儒,典籍失传,至汉代口耳相授,汉代学者可能见到了'寐'字从'宴'的写法,把'寝'误认为是'寐';又因'寝''寐'互训,意义相同,于是'寤寝'就变成了'寤寐'。"⑥"寤",毛传:"寤,觉",为睡醒义。"寝""寐"均有躺卧义,与"寤"相对。"寤寐",泛指日夜、一直。

---

① 对简本未标记篇名的诗,整理者直接取用《毛诗》篇名。

② 黄德宽,徐在国:《安徽大学藏战国竹简(一)》,中西书局 2019 年版,第 70 页。

③ 杜泽逊:《安大简〈诗经·关雎〉"要翟"说》,《中国典籍与文化》2020 年第 1 期,第 141 页。

④ 黄德宽,徐在国:《安徽大学藏战国竹简(一)》,第 70 页。

⑤ 黄德宽,徐在国:《安徽大学藏战国竹简(一)》,第 70 页。

⑥ 黄德宽,徐在国:《安徽大学藏战国竹简(一)》,第 71 页。

[7]"怀",《毛传》作"服","怀""服"音近可通。清华简《保训》:"有易怀其罪",即"有易服其罪"。毛传:"服,思之也","服""思"义近连用,"寤寐思服"即"日夜思念"。

[8]"舀才舀才",《毛诗》作"悠哉悠哉",马王堆汉墓帛书《五行》引作"繇才繇才"。"舀"与"悠"二字上古音均为"喻"母,声纽相同,韵部相近,可以通用。

[9]《毛诗》作"辗转"。朱熹集传:"辗转伏枕,卧而不寐,思之深且久也。""辗转"与"反侧"都是翻覆,"辗转反侧"指翻来覆去转动身体都不能入眠。

[10]"教",《毛诗》作"芼","教"与"芼"古音声近韵同。毛传:"芼,择也。"为拔取、择取之义。

[11]"兼苦",《毛诗》作"蕹葭"。"兼""蕹"谐声,"苦""葭"均属鱼部,音近可通。"蕹""葭"都是水草。

[12]"弌","一"之古文。整理者指出:"《说文》古文'一'从'弋',楚文字多写作'戈'形,'弋''戈'常讹混。"①

[13]《毛诗》作"宛在水中央",简本多助词"之"。"宛",吴昌莹《经传释词·补遗》:"宛,犹若也。宛与若义同。""宛在水中央"即仿佛在水中央。

[14]简文为"濄",从"水"、"幾"声,《毛诗》作"晞",二者音近可通。整理者认为:"帛书《阴阳十一脉灸经》乙本'久(灸)'希息则病已矣,甲本'希'作'幾'。"②"晞",毛传:"晞,干也。""白露未晞",即清晨露水未曾干。

[15]"濊"今本作"湄"。"濊""湄"均为明母,声同韵近,"濊"读为"湄"。《说文·水部》:"湄,水草交为湄。"即水与草交接的地方,指岸边。

[16]简文"从"字上端,整理者依《毛诗》及简文体例补为"阻且右,朔(溯)韦(洄)"。

---

① 黄德宽,徐在国:《安徽大学藏战国竹简(一)》,第107页。
② 黄德宽,徐在国:《安徽大学藏战国竹简(一)》,第107页。

[17] 简本《硕鼠》属《庚风》，见于《毛诗》之《魏风》。今本《毛诗》无《庚风》，《庚风》主要有为《王风》《晋风》《唐风》《魏风》四说，尚无定论，又以《魏风》说最为学界认可。① 简本《硕鼠》三章的顺序也与《毛诗》有异，简本的第一章是《毛诗》的第二章，而简本第二章是《毛诗》第一章。

[18] 简文"硕"为从"口"、"石"声，《毛诗》作"硕鼠"。"石"与"硕"上古音均为禅母铎部，音同。今本"硕鼠"历来多注为大老鼠或田鼠，亦有主张为"蝼蛄"说，但未被重视。从简本异文来看，"硕"当为"鼫"之假借，"鼫鼠"为蝼蛄的别名，从文字声训和文义而论，理解为"蝼蛄"更优。

[19] 可据《毛诗》补"我肯德"。"莫我肯德"即"莫肯德我"，不感念我的恩德。

[20] 如按照简文所见重文号惯例，该句应读为"逝将去汝，适彼乐国。乐国，爱得我直。"《毛诗》则作"逝将去汝，适彼乐国。乐国乐国，爱得我直"。整理者指出一种可能是这里的重文符号比较特别，表示重复两次；另一种可能是简本保留了较为早期的样貌，而《毛诗》是后人整理后的结果。②

[21] 可据《毛诗》补"硕鼠，毋"。

[22] "裳"，《毛诗》作"劳"。"裳""劳"均从"荧"省声，二者音近可通。"莫我肯劳"，郑笺："莫肯来劳我。"不肯来慰劳我。

【疏义】

《诗经》是我国最早的一部诗歌总集，收录了西周初年到春秋中叶的诗歌305篇，至汉代立为官学被经典化，有"鲁、齐、韩、毛"四家主要传本，又以《毛诗》影响最大、流传最广。1977年，安徽阜阳双谷堆一号墓出土了一批《诗经》简，但是残损严重，提供的信息十分有限，相关研究成果

---

① 关于"庚风"的相关讨论，可以参看曹建国、宋小芹：《从"侯风"论安大〈诗〉简的文本性质》，《南开学报》2021年第5期。

② 黄德宽，徐在国：《安徽大学藏战国楚竹书》，第123页。

较少。①2015 年，江西南昌海昏侯墓出土了约 1200 枚《诗经》简，内容较为丰富，但是材料尚未完全刊布。2015 年安徽大学入藏的这批《诗经》简材料已于 2019 年刊布，是目前所见时代最早的《诗经》原本材料。安大简、阜阳汉简、海昏简的刊布为了解战国到汉代《诗经》流传的情况提供了直接的证据，让我们进一步认识到这一时期《诗经》流传的情况是非常丰富又复杂的，并不限于"四家诗"。安大简刊布以来，已有丰富的研究成果，包括语言层面的字词考释、异文研究，以及文献层面的文本研究等。

一是简本和《毛诗》等传世本及其他出土材料的异文现象非常值得重视。《诗经》异文早已备受关注，出土《诗经》文本的刊布更是丰富了《诗经》异文研究的范畴。黄德宽将安大简《诗经》的异文情况概括为：因用字不同而形成的异文、因字词增减造成的部分异文、与《毛诗》章次不同造成的异文。②这些异文材料对于《诗经》文本考释和解读、诗义理解都有重要价值。我们所选择的《关雎》《蒹葭》以及《硕鼠》均可与《毛诗》相参照，且是王力版《古代汉语》中所选择的教学篇目，大家都非常熟悉。如"关雎"的"雎"简本作"疋"，为音近通假，属于用字方面的不同；"寤寐"的"寐"简本作"寝"，"寝""寐"义近换用，属于用词的不同。

二是《诗经》早期流传的情况与版本研究。安大简所见文本与流传的"四家诗"同中有异。整理者指出"简本《国风》各组收诗数量、篇次与毛诗及有关文献记载大体相同，表明当时楚地抄本所依据的母本与《毛诗》相差不远，这证明战国早中期《诗经》确有定本，且已广泛传播"。③安大简用楚系文字抄写，"简本在用字用词、章次章数等方面与《毛诗》的差别，应该是《诗经》在楚地流传的真实记录"，安大简《诗经》文本成书于战国中期，正是《诗经》文本由口传为主向书面为主转变的关键时期，有助于我们了解《诗经》在先秦时期经典化之前的整理和流传过程。

① 由陈剑主持的 2021 国家社科基金重大项目"阜阳汉简整理与研究"，将公布阜阳汉简高清图版、重新整理后的释文及相关研究成果。

② 黄德宽:《安徽大学藏战国竹简概述》,《文物》2017 年第 9 期，第 71 页。

③ 黄德宽，徐在国:《安徽大学藏战国竹简》，第 2 页。

三是安大简"国风"次序及安大简的文本性质。安大简共收有七国之风，顺序与《毛诗》不尽相同，其中"矦风"为安大简首见，内容见于《毛诗》的《魏风》，而安大简《魏风》首篇除《葛履》外皆见于今本《唐风》。整理者认为"矦风"即今本《王风》，还有"晋诗"说、"邻风"说等，未达一致，还有"矦风"是今本《魏风》之说，并认为安大简为经魏人改制的抄本。①

　　《诗经》是儒家礼乐文化的重要组成部分，朱熹《论语集注》说："凡诗之言，善者可以感发人之善心，恶者可以惩创人之逸志，其用归于使人得其情性之正而已。"其中，便提到了诗的情感、道德教化功能。安大简《诗经》中涉及的《国风》相关内容，也有讽喻的教化作用。

　　"风"当中有不少谈及男女之情及婚嫁礼仪。以《关雎》为例，子曰："《关雎》，乐而不淫，哀而不伤。"池田知久指出："如果探寻《毛诗》关雎篇的解释史，可以发现，战国时代以前，根本无人把它看作是讲'好色''男女''雌雄'之欲望及其节制的诗篇，到了战国以后就相当多了。"②如《孔子家语·好生》说："关雎兴于鸟，而君子美之，取其雌雄有别。"《孔子诗论》中对于《关雎》的评价是"《关雎》以色喻于礼"（上博简《孔子诗论》简10），池田知久认为"《孔子诗论》关雎篇的评论也和上引西汉以后的思想源流大体一致"。③《荀子·大略篇》云："《国风》之好色也。《传》曰：'盈其欲而不愆其止，其诚可比于金石，其声可内于宗庙。'"杨倞注云："好色谓《关雎》乐得淑女，盈其欲，谓好仇，寤寐思服也。止，礼也。欲虽盈满而不敢过礼求之。此言好色人所不免，美其不过礼仪也。"像《关雎》这样的反映平民的爱情与婚姻的诗歌，更丰富地体现出周代礼仪文化在日常生活中的实际情况。

　　《毛诗序》云："《野有死麕》，恶无礼也。天下大乱，强暴相陵，遂成淫

① 黄德宽，徐在国：《安徽大学藏战国竹简》，第2页。
② 池田知久：《上博楚简〈孔子诗论〉中出现的"豊（礼）"问题》，第381页。
③ 池田知久：《上博楚简〈孔子诗论〉中出现的"豊（礼）"问题》，第382页。

先秦礼制文献讲疏

风。被文王之化，虽当乱世，犹恶无礼也。"郑《笺》从而解释云："贞女欲吉士以礼来……又疾时无礼，强暴之男相劫胁。"《序》《笺》所说的"无礼"，闻一多说大概是"古人婚礼纳征，用鹿皮为贽"，所以贞女要让猎人通过媒妁之言，送来定情之物再议定婚事，却遇到强行威胁其结婚的人，女子则坚持要保持自己的贞洁。故而坚决反对，誓死不从。[①]

综上，通过"风"中三篇篇目，我们了解到了"礼"在日常婚恋、政治讽喻等中的展现。"礼"在"风"的相关内容中的体现可能不像"雅""颂"，但是也是非常丰富的。如林素清所说："亦即必须将原本主言男女之情的'风'诗本色扩大到礼教思想之范围，进而达到上以风化下、下以风刺上之教化作用，从多方面导正人情与人欲，使逐渐入于《雅》、《颂》的'德'之层次。"[②]

【推荐阅读】

方旭东：《二重证据法研究思想史之一例——上博简〈民之父母〉篇论析》，《学术月刊》2004 年第 1 期。

庞朴：《话说"五至三无"》，《文史哲》2004 年第 1 期。

彭裕商：《上博简〈民之父母〉对读〈礼记·孔子闲居〉》，《康乐集——曾宪通教授七十寿庆论文集》，中山大学出版社 2006 年版。

虞万里：《上博馆藏楚竹书〈缁衣〉综合研究》，武汉大学出版社 2009 年版。

程燕：《诗经异文辑考》，安徽大学出版社 2010 年版。

刘传宾：《郭店竹简文本研究综论》，上海古籍出版社 2017 年版。

黄德宽：《略论新出战国楚简〈诗经〉异文及其价值》，《安徽大学学报（哲学社会科学版）》2018 年第 3 期。

---

① 闻一多著，孙党伯、袁春正编《闻一多全集·诗经编（上）·诗经新义》，湖北人民出版社 1993 年版，第 267 页。
② 林素清：《论"郑风"中的礼教思想》，《海岱学刊（第十四辑）》，齐鲁书社 2014 年版，第 160 页。

第三章 《礼记》所见虞夏商周之礼的因革损益

　　传世文献对于先秦礼制的因革损益情况，以《礼记》的概括性说法为数最多，并集中于虞、夏、商、周"四代"之礼的同异关系，而这不仅契合了孔子有关夏、商、周"三代"礼制关系的说法，又体现了东周以至汉代的古人对于东周之前的礼制发展史划分为"有虞氏""夏后氏""殷人""周人"四阶段的方式，以及"禹"被看作"夏后氏"开国之君而另外开启了新时代的意识。同时，比较《史记·五帝本纪》以"虞舜"结尾、《夏本纪》以"夏禹"开始和司马迁、戴圣又都生活于西汉中期的情况，还可知《礼记》有关四代之礼的总结之说和时代划分方式应当还是西汉中期较为流行的历史观念。与此呼应，司马迁《殷本纪》与《礼记》"殷人"的称谓，也都是将"商"称之为"殷"。所以，《五帝本纪》以"黄帝"开篇和以黄帝、帝颛顼、帝喾、帝尧、帝舜为"五帝"的事实，既然可以说明司马迁作为史官、史家所代表的汉人以黄帝为可追溯之最早祖先的看法，则《礼记》谈论礼制的时代变革时只上溯至"有虞氏"而非"黄帝"的现象，便还意味着汉人认为礼制起源于"有虞氏"阶段和周礼又有兼采有虞氏、夏后氏及殷人之礼的情况。而且，《礼记》对于"有虞氏""夏后氏"有别于"殷人""周人"的称谓方式，也还透露了汉人认为虞、夏相比殷、周更大程度地保留了血缘组织的社会形态。至于这"四代"或"三代"之礼的具体内容以及周礼相比前代之礼的创新之处，《礼记》的相关记载正是多有反映。本章即摘选 21 则可以体现先秦四代礼制因革损益的礼说，具体则包括：《檀弓上》11 则；《檀弓下》6 则；《曾子问》1 则；《礼运》2 则；《礼器》1 则。

第一节 《檀弓上》11 则

《檀弓上》编次第三，是《礼记》49 篇之中最为集中反映先秦礼制因革损益之关系的篇目，本节所讲疏的 11 则即涉及周代"合葬"（祔葬）、"易墓"、"死谥"之礼的开创，与三代用色之礼、殡礼、饰棺之礼、陪葬器物之礼的不同，以及四代的葬具之礼和西周的齐国五世反葬之说。

1.季武子成寝[1]，杜氏之葬[2]在西阶[3]之下。请合葬焉，许之。入宫[4]而不敢哭。武子曰："合葬，非古也，自周公以来未之有改也。吾许其大而不许其细，何居[5]？"命之哭。

【注释】

[1] 季武子：鲁卿季孙宿，公子季友的曾孙，或写作"季孙夙"。郑玄注："武子，鲁公子季友之曾孙季孙夙。"孔颖达疏："案《世本》公子友生齐仲，齐仲生无逸，无逸生行父，行父生夙。夙是公子友曾孙也。"父为季文子（季孙行父），孙为季平子（季孙意如），祖孙三人相继执政鲁国，辅佐了文、宣、成、襄、昭、定六位鲁国国君。但位列鲁国三卿之首的这三位"季氏"，又逐渐有专揽朝政并凌驾国君的一些行为。以季武子来说，则辅佐过鲁襄公、鲁昭公这两位国君，并在其父季文子卒于鲁襄公五年之后继承其位，而于鲁昭公七年"冬十有一月癸未"去世。"成寝"者，颜师古注《汉书·哀帝纪》曰："季武子，鲁大夫季孙宿也。成寝，新为寝室也。"

[2] 杜氏之葬：指杜氏此前埋葬的家人墓葬。位于季武子新建成住宅的"西阶之下"。

[3] 西阶：堂前西边的台阶。也即以示尊敬之意的宾客之位，又相应称为"宾阶"或"客阶"，并相对主人应在的"东阶"（又称"主阶"或"阼阶"）之位而言。如《曲礼上》曰："主人就东阶，客就西阶。客若降等，则就主人之阶。"《仪礼·士冠礼》云："主人玄端爵韠，立于阼阶下，直东序，西面。"郑玄注："阼，犹酢也，东阶所以答酢宾客也。"《尚书·周书·顾命》又记载："大辂在宾阶面，缀辂在阼阶面。"

[4] 入宫：入室，"宫"即"室"。如《说文》曰："宫，室也。"《尔

雅·释宫》又云:"宫谓之室,室谓之宫。"《经典释文·释宫》还进一步解释说:"古者贵贱同称宫,秦汉以来唯王者所居称宫焉。"同样的用法,又见于《仪礼·士昏礼》所载嫁女之礼"母施衿结悦曰'勉之敬之,夙夜无违宫事'"的说法,以及《战国策·秦策一》所载苏秦以连横游说诸侯而"路过洛阳"之时"父母闻之,清宫除道,张乐设饮,郊迎三十里"的说法,等等。

[5] 何居:何故,是何道理。孔颖达疏:"'居',语辞。既许其大,而不许其细,是何道理,故云'何居'。"又如《檀弓上》云:"何居?我未之前闻也。"郑玄注:"居读为姬姓之姬,齐鲁之间语助也。"

【疏义】

此则谈及"合葬"之礼的开创。季武子之言,说明"自周公以来"才有合葬之礼,并存在至于春秋"未之有改也"的情况。有关此处"合葬"的所指,又存在不同看法。如郑玄对于季武子之说的用意及《檀弓上》记载此事的用意,分别注解为:"自见夷人冢墓以为寝,欲文过";"记此者,善其不夺人之恩"。孔颖达则疏其义云:

> 此一节明不夺人之恩,兼论夷人冢墓为寝,欲文过之事。……武子自云,合葬之礼,非古昔之法,从周公以来,始有合葬,至今未改。我成寝之时,谓此冢墓是周公以前之事,不须合葬,故我夷平之以为寝。不肯服理,是文饰其过。先儒皆以杜氏丧从外来,就武子之寝合葬,与孔子合葬于防同。又案《晏子春秋》景公成路寝之台,逢于阿盆成逆后丧,并得附葬景公寝中。与此同也。……"吾许其大"者,听之将丧而入葬,是许其大。"不许其细",哭是细也。

这其中,"此冢墓是周公以前之事,不须合葬,故我夷平之以为寝"的说法,意味着杜氏"请合葬"的事就不会属于父母合葬的情况;"杜氏丧从外来,就武子之寝合葬,与孔子合葬于防同"的说法,则又明确认为这桩合葬之事正是属于父母合葬的情况。

至于《晏子春秋》所载"逢于阿"合葬父母的事情,应是《内篇·谏下》"景公路寝台成，逢于何愿合葬，晏子谏而许"之事，具体也即：

　　景公成路寝之台，逢于何遭丧，遇晏子于途，再拜乎马前。晏子下车挹之，曰："子何以命婴也？"对曰："于何之母死，兆在路寝之台牖下，愿请命合骨。"

　　晏子曰："嘻！难哉！虽然，婴将为子复之，适为不得，子将若何？"对曰："夫君子则有以，如我者侪小人，吾将左手拥格，右手梱心，立饿枯槁而死，以告四方之士曰：'于何不能葬其母者也。'"

　　晏子曰："诺。"遂入见公，曰："有逢于何者，母死，兆在路寝，当如之何？愿请合骨。"公作色不悦，曰："古之及今，子亦尝闻请葬人主之宫者乎？"

　　晏子对曰："古之人君，其宫室节，不侵生民之居，台榭俭，不残死人之墓，故未尝闻诸请葬人主之宫者也。今君侈为宫室，夺人之居，广为台榭，残人之墓，是生者愁忧，不得安处，死者离易，不得合骨。丰乐侈游，兼傲生死，非人君之行也。遂欲满求，不顾细民，非存之道。且婴闻之，生者不得安，命之曰蓄忧；死者不得葬，命之曰蓄哀。蓄忧者怨，蓄哀者危，君不如许之。"公曰："诺。"

　　晏子出，梁丘据曰："自昔及今，未尝闻求葬公宫者也，若何许之？"公曰："削人之居，残人之墓，凌人之丧，而禁其葬，是于生者无施，于死者无礼。诗云：'谷则异室，死则同穴。'吾敢不许乎？"逢于何遂葬其母路寝之牖下，解衰去绖，布衣滕履，玄冠纰武，踊而不哭。蹩而不拜，已乃涕洟而去。

　　比较可见，齐人逢于何（孔《疏》写作"逢于阿"）在晏婴的帮助下成功将母亲与父亲合葬于齐景公"路寝之牖下"的这件事情，与"季武子成寝"而杜氏"请合葬"之事的发生具有明显相似的背景，因而杜氏的"合葬"应当也是合葬父母之例，并具体同于逢于何葬母的方式，为"死则同穴"的"合骨"。所以，《檀弓上》这则合葬之例的真实情况，既不是杜氏请求季武子将其建新宅所破坏的父母或近祖之墓迁往他处进行合葬的含义，也不是指季武子破坏的杜氏墓葬就真的是杜氏于周公制礼之前的远祖之墓。

至于《晏子春秋》所载"盆成逆"合葬父母的事情，又应是其《外篇上》所载"景公台成，盆成适愿合葬其母，晏子谏而许"的故事，相关详情也即如下：

> 景公宿于路寝之宫，夜分，闻西方有男子哭者，公悲之。明日朝，问于晏子曰："寡人夜者闻西方有男子哭者，声甚哀，气甚悲，是奚为者也？寡人哀之。"晏子对曰："西郭徒居布衣之士盆成适也。父之孝子，兄之顺弟也。又尝为孔子门人。今其母不幸而死，袝柩未葬，家贫，身老，子孺，恐力不能合袝，是以悲也。"
>
> 公曰："子为寡人吊之，因问其偏袝何所在？"晏子奉命往吊，而问偏之所在。盆成适再拜，稽首而不起，曰："偏袝寄于路寝，得为地下之臣，拥札掺笔，给事官殿中右陛之下，愿以某日送，未得君之意也。穷困无以图之，布唇枯舌，焦心热中，今君不辱而临之，愿君图之。"
>
> 晏子曰："然。此人之甚重者也，而恐君不许也。"盆成适蹴然曰："凡在君耳！且臣闻之，越王好勇，其民轻死；楚灵王好细腰，其朝多饿死人；子胥忠其君，故天下皆愿得以为子。今为人子臣，而离散其亲戚，孝乎哉？足以为臣乎？若此而得袝，是生臣而安死母也；若此而不得，则臣请挽尸车而寄之于国门外宇霤之下，身不敢饮食，拥辕执辂，木干鸟栖，袒肉暴骸，以望君愍之。贱臣虽愚，窃意明君哀而不忍也。"
>
> 晏子入，复乎公，公忿然作色而怒曰："子何必患若言而教寡人乎？"晏子对曰："婴闻之，忠不避危，爱无恶言。且婴固以难之矣。今君营处为游观，既夺人有，又禁其葬，非仁也；肆心傲听，不恤民忧，非义也。若何勿听？"因道盆成适之辞。
>
> 公喟然太息曰："悲乎哉！子勿复言。"遂使男子袒免，女子发

笄者以百数，为开凶门，以迎盆成适。适脱衰绖，冠条缨，墨缘，以见乎公。

　　公曰："吾闻之，五子不满隅，一子可满朝，非迺子耶！"盆成适于是临事不敢哭，奉事以礼，毕，出门，然后举声焉。

　　综合可见，齐景公"成路寝之台"的事情所影响的对象，不仅是逢于何，而还有盆成适（孔《疏》写作"盆成逆"），二人不顾现实存在的难度，执着将母亲与父亲合葬的做法，即证明以母合葬于父的周公之制仍被广泛践行于春秋社会。《晏子春秋》"祔柩未葬""不能合祔"的说法，则还说明了"合葬"又被称作"合祔"的用语方式，以及将要合葬之灵柩又被称作"祔柩"的称谓方式。

　　而且，季武子执政鲁国的地位和杜氏"请合葬焉"及其"入宫而不敢哭"并等到季武子"命之哭"而后方才敢哭的情况，还意味着杜氏将父母合葬于季武子新宅西阶之下的原因，正是类同逢于何、盆成适葬母之事，是在季武子建造新宅而侵占了其亲人葬地的特殊形势下的被迫之举。有关齐、鲁这三则特殊的父母合葬之例的行事依据，则又明确是季武子所言"合葬，非古也，自周公以来未之有改也"的礼仪规定。作为当事人的杜氏、逢于何、盆成适，也才会据此周公之礼而不避季武子、齐景公这等权贵，执着地选择葬亲于季武子西阶和齐景公路寝这类特殊之地。所以，杜氏葬亲和逢于何、盆成适葬母的特殊合葬之例，实则反证了季武子有关合葬为周公所制之礼及其行于春秋晚期都没有改变的说法的真实性。不仅如此，孔子将母亲合葬于父亲"防墓"的做法，也可以佐证"合葬"作为周公葬制的事实存在，并还可以与逢于何、盆成适葬母之事一道暗示杜氏葬亲更可能也是以母合葬于父的情况。若对比杜氏、逢于何、盆成适这三例特殊的合葬父母的做法，则还可知合葬不论情况特殊与否，都应当有着哭丧之仪。逢于何葬母之后"解衰去绖，布衣縢履，玄冠纰武，踊而不哭。襢而不拜，已乃涕洟而去"的做法，以及盆成适"临事不敢哭，奉事以礼，毕，出门，然后举声焉"的做法，则皆是权变之举而非常礼的体现。

此外，与"西阶""东阶"相关联的宾主之礼，还有一些特殊之处。比如，《坊记》所载子云"升自客阶，受吊于宾位，教民追孝也。未没丧，不称君，示民不争也。故《鲁春秋》记晋丧曰：'杀其君之子奚齐，及其君卓'"的说法，便说明作为丧主而尚未正式即位为新君的诸侯乃"受吊于宾位"，而并非是作为"主位"的东阶，并以此显示其暂且仍是国君嗣子的身份。又如，《郊特牲》"天子无客礼，莫敢为主焉。君适其臣，升自阼阶"的说法，和贾谊《新书·礼》"礼，天子适诸侯之宫，诸侯不敢自阼阶者，主之阶也。天子适诸侯，诸侯不敢有宫，不敢为主人礼也"的说法，又说明国君在天子适宫的时候不能自居主位阼阶以行欢迎之礼，而是天子依礼当由主阶升堂，并以此呼应天子作为天下之主而没有为客之礼的礼仪原则。同理推之，即还有"君适其臣，升自阼阶"的礼仪。

2. 有虞氏瓦棺[1]，夏后氏堲周[2]，殷人棺椁[3]，周人墙[4]、置翣[5]。周人以殷人之棺椁葬长殇，以夏后氏之堲周葬中殇、下殇，以有虞氏之瓦棺葬无服之殇[6]。

【注释】

[1] 瓦棺：以陶器用作葬具。郑玄注："始不用薪也，有虞氏上陶。"这应当一面比较了《周易·系辞下》"古之葬者，厚衣之以薪，葬之中野，不封不树，丧期无数，后世圣人易之以棺椁"的说法，一面又依据了《周礼·考工记》总叙中"有虞氏上陶，夏后氏上匠，殷人上梓，周人上舆"的说法，而认为"有虞氏瓦棺"的做法是最早的葬具形式，并相对此前以"薪"覆盖死者尸体的原始方式明显更为进步，且呼应有虞氏阶段崇尚陶器的风气。

[2] 堲：烧土为熟。堲周，比较《曾子问》"下殇土周，葬于园"的说法，可知又可以称为"土周"，郑玄注亦云："土周，堲周也。周人以夏后氏之堲周，葬下殇于园中，以其去成人远，不就墓也。"然而，有关"堲周"的含义，古人却有着不同的理解。比如，郑玄注"夏后氏堲周"，所云"火熟曰堲。烧土冶以周于棺也。或谓之土周"的说法，是以夏后氏已然使用"棺"为葬具，并有着焚烧棺周之生土为熟土的做法。又如，高诱注《淮南子·氾

论训》"夏后氏墍周"，所云"夏后氏禹世无棺椁，以瓦广二尺、长四尺，侧身累之以蔽土，曰墍周"的说法，又明确是以夏后氏大禹之世尚无木制的棺椁葬具，并认为其时才是使用土烧之瓦器为棺具并采取"墍周"之方式的阶段。今人则多是融合古人观念，而认为"墍周"是烧土为砖并环绕于棺材四周以埋葬死者的一种方式。至于哪一种看法更为可能符合历史真相？若由《墨子·节葬下》"禹东教乎九夷，道死，葬会稽之山，衣衾三领，桐棺三寸"的说法，以及《曾子问》所载"曾子问曰：'下殇土周，葬于园，遂舆机而往，涂迩故也。今墓远，则其葬也如之何？'孔子曰：'吾闻诸老聃曰：昔者史佚有子而死，下殇也，墓远。召公谓之曰：何以不棺敛于宫中？史佚曰：吾敢乎哉？召公言于周公。周公曰：岂，不可？史佚行之。'下殇用棺衣棺，自史佚始也"的孔子师徒问答，与周人葬具使用"棺椁"而《檀弓上》此处却只言"墙、置翣"的情况来看，则可见在殷人使用棺椁作为葬具之前的"夏后氏"之世正是应当已有使用木棺埋葬死者的常用做法。

而且，夏后氏使用"木棺"而又"墍周"的做法，不仅与大禹之葬使用"桐棺三寸"的文献记载相合，也与史佚葬下殇之子"用棺"的事例及《檀弓上》此处"周人以夏后氏之墍周葬下殇"的说法相合，并可以呼应"桐棺三寸"被周礼用作有罪被杀之大夫的惩罚性葬具规定的情况。比如，《左传·哀公二年》即记载有晋卿赵简子"若其有罪，绞缢以戮，桐棺三寸，不设属辟，素车朴马，无入于兆，下卿之罚也"的盟誓之辞；《荀子·礼论》又有言曰"刑余罪人之丧，不得合族党，独属妻子，棺椁三寸，衣衾三领，不得饰棺，不得昼行，以昏殣，凡缘而往埋之，反无哭泣之节，无衰麻之服，无亲疏月数之等，各反其平，各复其始，已葬埋，若无丧者而止，夫是之谓至辱"。所以，郑玄对于"墍周"的理解，理当更为符合实情，"夏后氏墍周"相对于"有虞氏瓦棺"和"殷人棺椁"的不同，也即主要在于葬具为陶制或木制的材质，以及一层或多层的用数。与此呼应，在桓宽《盐铁论·散不足》"古者瓦棺容尸，木板墍周，足以收形骸，藏发齿而已"的说法之中，"瓦棺容尸"和"木板墍周"所对应的"古者"，即分别是《檀弓上》的"有虞氏"和"夏后氏"。总之，夏后氏理应已经使用木板所制"木棺"作为容纳死者尸身的通用葬具，并且还应当有着焚烧墓穴生土以防护木棺的措施。此外，夏后氏使用木棺为葬具并"墍周"的礼仪性做法，以及"墍周"不应当是"烧土为砖"并环绕于棺材四周之含义的情况，实际也还可以参照现今农村土葬死者的方式观之。目前发现最早的真正意义上的砖室墓，则是晚于四代的西汉墓。[①]

[3] 椁：套在棺外之棺。如《檀弓上》记载齐国大夫国子高有言曰："葬也者，藏也；藏也者，欲人之弗得见也。是故，衣足以饰身，棺周于衣，椁周于棺，土周于椁。"

[4] 墙："棺墙"，或称"墙柳""柳衣"，周人代表性棺饰，出殡时覆盖在棺柩之上的布帛所制装饰性帷幕，相当于今人俗称的"棺罩"或"棺衣"，棺柩则有柩车牵引。如郑玄注《檀弓上》"饰棺墙"，曰："墙之障柩，犹垣墙障家。墙，柳衣。"注《仪礼·既夕礼》"商祝饰柩"，曰："饰柩，为设墙柳也……墙有布帷，柳有布荒。"而这又说明"帷荒"或今人惯用的"荒帷"一词，也可以代指"墙柳"，如郑玄注《丧大记》"士，布帷、布荒，一池"，又曰："荒，蒙也。在旁曰帷，在上曰荒，皆所以衣柳也。士布帷、布荒者，白布也，君大夫加文章焉。……大夫以上，有褚以衬覆棺，乃加帷荒于其上。纽，所以结连帷荒者也。"同时，"墙"还可以称为"柳"，并也常与"翣"对言。如《周礼·天官·缝人》即曰："丧，缝棺饰焉，衣翣柳之材。"只是，若细分，"墙"和"柳"又分别对应"帷"和"荒"，并分别覆盖于棺柩之"旁"和"上"。

[5] 翣：音 shà，周人另一种代表性棺饰，出殡时使人手持而举于棺柩两侧以为装饰的一种长柄扇状物，常与"墙"或"柳"并提，随柩车行进而随葬于墓穴之中。如《周礼·夏官》曰：御仆"大丧持翣"，郑玄注："翣，棺饰也，持之者夹蜃车"；《天官》曰：女御"后之丧持翣"，郑玄注"翣，棺饰也，持而从柩车"。又如，《檀弓上》还记载："孔子之丧，公西赤为志焉，饰棺，墙、置翣，设披，周也。"郑玄注："翣，以布衣木，如黼与。"孔颖达疏："郑注《丧大记》云：'汉礼，翣以木为筐，广三尺，高二尺四寸，方两角高，衣以白布，画云气，柄长五尺'，云'如黼与'者，黼如汉时之扇。'与'，疑辞，郑恐人不识翣礼，故云如今黼与。"再如，《孔丛子·广服》亦

① 李龙彬等：《辽宁辽阳苗圃墓地西汉砖室墓发掘简报》，《文物》2014 年第 11 期。

云：“大扇，谓之翣。”《檀弓下》又有言曰：“是故制绞衾，设蒌翣，为使人勿恶也。”郑玄注则指明“蒌翣，棺之墙饰。《周礼》‘蒌’作‘柳’。”《荀子·礼论》则还说：“然后皆有衣衾多少厚薄之数，皆有翣蒌文章之等，以敬饰之，使生死终始若一。”而唐人杨倞注又指明“‘翣蒌’当为‘翣柳’。郑康成曰‘翣柳，棺之墙饰也。’”比较之下，即可见“翣蒌”“翣柳”，实际便是“蒌翣”“柳翣”；《檀弓下》“设蒌翣”的说法，也即对应孔子之丧“饰棺，墙、置翣”的做法，而孔子之丧的这种饰棺做法又明确为“周也”的礼仪属性，又正是与《檀弓上》此处周人“墙、置翣”的说法相合。

有关用翣的等级之分，《礼器》云：“天子八翣，诸侯六翣，大夫四翣。”《说文》又曰：“翣，棺羽饰也。天子八，诸侯六，大夫四，士二。”《丧大记》谈及“饰棺”之物时，又详细说到国君“黼翣二，黻翣二，画翣二”、大夫“黻翣二，画翣二”、士“画翣二”。不过，虽然翣的使用数量说法相同，但学者对于“翣”的用法却又有不同意见，而依据《说文》“翣，棺羽饰也”的释义，认为翣是“下垂于棺两旁”的装饰物，且“翣”又从此用法本作“接”。但是，若验证于东周和汉代考古发现的实物及后世出殡的做法，“翣”从“羽”的原因又更可能与其有羽毛为饰的情况相关，而并非出自“如羽翼然”的比喻意义。换句话说，“翣”应当存在类似于羽扇的“羽翣”，是仿照生前出行仪仗而不直接装饰于棺椁两侧的饰棺之物。而且，除去羽翣，周代贵族墓还有装饰云雷纹、兽面纹等纹饰的铜翣出土，而周人随葬铜翣的事实也可以证实《檀弓上》此处“周人墙置翣”的真实性。至于“羽翣”与“铜翣”的关系，也有学者针对战国中山王墓中出土的山字形铜翣而认为这种如扇之翣“是由羽毛和青铜羽座两部分组成，‘山’字形薄铜片或只是羽扇的铜羽座”。然而，从“翣”的字形和中山国的民族属性、文化特征与其时已然称“王”的事实来看，这种看法可能还有待商榷。①此外，对于皆为周人

---

① 王龙正，倪爱武，张方涛：《周代丧葬礼器铜翣考》，《考古》2006 年第 9 期；张天恩：《周代棺饰与铜翣浅识》，北京大学考古文博学院编《考古学研究》（八），科学出版社 2011 年版，第 293-304 页；胡健，王米佳：《周代丧葬礼器“翣”的再探讨——关于“山”字形薄铜片的考证》，《中原文化研究》2015 年第 5 期；杨祥民：《论古代丧葬祭祀中的礼器之扇——翣》，《南京艺术学院学报（美术与设计）》，2019 年第 5 期。

代表性"棺饰"的"翣"和"柳",后世还有将二者组词而用以代指"灵柩"的用法。

[6]殇:未成年而死的称谓方式。如《说文》曰:"殇,不成人也。"《逸周书·谥法解》曰:"未家短折曰殇。"具体又分为《檀弓上》此处所云的"长殇""中殇""下殇"和"无服之殇",相关的年龄划分标准,则有《仪礼·丧服》的传文解释说:"年十九至十六为长殇,十五至十二为中殇,十一至八岁为下殇,不满八岁以下为无服之殇。无服之殇以日易月,以日易月之殇,殇而无服。"不过,这一划分标准,又当明显对应的是"二十而冠"的男子。而且,"周人以殷人之棺椁葬长殇,以夏后氏之墍周葬中殇、下殇,以有虞氏之瓦棺葬无服之殇"的礼仪规定,既直观反映了周礼兼采有虞氏、夏后氏和殷人的葬具使用之礼而用于周人殇葬的情况,又间接说明了这"四代"之礼逐渐由简到繁的变化,因而"无服之殇"才会使用最为原始简单的"有虞氏之瓦棺";"中殇、下殇"才会使用相对隆重一些的"夏后氏之墍周";"长殇"才会使用相对周礼比较简略的"殷人之棺椁"。

【疏义】

此则论及有虞氏、夏后氏和殷、周四代埋葬死者所用葬具的礼仪。具体即是,有虞氏使用陶制的"瓦棺";夏后氏使用木棺并"墍周";殷人在木棺之外又添加"木椁";周人在棺椁之外又再设置"墙""翣"作为装饰。类似的说法,又见于《淮南子·汜论训》"古之制",存在"有虞氏用瓦棺,夏后氏墍周,殷人用椁,周人墙置翣,此葬之不同者也"的言论。比较《礼记》《淮南子》这两处的记载,则既可明见两处说法以前者为基础而着重于时代礼制相对不同之处的表达方式,又意味着这种有关四代葬具的说法应当有着较早的来源。而且,若联系《孟子·滕文公上》"盖上世尝有不葬其亲者。其亲死,则举而委之于壑。他日过之,狐狸食之,蝇蚋姑嘬之。其颡有泚,睨而不视。夫泚也,非为人泚,中心达于面目。盖归反虆梩而掩之。掩之诚是也,则孝子仁人之掩其亲,亦必有道矣"的说法,便还可以发现葬具的使用对应的是"土葬"死者的行为。《孟子》此处所言"上世尝有不葬其亲者"而"委之于壑"的做法,又对应《系辞下》"古之葬者,厚衣之以薪,葬之中野"

先秦礼制文献讲疏

的做法。所以，《檀弓上》此处对于四代葬具的使用之说，都是针对土葬的方式而言，并以此使用葬具而土葬死者的做法为葬礼的开始。在此之前的先民对待死者的尸身，则大多就是"委之于壑""葬之中野"而"厚衣之以薪"的原始处理方式。总体而言，《檀弓上》的这则说法和孔子之丧公西赤使用周礼为之"饰棺，墙、置翣"的事例，以及《曾子问》所言史佚葬"下殇"之子的事例与《仪礼·丧服》有关殇葬的四种类型之说，和《淮南子·氾论训》有关四代"葬之不同者"的说法可以互为佐证。这其中，史佚葬"下殇"之子"用棺"并破例"衣棺"葬于墓的做法，又以周公允准为前提的背景，即还意味着周礼的葬具使用及其相关的葬制正是可以算作"周公之制"，并能够证明自古流传的周公制礼作乐之说具有真实性。

若以《檀弓上》此处的葬具之说，验证于史前和三代墓葬的考古发现，则不仅可知四代葬具的使用相比前代各有发展而存在不同规定的说法为之可证，还会感受到礼俗与礼制的不同含义。比如，在 1969—1977 年发掘的殷墟西区 939 座殷代墓葬之中，被水浸扰或没有发现棺木痕迹的墓葬为 229 座，发现葬具的为 710 座，其中仅用木棺的为 663 座，使用棺、椁的为 47 座。[①]这就既证明了"殷人棺椁"的葬具之说为殷代礼制的真实反映，又暗示了殷人在木棺之外另外使用"椁"作为葬具的做法仅适用于高等级社会成员，因而殷墟的众多墓葬之中也才会存在有无葬具的分别和葬具是否用椁的差异。又如，"周人墙、置翣"的做法，有陕西沣西张家坡的西周井叔家族墓发现的荒帷与山西绛县横水倗国墓地的西周倗伯夫人毕姬墓（M1）椁室内发现的套在外棺上的凤鸟纹红色荒帷可为证明。[②]再如，在史前陶制葬具确实多有发现的同时，木质棺椁的使用实际也已有了少量的发现，而棺椁并用的葬具

① 中国社会科学院考古研究所安阳工作队：《1969—1977 年殷墟西区墓葬发掘报告》，《考古学报》1979 年第 1 期，第 39 页。

② 张长寿：《墙柳与荒帷——1983～1986 年沣西发掘资料之五》，《文物》1992 年第 4 期；吉琨璋，宋建忠，田建文：《山西横水西周墓地研究三题》，《文物》2006 年第 8 期；宋建忠，吉琨璋等：《山西绛县横水西周墓发掘简报》，《文物》2006 年第 8 期；马颖，杨益民等：《西周倗国墓地出土荒帷印痕的科技分析》，《中原文物》2009 年第 1 期。

确实普遍发现于商周两代的墓地中。①这其中，有虞氏之前的仰韶文化时期便已经存在使用陶器作为葬具的情况，以及目前发现最早的陶器甚至距今长达2万年的时间，又无疑说明了"有虞氏瓦棺"的礼制在正式形成之前便具有长期的社会铺垫，以及这种情况又类同于棺椁使用的先例可以追溯到史前而棺椁使用的礼制却又晚至殷商才形成的事实。所以，自发的个体行为发展为礼俗，与一定的群体礼俗发展为时代或国家的礼制，实际都需要较长时段的事实性做法和愈发增加的人员参与度作为准备，而且礼俗也并非都有机会发展为礼制，因而考古实物的发现相应并不能绝对成为其时代礼制的证明。至于有虞氏"上陶"并使用"瓦棺"作为礼仪性葬具的社会原因，则应当与新石器时代陶器制造业的兴起直接相关。②

同时，周人葬具使用"棺椁"的具体礼仪和实际施行情况，《礼记》和其他文献的相关记载也有说明。比如，《檀弓上》还有"柏椁以端，长六尺"的椁木使用之说；《丧大记》还有"君大棺八寸，属六寸，椑四寸；上大夫大棺八寸，属六寸；下大夫大棺六寸，属四寸；士棺六寸"的棺木尺寸之说，以及"君松椁，大夫柏椁，士杂木椁"的椁木用材之说。又如，《左传·定公元年》所载"元年春，王正月辛巳，晋魏舒合诸侯之大夫于狄泉，将以城成周。魏子涖政。……是行也，魏献子属役于韩简子及原寿过，而田

① 夏之乾：《从考古学和民族学材料看葬具的产生和演进》，《民族研究》1982年第2期；李玉洁：《试论我国古代棺椁制度》，《中原文物》1990年第2期；宋德胤：《葬具习俗考》，《民俗研究》1993年第4期；王晓：《浅谈中原地区原始葬具》，《中原文物》1997年第3期；田亚岐，赵士祺：《东周时期关中地区国人秦墓棺椁的演变》，《考古与文物》2003年第4期；白国红，贺军妙：《从棺椁制度的演变看春秋晚期新的礼制规范的形成——以太原金胜村赵卿墓为切入点》，《山西师大学报（社会科学版）》2008年第4期；尚如春，滕铭予：《试论楚墓棺椁制度》，《江汉考古》2018年第4期；王长华：《释"棺椁"》，《古籍整理研究学刊》2018年第5期；高崇文：《楚墓棺椁辨识》，《江汉考古》2020年第5期。
② 陈明远：《修正"史前史三分期学说"——在"石器时代"和"青铜器时代"之间须划出一个"陶器时代"》，《社会科学论坛》2011年第4期；李曦珍，李金桃：《陶器：华夏史前文明的载道之器》，《青海社会科学》2018年第6期；李曦珍，李金桃，庞倩：《陶器：彰显史前文明色彩的媒介》，《西南民族大学学报（人文社科版）》2018年第11期；李新伟：《中国史前陶器专业化生产的几点思考》，《中原文物》2022年第3期。

先秦礼制文献讲疏

于大陆，焚焉。还，卒于甯。范献子去其柏椁，以其未复命而田也"的事例，既直接说明了代替魏献子（即"魏舒"）为政的晋卿范献子对于失礼于周王室的魏献子之丧有着"去其柏椁"以示惩戒的降礼安排，又间接反证了《丧大记》"大夫柏椁"的说法为周人礼制。再如，《左传·成公二年》所载"八月，宋文公卒。始厚葬，用蜃炭，益车马，始用殉。重器备，椁有四阿，棺有翰桧"的事例，又说明四角设栋的"四注椁"和"棺有翰桧"的纹饰相对于诸侯为僭礼，而宋文公即正是宋国僭越天子"椁有四阿""棺有翰桧"之葬具礼仪的首例国君。综合来看，则周人的葬具之礼以是否用椁和棺的重数、尺寸以及椁的材质来区分等级，并在多数人都遵从礼仪而使用葬具的同时，也事实存在个别的僭越行为。当然，就葬具等级的核心标准来说，又当是棺椁的重数问题。

此外，对于四代葬具之礼由简到繁的这种变化趋势和周礼葬制在春秋战国已经出现被破坏的这种情况，后人回顾历史的一些言论也可提供参考。比如，《后汉书·赵咨传》记载东海相赵咨的遗书提道：

> 土为弃物，岂有性情，而欲制其厚薄，调其燥湿邪。但以生者之情，不忍见形之毁，乃有掩骼埋胔之制。《易》曰"古之葬者，衣以薪，藏之中野，后世圣人易之以棺椁。"棺椁之造，自黄帝始。爰自陶唐，逮于虞、夏，犹尚简朴，或瓦或木，及至殷人而有加焉。周室因之，制兼二代。复重以墙翣之饰，表以旌铭之仪，招复含敛之礼，殡葬宅兆之期，棺椁周重之制，衣衾称袭之数，其事烦而害实，品物碎而难备。然而秩爵异级，贵贱殊等。自成、康已下，其典稍乖。至于战国，渐至頹陵，法度衰毁，上下僭杂。终使晋侯请隧，秦伯殉葬，陈大夫设参门之木，宋司马造石椁之奢。

而且，反时代厚葬风气而崇尚薄葬的后人，事实也还有东汉人王堂效仿虞礼而遗命葬事使用"瓦棺"的特殊个例，以及西汉人杨王孙遗命"裸葬"的极端做法。这也即《后汉书·王堂传》所载王堂"年八十六卒，遗令薄敛，瓦棺以葬"之事，以及《汉书·杨王孙传》所载：

> 杨王孙者，孝武时人也。学黄、老之术，家业千余，厚自奉养生，亡所不致。及病且终，先令其子，曰："吾欲裸葬，以反吾真，必亡易吾意。死则为布囊盛尸，入地七尺，既下，从足引脱其囊，以身亲土。"其子欲默而不从，重废父命；欲从之，心又不忍，乃往见王孙友人祁侯。祁侯与王孙书曰："王孙苦疾，仆迫从上祠雍，未得诣前。愿存精神，省思虑，进医药，厚自持。窃闻王孙先令裸葬，令死者亡知则已，若其有知，是戮尸地下，将裸见先人，窃为王孙不取也。且《孝经》曰'为之棺椁衣衾'，是亦圣人之遗制，何必区区独守所闻？愿王孙察焉。"王孙报曰："盖闻古之圣王，缘人情不忍其亲，故为制礼，今则越之，吾是以裸葬，将以矫世也。夫厚葬诚亡益于死者，而俗人竞以相高，靡财单币，腐之地下。或乃今日入而明日发，此真与暴骸于中野何异！且夫死者，终生之化，而物之归者也。归者得至，化者得变，是物各反其真也。反真冥冥，亡形亡声，乃合道情。夫饰外以华众，厚葬以隔真，使归者不得至，化者不得变，是使物各失其所也。且吾闻之，精神者天之有也，形骸者地之有也。精神离形，各归其真，故谓之鬼，鬼之为言归也。其尸块然独处，岂有知哉？裹以币帛，隔以棺椁，支体络束，口含玉石，欲化不得，郁为枯腊，千载之后，棺椁朽腐，乃得归土，就其真宅。由是言之，焉用久客！昔帝尧之葬也，窾木为椟，葛藟为缄，其穿下不乱泉，上不泄殪。故圣王生易尚，死易葬也。不加功于亡用，不损财于亡谓。今费财厚葬，留归隔至，死者不知，生者不得，是谓重惑。於戏！吾不为也。"祁侯曰："善。"遂裸葬。

只是，东汉赵咨"棺椁之造，自黄帝始"的说法，或者是他的夸大之辞；杨王孙"学黄、老之术"的背景，又说明崇尚薄葬之人应当受到了道家学说的影响，与儒、道对待丧葬之事的态度明确为之不同。

3.夏后氏尚黑，大事[1]敛用昏，戎事乘骊[2]，牲用玄。殷人尚白，大事敛用日中，戎事乘翰[3]，牲用白。周人尚赤，大事敛用日出，戎事乘骤[4]，牲用骍[5]。

【注释】

[1] 大事：死丧之事。同样的用法，又见于《乐记》"是故先王有大事，必有礼以哀之"。以此结合《左传·成公十三年》"国之大事，在祀与戎"的记载，则还可见丧葬、祭祀、战争乃夏、商、周三代公认的国家重大事项。与此呼应，《檀弓上》此处的"大事""戎事"和"牲"，实际即分别对应丧葬、战争和祭祀之事。

[2] 骊：音lí，深黑色的马。如《说文》曰："骊，马深黑色。从马，丽声。"

[3] 翰：白色的马。如郑玄注："翰，白色马也。"《周易·贲卦》又曰："白马翰如。"

[4] 骤：赤毛白腹的马。如《广韵》曰："骤，赤马白腹。"《诗经·大雅·大明》"牧野洋洋，檀车煌煌，驷骤彭彭"的说法，则还说明牧野之战中周人的兵车即是一车驾四匹骤马。

[5] 骍：赤色的牲口。如《尚书·周书·洛诰》有关周成王"祭岁，文王骍牛一，武王骍牛一"的记载，便证实周天子岁祭"先王"之礼正是使用"骍牛"作为牺牲。

【疏义】

此则论及"夏后氏"和"殷人""周人"崇尚不同色彩的观念，与其又影响到三代丧敛时间、战争用马和祭祀用牲的礼仪情况。具体来说，夏、商、周分别崇尚黑色、白色和赤色，而受此色彩取向的影响，夏后氏的丧事有着敛尸于日落黄昏之时的礼仪，战事有着驾乘黑色骊马的礼仪，祭事有着使用黑色牺牲的礼仪；殷人的丧事则又敛尸于日中正午之时，战事则又驾乘白色翰马，祭事则又选用白色的牺牲；周人的丧事则又敛尸于日出早晨之时，战事则又驾乘赤毛骤马，祭事则又选用赤色的牺牲。不过，牧野之战时周人兵车已然驾骤马的事实，又说明"周人尚赤"的观念早就存在于周王朝建立之前的"周人"之间，因而周代"尚赤"并表现于丧敛时间、战马、祭牲方面的选用之礼，事实应当是对周人先祖的传统色彩观念的一种继承。由此推之，则还可知"夏后氏尚黑"和"殷人尚白"的相关礼仪规定，也当同样源自他们的族群在建立王朝之前便已经存在的色彩崇尚风气。所以，夏后氏先祖"禹"、殷人先祖"契"、周人先祖"弃"在帝舜之时分别担任"司空""司徒"和"稷"之官职的情况，以及这三族自有虞氏至周王朝期间一直存在的事实，还意味着这"三代"对于黑、白、赤这"三色"的崇拜实际有着并存的现象，只是三代建立王朝之后又有将王族自身的族群文化凭借正统的统治地位而提升至官方礼制的高度而已。当然，夏后氏、殷人、周人本来各具特色的族群文化，在经过官方礼制化之后，势必也会具有更为广泛的受众。

而且，夏、商、周"三代""三族"的这种色彩取向，不仅可以呼应《明堂位》"有虞氏之旂，夏后氏之绥，殷之大白，周之大赤。夏后氏骆马黑鬣，殷人白马黑首，周人黄马蕃鬣。夏后氏牲尚黑，殷白牡，周骍刚"的说法，也还可以得到一些考古发现的验证。[①] 至于有虞氏之时始有设官分职的情况，则有《史记·五帝本纪》的相关记载可为说明：

> 尧老，使舜摄行天子政，巡狩。舜得举用事二十年，而尧使摄政。摄政八年而尧崩。三年丧毕，让丹朱，天下归舜。而禹、皋陶、契、后稷、伯夷、夔、龙、倕、益、彭祖自尧时而皆举用，未有分职。于是舜乃至于文祖，谋于四岳，辟四门，明通四方耳目，命十二牧论帝德，行厚德，远佞人，则蛮夷率服。舜谓四岳曰："有能

---

① 李炳海：《从殷人尚白到孔子的以素为本》，《齐鲁学刊》1991 年第 6 期；朱桢：《"殷人尚白"问题试证》，《殷都学刊》1995 年第 3 期；王悦勤：《中国史前"尚黑"观念源流试论》，《民族艺术》1996 年第 3 期；王悦勤：《中国史前彩陶饰纹"尚黑"之风的审美观照》，《民族艺术》1999 年第 3 期；赵清荣：《殷墟白陶"躯体纹"之我见》，《夏商周文明研究·九——甲骨学 110 年：回顾与展望 王宇信教授师友国际学术研讨会论文集中国殷商文化学会会议论文集》，中国社会科学出版社 2009 年版，第 400—405 页；叶舒宪：《羌人尚白与夏人尚黑——文化文本研究的四重证据法示例》，《文学人类学研究》2018 年第 1 期；易华：《周人尚赤中国红》，《社会科学战线》2022 年第 8 期。

奋庸美尧之事者，使居官相事？"皆曰："伯禹为司空，可美帝功。"
舜曰："嗟，然！禹，汝平水土，维是勉哉。"禹拜稽首，让于稷、
契与皋陶。舜曰："然，往矣。"舜曰："弃，黎民始饥，汝后稷播
时百谷。"舜曰："契，百姓不亲，五品不驯，汝为司徒，而敬敷五
教，在宽。"……舜曰："嗟！四岳，有能典朕三礼？"皆曰伯夷可。
舜曰："嗟！伯夷，以汝为秩宗，夙夜维敬，直哉维静絜。"伯夷让
夔、龙。舜曰："然。以夔为典乐，教稚子，直而温，宽而栗，刚而
毋虐，简而毋傲；诗言意，歌长言，声依永，律和声，八音能谐，
毋相夺伦，神人以和。"夔曰："于！予击石拊石，百兽率舞。"……
此二十二人咸成厥功：皋陶为大理，平，民各伏得其实；伯夷主礼，
上下咸让；垂主工师，百工致功；益主虞，山泽辟；弃主稷，百谷
时茂；契主司徒，百姓亲和；龙主宾客，远人至；十二牧行而九州
莫敢辟违；唯禹之功为大，披九山，通九泽，决九河，定九州，各
以其职来贡，不失厥宜。……四海之内咸戴帝舜之功。……天下明
德皆自虞帝始。

这其中，在帝舜所任命的中央官员"二十二人"之中，还包括典礼之
"伯夷"和典乐之"夔"的情况，以及此处"天下明德皆自虞帝始"的说法，
也正是与《礼记》的相关言论以礼乐之制发端于"有虞氏"时代的看法互为
呼应。

4. 大公封于营丘[1]，比及五世[2]，皆反葬于周[3]。君子曰[4]："乐，乐其
所自生。礼，不忘其本[5]。古之人有言曰：'狐死正丘首[6]。'仁也。"

【注释】

[1] 营丘：齐国太公受封的国都。如《史记·齐太公世家》记载："武
王已平商而王天下，封师尚父于齐营丘。东就国，道宿行迟。逆旅之人曰：
'吾闻时难得而易失。客寝甚安，殆非就国者也。'太公闻之，夜衣而行，犁
明至国。莱侯来伐，与之争营丘。营丘边莱。莱人，夷也，会纣之乱而周初

定，未能集远方，是以与太公争国。太公至国，修政，因其俗，简其礼，通商工之业，便鱼盐之利，而人民多归齐，齐为大国。及周成王少时，管蔡作乱，淮夷畔周，乃使召康公命太公曰：'东至海，西至河，南至穆陵，北至无棣，五侯九伯，实得征之。'齐由此得征伐，为大国。都营丘。"《周本纪》亦云："于是封功臣谋士，而师尚父为首封。封尚父于营丘，曰齐。"《晋书·文帝纪》又有言："吕尚，磻溪之渔者，一朝指麾，乃封营丘。"对于"营丘"的所在地，《齐太公世家》已说明其与"莱夷"之地相邻的情况，张守节正义又引《括地志》曰："营丘，在青州临淄北百步外城中。"《辞海》则解释说："营丘，古邑名。在今山东省淄博市临淄北，以营丘山而得名。周武王封吕尚于此，建都于此。后改名临淄。"

[2] 五世：齐国建国后的前五位国君。若依据《齐太公世家》有关"盖太公之卒百有余年，子丁公吕伋立。丁公卒，子乙公得立。乙公卒，子癸公慈母立。癸公卒，子哀公不辰立。哀公时，纪侯谮之周，周烹哀公而立其弟静，是为胡公。胡公徙都薄姑，而当周夷王之时"的世系记载，也即是齐国都于营丘之时的太公吕尚、丁公吕伋、乙公吕得、癸公吕慈母、哀公吕不辰这五位国君。同时，父、子相承的这五世齐国国君"皆反葬于周"的说法，又意味着周夷王之时"胡公徙都薄姑"之后的齐国国君便不再有反葬之事，而都应当葬于齐国国内。

[3] 周：西周王室的都城镐京。倘若齐国前五世国君果真"皆反葬于周"，则此"周"所代指的显然是相对于"齐"而言的"周王室"，具体则又应当是王畿内都城某处的"公墓"。至于这五位齐国国君"皆反葬于周"的原因，由《齐太公世家》有关齐国自齐太公始便接受周成王使臣召康公赐命而享有征伐诸侯之军事权力的记载，结合《尚书·周书·顾命》有关太保召公奭在周成王四月乙丑崩后"命仲桓、南宫毛俾爰齐侯吕伋，以二干戈、虎贲百人逆子钊于南门之外"的记载，以及《史记·楚世家》"熊绎当周成王之时，举文、武勤劳之后嗣，而封熊绎於楚蛮，封以子男之田，姓芈氏，居丹阳。楚子熊绎与鲁公伯禽、卫康叔子牟、晋侯燮、齐太公子吕伋俱事成王"的记载，则可推知或与他们在周王室存在任职的情况相关。不过，值得注意的

是，齐君五世反葬周王畿而非葬于所都之营丘的这种说法虽然流传了下来，但目前却还不能验证于有关齐国的考古发现。①

[4] 君子曰：引出符合儒学理念的一种评语形式。自《左传》之中开始用作发表评论的通例性用语，后在《史记》《大戴礼记》等汉人文献中也多被继承性运用。

[5] 不忘其本：不忘本源，是制定礼仪所用的一种原则。这种礼仪原则，还明确运用于社祭之礼的制定，如《郊特牲》即云："唯社，丘乘共粢盛，所以报本反始也。"

[6] 狐死正丘首：指狐狸死时头会正对山丘的一种状态，并用作比喻"不忘其本"的精神。此处将其纳为"古之人有言"的范畴，又说明"狐死正丘首"的说法乃是古人的习惯用语。与此呼应，《楚辞·九章·哀郢》还有"鸟飞反故乡兮，狐死必首丘"的说法，而现今"狐死首丘"的成语可查的最早使用之例，也即是战国时期楚国屈原的此诗。而且，"君子"对于齐君五世"皆反葬于周"的做法符合"仁"道和礼乐重视本源的评价，显然又运用的是儒学的理念。

【疏义】

此则论及齐国受封以来的西周五世齐君的特殊"反葬"情况，认为包括齐太公在内的前五世齐君皆有着返归周王室安葬而并非葬于封地营丘的事实。而且，这种"反葬"的做法，实际还被传为美谈，并成为儒者所歌颂

---

① 王恩田：《高青陈庄西周遗址与齐都营丘》，《管子学刊》2010 年第 3 期；方辉：《高青陈庄铜器铭文与城址性质考》，《管子学刊》2010 年第 3 期；王树明：《山东省高青县陈庄西周城址周人设防薄姑说——也谈齐都营丘的地望与姜姓丰国》，《管子学刊》2010 年第 4 期；李学勤：《论高青陈庄器铭"文祖甲齐公"》，《东岳论丛》2010 年第 10 期；高明奎等：《山东高青县陈庄西周遗存发掘简报》，《考古》2011 年第 2 期；王恩田：《申簋考释——兼说高青陈庄齐国公室墓地的年代与墓主》，山东省文物考古研究所编《海岱考古》（第四辑），科学出版社 2011 年，第 389—394 页；吕茂东：《解读高青县陈庄西周遗址》，《管子学刊》2011 年第 4 期；王戎：《陈庄西周遗址与齐国西周史的几个问题》，《管子学刊》2014 年第 3 期；王恩田：《高青陈庄重大考古发现补证与答疑——高青新出申簋释读商榷》，《管子学刊》2015 年第 3 期；高连家等：《探寻——太公望安息之地》，《春秋》2020 年第 5 期。

的不忘本源的典型仁道之举。至于礼仪对于"狐死首丘"的效仿和"报本反始"的运用，则还突出表现于客死外邦他乡之人的"归葬"之礼。比如，《史记·管蔡世家》所载"（曹）悼公八年，宋景公立。九年，悼公朝于宋，宋囚之；曹立其弟野，是为声公。悼公死于宋，归葬"的事例，即证明国君若是死亡于其他邦国，则必以"归葬"才算作有礼的情况。当然，这也是今人仍以"落叶归根"的意识而追求"返葬故乡"的思想渊源。此外，齐国的前五位国君自第五位齐哀公开始才使用谥号的情况，及其之前的三位先君依次使用"丁""乙""癸"作为称号的现象，既反映了谥号制度推行于诸侯国的时间相较于周王室要晚又说明了齐国国君晚用谥号的原因应该与齐太公就国之后面对莱夷争国、东夷族聚居的国情所制定的"因其俗，简其礼"的国策有关。同时，周夷王采信纪侯谮言烹杀齐哀公并改命其弟胡公静的做法，又不仅反映了西周王室在当时所仍然具有的权威性，而事实也影响了此后周王室与诸侯国关系的发展走向。

5.舜葬于苍梧之野[1]，盖三妃[2]未之从也。季武子曰："周公盖祔[3]。"

【注释】

[1] 苍梧之野：传说中帝舜的死亡和埋葬之地。如《史记·五帝本纪》记载："舜年二十以孝闻，年三十尧举之，年五十摄行天子事，年五十八尧崩，年六十一代尧践帝位。践帝位三十九年，南巡狩，崩于苍梧之野。葬于江南九疑，是为零陵。"《列女传·母仪传·有虞二妃》亦云："有虞二妃者，帝尧之二女也。长娥皇，次女英。……舜陟方，死于苍梧，号曰重华。二妃死于江湘之间，俗谓之湘君。"

[2] 三妃：娥皇、女英和登比氏（或作"登北氏"）。这其中，又以身为"帝尧之二女"的前二妃为人所熟知，上举《列女传》的说法即是证明。有关第三妃的存在，则见于《山海经·海内北经》"舜妻登比氏生宵明、烛光，处河大泽，二女之灵能照此所方百里，一曰登北氏"的说法，以及《太平御览》卷八一所引《帝王世纪》"元妃娥皇无子，次妃女英生商均，次妃登北氏生二女：宵明、烛光，有庶子八人，皆不肖"的记载。综合来看，则帝舜的

这位第三妃，还育有"宵明""烛光"二女。

[3] 祔：夫妇合葬。此处先言"舜葬于苍梧之野，盖三妃未之从也"的情况，后提季武子"周公盖祔"之说的表述方式，即对比说明了"祔"为"合葬"的含义和季武子所说周公开创合葬之礼的情况。

【疏义】

此则论及夫妇合葬之礼的开创。季武子"周公盖祔"的说法，又明显与上举《檀弓上》所载季武子"合葬，非古也，自周公以来未之有改也"的说法相符合，并有帝舜之"三妃"都未从舜而"葬于苍梧之野"的事实可为比较。同时，季武子执政鲁国与季氏本就源出鲁国公室且也为周公后裔的情况，还说明季武子认为"周公"开创合葬之礼的这种说法又应当真实可靠，因而夫妇合葬之礼乃"周公之制"应当无疑。这种礼制在周代被广泛实行的情况，则又正是已有前举孔子葬母于父之防墓、杜氏葬母于季武子新寝西阶下和齐景公允准逢于何、盆成适将母亲与父亲合葬在其路寝下的事例可以为证。尤其是，这些事例被记载下来的原因，又与他们都有特殊情况直接相关，这就说明绝大多数正常的合葬之事并不会有机会得见于文献。而且，孔子母亲颜徵在并非其父正妻的身份和孔子将母亲合葬于其父的安排，还说明这种礼仪以"夫"为核心，合葬于丈夫的女性，则不仅可以是"妻"，也可以是"妾"。至于合葬涉及的其他礼仪，《丧服小记》"祔葬者不筮宅"的说法，即说明合葬并不占筮后死者埋葬的兆域；《孔子家语·曲礼公西赤问》所载"孔子之母既丧，将合葬焉，曰：'古者不祔葬，为不忍先死者之复见也。《诗》云：死则同穴。自周公已来祔葬矣。故卫人之祔也，离之，有以闻焉；鲁人之祔也，合之，美夫，吾从鲁。'遂合葬于防"的情况，又说明孔子也明确表示过"自周公已来祔葬矣"的礼制事实，以及周公的"祔葬"之礼即是具有配偶关系的男女"合葬"之礼并具体为"死则同穴"之方式。

与此呼应，后人谈论合葬之礼的时候，实际也多有引用季武子和孔子的这些相关说法。比如，《汉书·哀帝纪》记载：

六月庚申，帝太后丁氏崩。上曰："朕闻夫妇一体。《诗》云：'谷则异室，死则同穴。'昔季武子成寝，杜氏之殡在西阶下，请合葬而许之。附葬之礼，自周兴焉。'郁郁乎文哉！吾从周。'孝子事亡如事存。帝太后宜起陵恭皇之园。"遂葬定陶。发陈留、济阴近郡国五万人穿复土。

宋人高承《事物纪原·吉凶典制部·合葬》又云：

《礼记》曰：《檀弓》云"季武子曰：合葬非古也，自周公以来未之有改。"又云："舜葬苍梧之野，盖二妃未之从也。"注谓："古不合葬。"又"季武子曰：周公盖附。"注云："附谓合葬。合葬自周公以来，是则周公初制此礼也。故周桓王之诗曰：'死则同穴。'"

比较可见，上举汉哀帝之说与宋人高承对于"合葬"的解释，即是都有杂糅《礼记》《孔子家语》所载季武子、孔子说法的情况。

不仅如此，孔子"古者不祔葬，为不忍先死者之复见也"的解释，本身也即证明了周公所制的祔葬之礼乃《诗·王风·大车》"死则同穴"的方式；孔子"卫人之祔也，离之，有以闻焉；鲁人之祔也，合之，美夫，吾从鲁"的说法，则反映了周代卫、鲁二国的祔葬做法有着"离之"和"合之"的不同，且反映了孔子明确赞同鲁国"合之"的态度。进一步来说，孔子所赞同的、鲁国所实行的祔葬之礼，采用的是周公所制定的周人"死则同穴"的方式。至于卫国所存在的"离之"类型的祔葬做法，则应当与卫国受封于殷商故地而有殷遗民聚居的情况有关，是殷遗民对殷人旧有的祔葬之俗的延续，因而卫、鲁祔葬的不同方式实则源于殷人、周人之礼的差异。对于商、周两代祔葬之礼的这种分别，也可以验证于考古发现的合葬墓存在"同穴"和"异穴"两种类型的情况。只是，殷人虽然应当已经形成异穴合葬之礼，但其"礼"应当还仅是"礼俗"的阶段，而还并未上升至"礼制"的高度，若论"祔葬"礼制的正式开创，则仍然应当从"周公"的率先制定算起。与此呼应，比较考古已发现的商周墓葬，可以发现在商代已经确有夫妻合葬墓的同时，其数量却是明显少于周代的合葬墓。比如，以目前可以确定的商周合葬墓来说，商代有 21 对，西周有 41 对，东周至少有 200 对。商代极少见夫妻合葬墓，但周代的贵族墓、平民墓却都流行着夫妻合葬的方式，所发现的周代合葬墓则总体分布广泛而又集中于河南、湖北等省份，类型则又分为异性同穴合葬墓和异性异穴并葬墓、同性异穴并葬墓三类，并以异性异穴并葬墓的形式最为多见。①

　　而且，虽然《檀弓上》此处借由帝舜之三妃都未从其而葬的事实，说明了有虞氏阶段没有合葬之礼的情况，但考古发现的史前龙山时代的男、女合葬之墓的例证，也提示考古发现与历史个例、群体礼俗和朝代礼制之间的关系需要辨别。总之，某个群体内部一定时期自发形成的某种"礼俗"，并非一定会发展成为朝代自上而达于下的"礼制"；新王朝"礼制"的规定，也并非就会一扫先前存在的地方或族群礼俗和朝代礼制，因而考古发现与文献记载的同异关系也并不应当以简单比较而做出判断。以夫妇合葬之礼的正式形成自周公开创的文献说法为例，其所具有的历史真实性，即并不应当为周代之前的合葬墓的发现所直接否定。当然，后代统治阶层在继承前代合葬之礼的同时，也有出现个别例外的情况。这也即，在西汉丁太后从其夫而葬于"定陶"的同类事例外，也有不合葬于丈夫的汉平帝皇后，比如《文选·潘安仁〈西征赋〉》有云：

　　　　瞰康园之孤坟，悲平后之专絜。殃厥父之篡逆，蒙汉耻而不雪。
　　激义诚而引决，赴丹焰以明节。投宫火而焦糜，从灰烬而俱灭。

　　李善则注："《汉书》曰：'平帝葬康陵。'又曰：'孝平王皇后，莽女也。及汉兵诛莽，燔烧未央宫，后曰：何面目以见汉家！自投火中而死。后不合

---

① 孟宪武：《试析殷墟墓地"异穴并葬"墓的性质——附论殷商社会的婚姻形态》，《华夏考古》1993 年第 1 期；周剑：《商周合葬墓研究》，郑州大学 2018 年博士论文。

葬，故曰孤坟。'"可见汉平帝王皇后因自觉无颜面对汉室皇家而选择了投火自杀，且死后未随葬汉平帝于康陵，她的墓葬也因而被称之为"孤坟"。

此外，虽然上举的相关文献说明了"祔葬"为男女"合葬"的含义与"祔"又或者作"附"的写法，但"祔葬"（或写作"附葬"）实际还另有指代"陪葬"的用法。对此情况的存在，又可参照《周礼·春官·冢人》的记载观之。而且，这种陪葬之礼也同样传承到了后代，并有臣子陪葬帝陵的诸多事例可证。比如，《后汉书·杨秉传》记载：杨秉死后被"赐茔陪陵"。《三国志·魏志·武帝纪》记载东汉献帝建安二十三年六月，曹操曾令曰："古之葬者，必居瘠薄之地。其规西门豹祠西原上为寿陵，因高为基，不封不树。《周礼·冢人》'掌公墓之地，凡诸侯居左右以前，卿大夫居后。'汉制亦谓之陪陵，其公卿大臣列将有功者，宜陪寿陵，其广为兆域，使足相容。"《魏书·神元平文诸帝子孙列传》则还记载汉化后的北魏政权有"江夏公，吕太祖族弟也。从世祖平凉州有功，封江夏公，位外都大官，委以朝政，大见尊重。卒，赠江夏王，陪葬金陵"的事例。综合来看，季武子"合葬，非古也，自周公以来未之有改也"和"周公盖祔"的说法，以及孔子"自周公已来祔葬矣"的说法，可以证明周公以来才正式有妇人附从丈夫埋葬的"合葬"之礼，且周代的附葬实际也还存在臣下"陪葬"天子、国君等不同类型。

6.孔子蚤作[1]，负手[2]曳杖[3]，消摇[4]于门，歌曰："泰山其颓乎？梁木其坏乎？哲人其萎乎？"[5]既歌而入，当户[6]而坐。子贡闻之，曰："泰山其颓，则吾将安仰？梁木其坏，哲人其萎，则吾将安放？夫子殆将病也。"遂趋[7]而入。夫子曰："赐！尔来何迟也？夏后氏殡于东阶之上，则犹在阼也；殷人殡于两楹之间，则与宾主夹之也；周人殡于西阶之上，则犹宾之也。[8]而丘也，殷人也。[9]予畴昔之夜，梦坐奠于两楹之间。[10]夫明王不兴，而天下其孰能宗予？予殆将死也。[11]"盖寝疾七日而没。[12]

【注释】

[1]蚤作：早起，"蚤"通"早"。常与"夜寐"或"晚寝"组成习惯用

语。如《管子·弟子职》曰："少者之事，夜寐蚤作，既拚盥漱，执事有恪。"《后汉书·列女传·曹世叔妻》记载："晚寝早作，勿惮夙夜。"

[2] 负手：双手反交于背后。

[3] 曳杖：托着手杖。

[4] 消摇：即"逍遥"，指悠闲自得的样貌，"消"通"逍"。

[5] 颓：崩塌。萎：病重不愈。孔子背手所言的这三句之歌，因着子贡闻后"夫子殆将病也"的预言，以及孔子对子贡据自己梦境所言"予殆将死也"的预言和他最终"寝疾七日而没"的情况，故又被后人称之为"负手之歌"，并用以指代那些临终之前的咏歌。

[6] 当户：对着门户。

[7] 趋：快步地走。如《释名》曰："疾行曰趋。"《少仪》云："小子走而不趋。"

[8] 两楹：堂屋前部堂上的两根东西对立的直柱。两楹之间又当房屋的正中所在，是一些重要礼仪的举行之处。如《说文》曰："楹，柱也。"《投壶》又云："已拜，受矢，进即两楹间。退反位，揖宾就筵。"《公羊传·定公元年》则还说："正棺于两楹之间，然后即位。"

[9] 殷人：殷人后裔。孔子先祖弗父何、正考父、孔防叔出于宋国公室，因而也就是殷人后裔，故孔子又自称"殷人"。如《史记·孔子世家》即记载："孔子生鲁昌平乡陬邑。其先宋人也，曰孔防叔。防叔生伯夏，伯夏生叔梁纥。纥与颜氏女野合而生孔子，祷于尼丘得孔子。鲁襄公二十二年而孔子生。生而首上圩顶，故因名曰丘云。字仲尼，姓孔氏。……孔子年十七，鲁大夫孟釐子病且死，诫其嗣懿子曰：'孔丘，圣人之后，灭于宋。其祖弗父何始有宋而嗣让厉公。及正考父佐戴、武、宣公，三命兹益恭，……吾闻圣人之后，虽不当世，必有达者。今孔丘年少好礼，其达者欤？吾即没，若必师之。'及釐子卒，懿子与鲁人南宫敬叔往学礼焉。"

[10] 畴昔：日前。坐奠：坐享奠祭。奠，为初死者置放酒食等祭品以行祭奠的奠祭仪式。《说文》曰："奠，置祭也。"

[11] 明王：圣明的君王。如《左传·宣公十二年》记载："古者明王伐不

敬。"宗予：尊我。殆：大概、恐怕、也许，表推测。

[12] 盖：大约。寝疾：卧病，今日民间俗称"倒床"。

【疏义】

此则论及孔子寝疾殁世之前曾提到的夏后氏、殷人、周人殡礼停灵之所的不同。具体而言，夏、商、周分别以殡于"东阶之上"、"两楹之间"和"西阶之上"为礼。这也即，三代对待初死者，存在殡于主人之位、宾主之间和宾客之位的不同礼仪，并表现出日益渐远的变化趋势。至于这其中缘由，《坊记》所载子云"宾礼每进以让，丧礼每加以远。浴于中溜，饭于牖下，小敛于户内，大敛于阼，殡于客位，祖于庭，葬于墓，所以示远也"的周礼要义，即说明了丧礼仪式的制定原则便是"每加以远"而以示生死之别，因而周礼若要在"殷人殡于两楹之间"的基础上再发展，则也只能是比"两楹之间"稍远一些的"西阶之上"。因此，由三代殡所的这种变化趋势，即可窥见三代之礼是在原有礼制基础之上再发展的情况。当然，这种情况也符合前举葬具使用之礼的发展规律，并一道提示着对于三代礼制的研究不能一味强调周礼的原则。而且，《檀弓上》记载子游又有"饭于牖下，小敛于户内，大敛于阼，殡于客位，祖于庭，葬于墓，所以即远也。故丧事有进而无退"之说法的情况，还意味着《坊记》所载的孔子之说曾经有教于子游并为之继承。

同时，作为殷人、宋人后裔的孔子"梦坐奠于两楹之间"的事实，又可验证这种安排属于"殷礼"的情况，并说明殷礼在殷王朝覆灭之后的周代社会仍然存在部分礼仪被宋国继承和殷人后裔使用的可能性。与此呼应，孔子之丧的"饰棺"安排，事实上，也融合了夏、商、周三代之礼。因为孔子"梦坐奠于两楹之间"的这则典故，后世则还有以"两楹"指代棺柩停放和奠祭举行场所的用法，"两楹梦"则也被用以指代孔子死亡之事和人之将终的预兆。孔子以"夫明王不兴，而天下其孰能宗予"的感慨来预言自己将死的方式，无疑也透露出了他对自己复兴周礼的政治文化主张未能得以实现的遗憾。此外，对于周礼兼采有虞氏、夏后氏、殷人之礼并融入自有族群文化的形成方式，以及周王朝建立后并没有消灭前代礼制而是允许部分保留的策

先秦礼制文献讲疏

略，《仪礼》有关士丧礼的参与人员包括"夏祝""商祝"的记载即不失为一种佐证。所以，时代"礼制"和"礼俗"的关系复杂，考察三代之礼的实际施行情况，不应当仅局限于王朝所在的当代，还可以上溯到王朝建立者在前代的族群或地方势力范围，去寻找其渊源，并可以下探至王朝后裔所存在的时代，去发现其孑遗。

7.孔子之丧，公西赤[1]为志[2]焉。饰棺[3]，墙、置翣，设披，周也[4]；设崇，殷也[5]；绸练设旐，夏也[6]。

【注释】

[1] 公西赤：字子华，又称公西华，孔子七十二弟子之一，春秋晚期鲁国人，比孔子少42岁，有"使齐"之事见载于文献。如《史记·仲尼弟子列传》记载："公西赤字子华。少孔子四十二岁。子华使于齐，冉有为其母请粟。孔子曰：'与之釜。'请益，曰：'与之庾。'冉子与之粟五秉。孔子曰：'赤之适齐也，乘肥马，衣轻裘。吾闻君子周急不继富。'"而《史记》有关他"使齐"之事的记载，又当采自《论语·雍也篇》所云："子华使于齐，冉子为其母请粟。子曰：'与之釜。'请益。曰：'与之庾。'冉子与之粟五秉。子曰：'赤之适齐也，乘肥马，衣轻裘。吾闻之也：君子周急不继富。'"至于他可以作为使臣出使齐国和"为志"孔子之丧的原因，则应当与他熟悉外交和丧祭礼仪的才能有着直接关联。

比如，在《论语·先进篇》所载"子路、曾皙、冉有、公西华侍坐"的事件中，对于孔子"以吾一日长乎尔，毋吾以也。居则曰：'不吾知也。'如或知尔，则何以哉"的提问，公西赤曾第三个回答说"非曰能之，愿学焉。宗庙之事，如会同，端章甫，愿为小相焉"，而孔子对其所言之志又点评道："宗庙会同，非诸侯而何？赤也为之小，孰能为之大？"可见公西赤正是擅长宗庙丧祭之事和诸侯会盟及朝觐天子之事的礼仪，并曾以成为相应事情的司仪为志向。又如，在《公冶长篇》所载"孟武伯问仁"的事件中，孔子对孟武伯问公西赤"仁乎"的提问，又回答说："赤也，束带立于朝，可使与宾客言也，不知其仁也。"可见孔子虽然认为公西赤其人尚不及"仁"的高度，但他却具有相礼于国家重要场合的实际能力。概括言之，公西赤擅长的礼仪，包括：与宗庙有关的丧葬祭祀之礼，以及与国政有关的朝堂宾客之礼和外交出使之礼，他能够"为志"孔子之丧的原因即在于他通晓丧礼的事实。

[2] 为志：相礼，赞相礼仪。对此含义，由"公西赤为志焉"的后续所接事项和"子张之丧，公明仪为志焉"的同类安排，实则可以明见。但是，今人多以"志"有记载、记录的含义，而将"为志"错误地理解为"撰写墓志铭"。而且，周人重要场合需有专门相礼人员的礼仪，文献记载也多保留有实例可证。比如，郭璞注《穆天子传》卷六，便指明"宾侯"即"傧相"；《国语·楚语上》又记载"问谁相礼，则华元、驷騑"；《左传·昭公七年》又记载"公如楚，郑伯劳于师之梁。孟僖子为介，不能相仪"。这些事例说明"宾侯""傧相"和公西赤所言的"相"，正是皆为相礼人员的称谓，且国卿又常为诸侯的傧相、诸侯国使臣的副使又常为正使的傧相，周王室则还有专门的傧相之官。与此呼应，《周礼·秋官》还记载有"司仪"之官，其职责即是"掌九仪之宾客傧相之礼，以诏仪容辞令揖让之节"。郑玄注又有解释说："出接宾曰傧，入赞礼曰相。"可见作为相礼人员的"傧相"，又可写作"摈相"，并本于其替主人出门户接引宾客和主持安排相关仪式的职责而称。同时，本于这种赞相礼仪的职责，这类人员还被称作"礼相""赞者""相者"。如《内则》曰："观于祭祀，纳酒浆笾豆菹醢，礼相助奠。"《仪礼·士冠礼》又云："宾如主人服，赞者玄端从之，立于外门之外。"《杂记下》又云："世柳之母死，相者由左。世柳死，其徒由右相。由右相，世柳之徒为之也。"具体以备受周人重视的丧礼来说，则正是依礼当有专门的相礼之人，《檀弓上》特别记载的"杜桥之母之丧，宫中无相，以为沽也"的事例，即是证明。

[3] 饰棺：装饰棺柩。墙、翣、披、崇、练、旐，也即公西赤为孔子棺柩所设置的装饰。只是，这些装饰礼仪又分别源自夏、商、周三代，而并非都是周人的开创。以前举《檀弓上》"有虞氏瓦棺，夏后氏堲周，殷人棺椁，周人墙、置翣"的说法，比较此处"饰棺，墙、置翣，设披，周也"的记录，可见周礼的饰棺之仪正是包括"墙""翣"在内，并还有"设披"的礼仪。而

且，此处"设崇，殷也；绸练设旐，夏也"的说法，又说明夏、商两代实际也有饰棺之礼。《丧大记》有关"饰棺"有如下详细说法：

饰棺，君龙帷，三池，振容，黼荒，火三列，黼三列，素锦褚，加伪荒，纁纽六，齐五采，五贝，黼翣二，黻翣二，画翣二，皆戴圭，鱼跃拂池。君纁戴六，纁披六。大夫画帷，二池，不振容，画荒火三列，黻三列，素锦褚，纁纽二，玄纽二，齐三采，三贝，黻翣二，画翣二，皆戴绥，鱼跃拂池。大夫戴，前纁后玄，披亦如之。士布帷，布荒，一池，揄绞，纁纽二，缁纽二。齐三采一贝，画翣二，皆戴绥。士戴，前纁后缁，二披用纁。

这又说明属于周礼范畴的棺饰，除去"墙"（帷荒）、"翣"、"披"之外，还有"戴"等其他礼仪性用物，并存在相应的等级之差，而公西赤为孔子棺椁设置"墙""翣"的安排，即是周礼有别于夏、商之礼的代表性饰棺做法。

[4] 披：出殡时系在棺椁之上用以引棺的绳带。椁车行进时使人夹椁车分执于两侧，以防止棺椁倾覆。如郑玄注此即曰："披，椁行夹引棺者。"孔颖达则进一步疏义云："设之于旁，所以备倾亏也。"又如，《仪礼·既夕礼》有关士丧出殡之礼"商祝执功布以御椁。执披。主人袒。乃行"和"执披者，旁四人"的说法，郑玄注曰："披络柳棺上，贯结于戴，人居旁牵之，以备倾。""前后左右各二人。"贾公彦疏又云："'前后左右各二人'者，谓前之左右、后之左右，则一旁四人，两旁则八人，上经郑注云备倾亏也。"再如，《周礼·夏官·司士》还有"大丧，作士掌事，作六军之士执披"的说法，郑玄注又曰："作，谓使之也。披，椁车行所以披持棺者。有纽以结之，谓之戴。郑司农云：披者，扶持棺险者也，天子旁十二，诸侯旁八，大夫六，士四。"贾公彦疏又解释说："披者，车两旁使人持之，若四马六辔然。"综合观之，则"披"系于"墙"外，并旁分于两侧由会葬之人牵引，是仿效生时驾车出行之礼所设的饰棺之仪，士丧牵引"披"的人数又当是两旁各四

人，共计八人，天子之丧则由"六军之士执披"。而且，对应"披"的这种用法，它实际又被称为"引"或"绋"（或写作"綍"），因而文献相应又有"执引""执绋"或"引绋"的记录。比如，郑玄注《仪礼·既夕礼》"属引"，即曰："属，犹著也。引，所以引柩车，在轴輴曰绋。古者，人引柩。"《檀弓下》又有"吊于葬者必执引，若从柩及圹皆执绋"的说法。《曲礼上》又有"助葬必执绋"的说法，郑玄则又注曰："葬，丧之大事。绋，引车索。"

[5] 崇：旁侧边缘为崇牙状的旌旗，又称"牙旗"。如孔颖达《疏》即解释说："旌旗之旁，刻缯为崇牙。殷必以崇牙为饰者，殷汤以武受命，恒以牙为饰。"而这也说明殷礼以牙旗插在柩车上以为装饰的礼仪，乃是效仿殷人开国之君商汤战车"恒以牙为饰"的做法。只是，以《吕氏春秋·仲夏纪·古乐》"商人服象，为虐于东夷。周公遂以师逐之，至于江南。乃为《三象》，以嘉其德"的说法，结合薛综注《文选·张衡〈东京赋〉》"戈矛若林，牙旗缤纷"所言"若林，言多也。缤纷，风吹貌。兵书曰：牙旗者，将军之旌。谓古者天子出，建大牙旗，竿上以象牙饰之，故云牙旗"的说法，还可知"牙旗"又有将军的牙旗和天子的"大牙旗"之分，"大牙旗"不同于将军牙旗的地方，也即在于旗杆上还有"象牙"为饰。而且，能够呼应此处"设崇，殷也"之说法的，还有《明堂位》"有虞氏之绥，夏后氏之绸练，殷之崇牙，周之璧翣"的说法。

[6] 旐：音zhào，旐旌，又称"斿旐"或"龟旐"，即纹饰有龟蛇游走之象的旗帜。如《后汉书·舆服志上》即记载："至奚仲为夏车正，建其斿旐，尊卑上下各有等级"；"龟旐四斿，四仞齐首，以象营室"。结合可见，"斿旐"对应的也就是纹饰有"龟旐四斿"图像的旌旗。只是，旗面上纹饰的对象，又不仅是"龟"，而还有"蛇"。如《周礼·春官·司常》曰："龟蛇为旐"，郑玄注："龟蛇，象其扞难避害也"。《释名》也云："龟蛇为旐。旐，兆也。龟知气兆之吉凶，建之于后，察度事宜之形兆也。"同时，这种旐旗虽然确实起源于夏时，但又并非仅是夏时才使用，孔子之丧公西赤为之饰棺"设旐"的事实即是证明。至于"旐"的颜色，既然明确使用的是夏礼，由前举"夏后氏尚黑，大事敛用昏，戎事乘骊，牲用玄"的说法，即可知旐旌

应当是黑色的缁布所制，而郑玄注"旌之旒，缁布广充幅，长寻曰旃"的解释和《尔雅·释天》"缁广充幅，长寻曰旃"的释义也与此相合。而且，若以此处"设崇，殷也"的说法，结合"殷人尚白，大事敛用日中，戎事乘翰，牲用白"的殷礼，又可知孔子枢车上插的"崇牙旗"又当相应是"白色"。此处"绸练，设旃，夏也"的说法，则还意味着装饰于孔子枢车上的这面"龟旃旗"，除旗面为黑色外，旗杆又缠绕有"素锦"，也即白绸。

【疏义】

此则论及孔子之丧在公西赤的相礼之下有兼用夏、商、周三代饰棺之仪的情况。具体也即，孔子棺枢有使用周礼装饰"墙、翣、披"的情况，其枢车则有使用殷礼、夏礼而分别装饰"崇"和"练旃"的情况。至于公西赤为孔子"饰棺"而兼采夏、商、周三代之礼的用意，孔颖达《疏》的解释可以参考，其言：

> 孔子之丧，公西赤以饰棺荣夫子，故为盛礼，备三王之法，以章明志识焉。于是以素为褚，褚外加墙，车边置翣，恐枢车倾亏，而以绳左右维持之，此皆周之法也。其送葬乘车所建旌旗，刻缯为崇牙之饰，此则殷法。又韬盛旌旗之竿以素锦，于杠首设长寻之旃，此则夏礼也。既尊崇夫子，故兼用三代之饰也。

而且，三代旌旗之礼既然存在而又有所不同，也就意味着周人有关这三代各自有"礼"存在的说法明确属实。此外，旃旗插于枢车的这种饰棺之礼，后来还被运用于表扬皇后的德行，如《曹子建集·卞太后诔》"敢扬后德，表之旃旌；光垂罔极，以慰我情"的说法便是证明。

8. 子张[1]之丧，公明仪[2]为志焉；褚幕丹质，蚁结于四隅[3]，殷士也[4]。

【注释】

[1] 子张：即颛孙师，孔子弟子，少孔子48岁，春秋晚期陈国人，出身

微贱，有"问干禄""问行""问士达""问交""问政""问崇德辨惑"等事迹流传，曾开学授徒，并开创了儒家八派之一的"子张之儒"。如《史记·仲尼弟子列传》记载：

颛孙师，陈人，字子张。少孔子四十八岁。子张问干禄，孔子曰："多闻阙疑，慎言其馀，则寡尤；多见阙殆，慎行其馀，则寡悔。言寡尤，行寡悔，禄在其中矣。"他日从在陈蔡间，困，问行。孔子曰："言忠信，行笃敬，虽蛮貊之国行也；言不忠信，行不笃敬，虽州里行乎哉！立则见其参於前也，在舆则见其倚於衡，夫然後行。"子张书诸绅。子张问："士何如斯可谓之达矣？"孔子曰："何哉，尔所谓达者？"子张对曰："在国必闻，在家必闻。"孔子曰："是闻也，非达也。夫达者，质直而好义，察言而观色，虑以下人，在国及家必达。夫闻也者，色取仁而行违，居之不疑，在国及家必闻。"

《儒林列传》又记载："自孔子卒后，七十子之徒散游诸侯……子张居陈，澹台子羽居楚，子夏居西河。"而且，子张授徒传播儒学的影响应当很大，《韩非子·显学》儒分八派的说法，即将"子张氏之儒"列于首位。与此呼应，《论语》之中还多有提到子张的事迹。如《先进篇》记载，孔子评价说"柴也愚，参也鲁，师也辟，由也喭"；"子贡问：'师与商也孰贤？'子曰：'师也过，商也不及。'曰：'然则师愈与？'子曰：'过犹不及。'"

[2] 公明仪：子张弟子。今人又多有依据《祭义》所载"公明仪问于曾子曰：'夫子可以为孝乎'"的事情，而认为公明仪也同时是曾子弟子。但曾子、子张及两派之儒的看法存在矛盾的情况，以及公明仪为子张之丧和子张父丧都有相礼的事实，则说明公明仪应当只能算作子张弟子，他向曾子"问孝"也仅是一次请教学问的事情。如《孔子家语·曲礼子贡问》即记载："子张有父之丧，公明仪相焉，问启颡于孔子。孔子曰：'拜而后启颡，颓乎其顺，启颡而后拜，颀乎其至也。三年之丧，吾从其至也。'"当然，这也明示了"子张之丧，公明仪为志焉"的"为志"，正是"子张有父之丧，公明仪相焉"之"相"的含义。而且，公明仪"问启颡于孔子"的事例，也证明这类

请教事例的存在，并不能作为问、答二人之间就存在师徒关系的判定依据。

[3] 褚幕丹质：朱红色质地的覆棺布，覆盖在棺柩之上，也是饰棺的方式之一。如郑玄注："以丹布幕为褚，葬覆棺，不墙不翣。"孔颖达疏："'褚幕丹质'者，褚谓覆棺之物。若大夫以上，其形似幄，士则无褚。今公明仪尊敬其师，故特为褚，不得为幄，但似幕形，故云褚幕以丹质之布而为之也。"而且，就"丹质"来说，其颜色又浅于赤色。如《仪礼·乡射礼》曰："凡侯：天子，熊侯，白质；诸侯，麋侯，赤质；大夫，布侯，画以虎豹；士，布侯，画以鹿豕。凡画者，丹质。"郑玄注："宾射之侯，燕射之侯，皆画云气于侧以为饰，必先以丹采其地。丹，浅于赤。"同时，用以覆盖棺柩的幕布，还有"蚁结于四隅"的纹饰，具体也即幕布的四角绘有形如蚁群往来交错的花纹。如郑玄即注曰："画褚之四角，其文如蚁行，往来相交错。蚁，蚍蜉也。殷之蚁结，似今蛇文画。"

[4] 殷士：殷人士丧之礼。这应当对应子张在周时虽没有做官却又相当于"士"的身份，以及"公明仪尊敬其师"故而权变加诸殷士之饰棺礼仪的情况。

【疏义】

此则论及公明仪相礼子张之丧而以殷人之礼为之安排有覆棺布以为饰棺的事情。而且，这则弟子为师丧相礼的事例，与公西赤为孔子之丧相礼的事例，又正是可以互为比较，并说明孔子之丧的饰棺规格远在子张丧事安排之上的情况，以及儒师之丧存在弟子为之相礼的现象。同时，孔子、子张师徒之丧的棺饰，虽然都有采用殷礼，但孔子之丧"设崇"和子张之丧"褚幕丹质，蚁结于四隅"的明显不同，又表明殷人的棺饰之礼也存在等级之差，且孔子之丧"设崇"的礼仪或许是参照殷人的大夫之礼而为。此外，子张之儒在儒学内部也有多被批判的情况，如《荀子·非十二子篇》便指出这派更看重外在礼仪形式的弊端，并称之为"子张氏之贱儒"。"殷士"，则还有"殷商臣属"的含义。如《诗·大雅·文王》曰："侯服于周，天命靡常。殷士肤敏，祼将于京"，郑玄笺："殷之臣壮美而敏，来助周祭。其助祭自服殷之服，明文王以德不以强。"

9.易墓[1]，非古也。

【注释】

[1] 易墓：有二说。一为芟治墓葬草木，如郑玄注："易，谓芟治草木，不易者，丘陵也。"孔颖达疏："墓，谓冢旁之地。易，谓芟治草木，不使荒秽。不易者，使有草木如丘陵然。言'易墓，非古也'，则古者殷以前墓而不坟，是不治易也。""易"的这一同义用法，还有《孟子·尽心上》"易其田畴，薄其税敛，民可使富也"的说法。二为改葬，取"易"的改易之义。相同的用法，又见于《易·系辞下》"古之葬者，厚衣之以薪，葬之中野，不封不树，丧期无数。后世圣人易之以棺椁"、"上古穴居而野处，后世圣人易之以宫室"和"上古结绳而治，后世圣人易之以书契"的说法。这两种看法，大体分别流行于古、今学者之间。

【疏义】

此则论及"非古"的"易墓"之礼。而所谓"易墓"和"非古"的所指，参照《檀弓上》所载"孔子既得合葬于防，曰：'吾闻之，古也墓而不坟。今丘也，东西南北人也，不可以弗识也。'于是封之，崇四尺。孔子先反。门人后，雨甚。至，孔子问焉，曰：'尔来何迟也？'曰：'防墓崩。'孔子不应。三。孔子泫然流涕曰：'吾闻之，古不修墓'"的事迹，与郑玄"言所以迟者，修之而来"的注解，即可知孔颖达"殷以前墓而不坟，是不治易也"的说法，依据应是孔子"古也墓而不坟"和"古不修墓"的说法。而且，郑玄、孔颖达以"易"的含义为"芟治草木"，并对应"殷以前墓而不坟"之墓葬形制的看法，即应当具有合理性。若再验证于《檀弓上》另有所载的"孔子少孤，不知其墓。殡于五父之衢，人之见之者，皆以为葬也。其慎也，盖殡也。问于郰曼父之母，然后得合葬于防"的情况，又可知孔子之父的防地之墓本来就是"墓而不坟"，只是等到孔子将亡母与先亡之父进行合葬时，他才又以自己将会周游四方的情况为背景，在墓上封土起坟四尺，以作为识别的标志。而这也说明"墓而不坟"的方式，会产生时久不好识别的问题，而方便辨识墓穴所在的想法，也就成为墓上起坟方式兴起的一种促成因素。

同时，伴随着起坟的兴起和坟上草木会生长的现象，"古不修墓"的习惯也就势必会相应发生变化。比如，孔子虽然有着"古不修墓"的说法，但孔子弟子在防墓遇雨崩后却实有修之的做法，也提示了"修墓"实际对应的是"修坟"，而修坟的特殊原因也还有遇雨崩坏的这种情况。至于常规性的"修墓"行为，也即是"易墓"所指的芟治坟墓草木。与此呼应，此处"易墓，非古"的说法，所指的应当便是夏、商、西周三代没有修治墓葬的常制，及其以"古也墓而不坟"的墓葬形制为背景的情况。此外，就新兴之"坟"的样式来说，《檀弓上》所载子夏闻于孔子之言和孔子弟子葬孔子的做法可为说明，具体如下：

　　　　孔子之丧，有自燕来观者，舍于子夏氏。子夏曰："圣人之葬人，与人之葬圣人也，子何观焉？昔者夫子言之曰：'吾见封之若堂者矣，见若坊者矣，见若覆夏屋者矣，见若斧者矣。从若斧者焉。'马鬣封之谓也。今一日而三斩板，而已封，尚行夫子之志乎哉！"

　　孔子所见封土有"若堂者""若坊者""若覆夏屋者""若斧者"的情况，说明起坟的做法因为并非旧制而在兴起的春秋阶段没有统一的样式。孔子亲见过的封土样式，就存在仿若堂基、堤防、夏屋屋顶和斧头形状的四种，相关详情郑玄注又有解释说："封，筑土为垄。堂形，四方而高"；"坊形，旁杀，平上而长"；"斧形，旁杀，刃上而长"。

　　这四者之中，孔子则又曾表示自己"从若斧者"的态度，而"若斧者"也即当时俗称的"马鬣封"。孔子弟子对待孔子之丧，也最终依照孔子的意愿而将其坟墓以版筑法的方式筑造成了若斧之"马鬣封"的形状。至于孔子"从若斧者"的原因，郑玄《注》曰："孔子以为刃上难登狭，又易为功。"孔颖达《疏》进一步解释说："子夏既道从若斧形，恐燕人不识，故举俗称马鬣封之谓也，以语燕人。马骏鬣之上，其肉薄，封形似之。今一日而三斩板，子夏前述明夫子语，又引今会古竟更述其今葬孔子，既是从斧之坟，今一日者谓今作孔子坟正用一日之功，俭约不假多时。"当然，孔子父母的合葬墓和他自己的墓葬都有起坟的做法，以及防墓曾经有过培修的实际情况，也代表性地反映了封土成坟和芟治坟墓的做法是春秋阶段才逐渐兴起和流行的事实性礼俗。与此呼应，"坟墓"一词也开始广泛使用。比如，《丧服四制》便还有"丧不过三年，苴衰不补，坟墓不培"的说法。

10. 幼名[1]，冠字[2]，五十以"伯、仲"[3]，死谥[4]，周道[5]也。

【注释】

[1] 幼名：幼时称名。"名"通常是出生三月由父亲为之命名。如《仪礼·丧服》云："子生三月，则父名之"；《白虎通德论·姓名》云："人生三月，目煦亦能孩笑，与人相更答，故因其始有知而名之。故《礼服传》曰：'子生三月，则父名之于祖庙。'"而且，命名也有一些原则，如《左传·桓公六年》记载：

> 九月丁卯，子同生。以大子生之礼举之，接以大牢，卜士负之，士妻食之。公与文姜、宗妇命之。公问名于申繻。对曰："名有五：有信，有义，有象，有假，有类。以名生为信，以德命为义，以类命为象，取于物为假，取于父为类。不以国，不以官，不以山川，不以隐疾，不以畜牲，不以器币。周人以讳事神，名终将讳之。故以国则废名，以官则废职，以山川则废主，以畜牲则废祀，以器币则废礼。晋以僖侯废司徒，宋以武公废司空，先君献、武废二山，是以大物不可以命。"公曰："是其生也，与吾同物，命之曰同。"

[2] 冠字：冠礼称字。"字"是表示成人的一种尊称，命字是成人礼的重要仪式之一。男子通常在20岁举行冠礼，女子则通常在15岁举行笄礼。如孔颖达疏此即曰："名以名质，生若无名，不可分别，故始生三月而加名，故云幼名也。冠字者，人年二十有为父之道，朋友等类，不可复呼其名，故冠而加字。"《仪礼·士冠礼》曰："冠而字之，敬其名也。君父之前称名，他人则称字也。"《曲礼上》也说："男子二十冠而字。"又如，《仪礼·土昏礼》曰："女子许嫁，笄而醴之，称字。"《内则》曰："十有五年而笄，二十而嫁。有故，二十三年而嫁。"《公羊传·僖公九年》曰："妇人许嫁，字而笄之，死

则以成人之丧治之。"而且，"字"与"名"之间，通常又有相近关系。如《白虎通义·姓名》即云："或旁其名为之字者，闻名即知其字，闻字即知其名，若名赐，字子贡；名鲤，字伯鱼。"

[3] 伯、仲：行第之称。50 岁之后以伯、仲号之，是对于年长男子的一种敬称方式。对此称谓方式的由来，《白虎通义·姓名》解释说："五十乃称伯仲者，五十知天命，思虑定也，能顺四时长幼之序，故以伯仲号之。"

[4] 死谥：死后得以命谥后，以谥号称之。谥号的有、无和美、恶，又有区别等级高下和彰显德行、贬斥无道的作用。如《表记》提到子曰："先王谥以尊名，节以壹惠，耻名之浮于行也。"《白虎通义·谥》又云："卿大夫老归，死有谥何？谥者，别尊卑，彰有德也。卿大夫归，无过，犹有禄位，故有谥也。"同时，谥号的拥有，又对应葬前"请谥""命谥"等礼仪。如《檀弓下》云："公叔文子卒，其子戍请谥于君，曰：'日月有时，将葬矣，请所以易其名者。'"《国语·楚语上》又记载："昔先大夫子囊违王之命谥。"

[5] 周道：周代的制度。

【疏义】

此则论及周礼对于人生不同阶段的称谓方式和谥号制度的开创。"死谥，周道"的说法，不仅与《逸周书·谥法解》"维周公旦、太公望，开嗣王业，建功于牧之野，终将葬，乃制谥。遂叙谥法。谥者，行之迹也。号者，功之表也。车服者，位之章也。是以大行受大名，细行受细名，行出于己，名生于人"的说法相合，又可呼应《郊特牲》"死而谥，今也；古者生无爵，死无谥"的说法。不过，有关"谥法"为周礼内容和"谥号"由周公开创的传统看法，也面临一些质疑和争议。[1]但是，谥号制度在两周阶段被广泛使用，并长期影响我国古代社会的总体性事实，却应当受到肯定。有所例外的阶段，则以秦始皇明令废除过谥号制度的秦王朝为代表。如《史记·秦始皇本纪》即记载："朕闻太古有号毋谥，中古有号，死而以行为谥。如此，则子议父，臣议君也，甚无谓，朕弗取焉。自今已来，除谥法。朕为始皇帝。后世以计数，二世、三世至于万世，传之无穷。"

11. 仲宪[1]言于曾子[2]曰："夏后氏用明器[3]，示民无知也；殷人用祭器，示民有知也；周人兼用之，示民疑也。"曾子曰："其不然乎！其不然乎！夫明器，鬼器也；祭器，人器也。夫古之人，胡为而死其亲乎？"

【注释】

[1] 仲宪：即原宪，字子思，孔子弟子，小孔子 36 岁，春秋晚期宋国人，曾做过孔子家宰，孔子死后退隐卫国。《史记·仲尼弟子列传》记载："原宪字子思。子思问耻。孔子曰：'国有道，谷。国无道，谷，耻也。'子思曰：'克伐怨欲不行焉，可以为仁乎？'孔子曰：'可以为难矣，仁则吾弗知也。'孔子卒，原宪遂亡在草泽中。子贡相卫，而结驷连骑，排藜藿入穷阎，过谢原宪。宪摄敝衣冠见子贡。子贡耻之，曰：'夫子岂病乎？'原宪曰：'吾闻之，无财者谓之贫，学道而不能行者谓之病。若宪，贫也，非病也。'子贡惭，不怿而去，终身耻其言之过也。"《孔子家语·七十二弟子解》记载："原宪，宋人，字子思。少孔子三十六岁，清净守节，贫而乐道。孔子为鲁司寇，原宪尝为孔子宰。孔子卒后，原宪退隐，居于卫。"

[2] 曾子：即曾参，字子舆，孔子弟子，以孝道著名，春秋晚期鲁国人，父为孔子早期弟子曾点。相传著有《大学》《孝经》《曾子》等，并传其学问于子思，从而形成了思孟学派。如《史记·仲尼弟子列传》记载："曾参，南武城人，字子舆。少孔子四十六岁。孔子以为能通孝道，故授之业。作《孝经》。死于鲁。"后世尊之为"宗圣公"，仅次于"复圣公"颜回，并与"述圣公"孔伋、"亚圣公"孟轲共列为孔庙从祀的"四配"之一。

[3] 明器：专门为死者制作的陪葬器物，今人谓之"冥器"。周时则还有称之为"盟器"、视之为"鬼器"的用法。

【疏义】

此则论及三代随葬器物之礼的不同，以及孔子弟子原宪和曾子对于三代随葬用意的差异性看法。具体来说，三代有着"夏后氏用明器""殷人用祭器"和"周人兼用之"的不同随葬制度，原宪认为夏后氏随葬使用明器是为了向民众表示死者无知，殷人随葬使用祭器是为了向民众表示死者有知，周人随葬兼用明器和祭器是为了使民众对于死者有无意志疑惑不决；曾子则认为明器是鬼使用的器物，祭器是人使用的器物，夏、商、西周的古人是不忍心把死去的亲人看作无知之鬼的。对于二人之间的这种认识差异，孔子的相关说法又可为参考。比如，《檀弓上》记载孔子曰："之死而致死之，不仁而不可为也；之死而致生之，不知而不可为也。是故竹不成用，瓦不成味，木不成斲，琴瑟张而不平，竽笙备而不和，有钟磬而无簨虡，其曰明器，神明之也。"《檀弓下》又记载："孔子谓'为明器者，知丧道矣，备物而不可用也。哀哉！死者而用生者之器也。不殆于用殉乎哉？其曰明器，神明之也。涂车、刍灵，自古有之，明器之道也。'孔子谓'为刍灵者善'，谓'为俑者不仁，殆于用人乎者'！"综合可见，孔子一方面认为随葬器物之所以称为"明器"，就是在于把死者当作有知的神明在对待；另一方面又认为明器就应当不可实用，而倘若将活人所用的实用器用作死人的随葬物，则近乎人殉而为可悲之事。所以，孔子相应主张古时用泥做车和用草扎人、马的古法就是制作明器的正确方法，制作人俑用以随葬则近乎人殉而为不仁之举。

同时，能够呼应孔子认为鬼神"神明"之看法的，还有《中庸》"故君子之道，本诸身，征诸庶民，考诸三王而不缪，建诸天地而不悖，质诸鬼神而无疑，百世以俟圣人而不惑。质诸鬼神而无疑，知天也；百世以俟圣人而不惑，知人也"等说法。孔子认为人殉"不仁"的看法，则又呼应周礼以人殉为"非礼"的性质。而且，虽然春秋、战国也确实存在一些以人殉葬的违礼之例，但伴随着周礼的推行日久，人殉非礼的看法在东周实则已经可谓深入人心。比如，《檀弓下》所记载的如下两件先欲使人殉葬而最终都没有施行的事例，即可从侧面反映这一事实。

陈子车死于卫，其妻与其家大夫谋以殉葬，定而后陈子亢至，以告曰："夫子疾，莫养于下，请以殉葬。"子亢曰："以殉葬，非礼也。虽然，则彼疾当养者，孰若妻与宰？得已，则吾欲已；不得已，则吾欲以二子者之为之也。"于是弗果用。

陈乾昔寝疾，属其兄弟，而命其子尊己曰："如我死，则必大为我棺，使我二婢子夹我。"陈乾昔死，其子曰："以殉葬，非礼也，况又同棺乎？"弗果杀。

不仅如此，了解"明器"和三代的随葬制度以及时人灵魂不灭而死者有知的观念，也有相关的墓葬考古发现和研究成果可供参考。[①] 只是，"明器"还另有指代诸侯受封时所获赐于天子的礼器宝物之用法。如《左传·昭公十五年》记载："诸侯之封也，皆受明器于王室，以镇抚其社稷，故能荐彝器于王。"杜预注："谓明德之分器。"

此外，所举《檀弓上》《檀弓下》的相关说法，还有一并呈现于《孔子家语·曲礼公西赤问》的情况，原文如下：

原思言于曾子曰："夏后氏之送葬也，用明器，示民无知也；殷人用祭器，示民有知也；周人兼而用之，示民疑也。"曾子曰："其不然矣。夫以明器，鬼器也；祭器，人器也。古之人胡为而死其亲也？"子游问于孔子。曰："之死而致死乎，不仁，不可为也；之死而致生乎，不智，不可为也。凡为明器者，知丧道矣。备物而不可用也，是故竹不成用，而瓦不成滕，琴瑟张而不平，笙竽备而不和，有钟磬而无簨虡。其曰明器，神明之也。哀哉！死者而用生者之器，

① 蔡永华:《试论明器在丧葬中的作用》,《四川师范大学学报（社会科学版）》1986 年第 1 期；巫鸿:《"明器"的理论和实践——战国时期礼仪美术中的观念化倾向》,《文物》2006 年第 6 期。

先秦礼制文献讲疏

不殆而用殉也。"子游问于孔子曰："葬者涂车刍灵，自古有之，然今人或有偶，是无益于丧。"孔子曰："为刍灵者善矣，为偶者不仁，不殆于用人乎！"

这也提示《孔子家语》的成书问题，可以通过与《礼记》内容的对比得以窥见。

第二节 《檀弓下》6 则

《檀弓下》编次第四，风格类似于《檀弓上》，是《礼记》之中较多明确记载先秦不同时代之礼制的篇目，本节所讲疏的 6 则即涉及殷周两代丧葬之礼对待"重"的不同处理方式和所戴"冠"的不同以及葬日吊丧、祔祭和朝庙仪式的不同时机，三代的公墓选址、头向朝向通行北方之礼的说法。

1. 重，主道也 [1]，殷主缀重焉 [2]；周主重彻焉 [3]。

【注释】

[1] 重：新死之人的灵魂凭依之物。用以暂代木主，也为木制。等到死者的葬礼、虞祭礼之后，木主才会依礼制作出来，并成为此后祭祀时死者神灵的新象征物。如孔颖达疏此曰："言始死作重，犹若吉祭木主之道。主者，吉祭所以依神，在丧重亦所以依神，故云重主道也。"《仪礼·士丧礼》又云："重木，刊凿之。甸人置重于中庭，三分庭，一在南。夏祝鬻馀饭，用二鬲于西墙下。幂用疏布，久之，系用靲，县于重，幂用苇席，北面，左衽，带用靲，贺之，结于后。祝取铭置于重。"

[2] 殷主：殷人的木主。按照此处"缀重焉"的说法，则殷人制作出死者正式的木制牌位后，还会把"重"连缀在木主下边。

[3] 周主：周人的木主。按照此处"重彻焉"的说法，则周人为死者制作出木主之后，就会把"重"撤除而埋掉。如郑玄注："始死未作主，以重主其神也，重既虞而埋之。"

此则论及殷、周两代丧礼对待为死者所制丧祭之"重"的不同处理方式，认为殷人、周人在死者的木主制成之后，"重"有着舍弃与否的差别。而且，于周礼来说，实则还有"虞主"和"练主"的区别。

2.弁、绖葛而葬[1]，与神交之道也，有敬心焉。周人弁而葬，殷人冔而葬[2]。

【注释】

[1] 弁：周代冠名。绖：首绖。"绖葛而葬"，系葛布制的首绖以送葬。

[2] 冔：音 xú，殷代冠名。如《仪礼·士冠礼》曰："周弁、殷冔、夏收，三王共皮弁素积。"《孔子家语·冠颂》云："孔子曰：周弁、殷冔、夏收，一也。"有关三代之冠的这种不同称谓，《王制》《内则》亦云："有虞氏皇而祭，深衣而养老。夏后氏收而祭，燕衣而养老。殷人冔而祭，缟衣而养老。周人冕而祭，玄衣而养老。"《郊特牲》又有言曰："冠而字之，敬其名也。委貌，周道也。章甫，殷道也。毋追，夏后氏之道也。周弁，殷冔，夏收。三王共皮弁素积。"

【疏义】

此则论及商、周送葬时孝子头饰的不同，认为殷人送葬戴冔，周人送葬则去丧冠而改戴素弁、去麻首绖而改戴葛绖，以体现与神交接的虔敬之心。至于纯凶的"丧冠"，或称"衰冠"，其形制文献多有记载。如《檀弓上》曰："邻有丧，舂不相。里有殡，不巷歌。丧冠不緌。"《杂记上》云："丧冠条属，以别吉凶。三年之练冠，亦条属右缝。"又如，《仪礼·丧服》曰："冠绳缨，条属，右缝。"郑玄注："属，犹著也。通屈一条绳为武，垂下为缨，著之冠也。"李如圭集释："条属者，丧冠之制也。条，谓冠之缨武共材，以一条绳若布围之，两相交过，缀之以为武，垂其余者以为缨。属，谓著冠于武，冠与武相连属也。吉冠，缨武异材，冠与武各为一物，冠时乃合之。惟燕居之冠少威仪，冠武相属。《玉藻》所谓居冠属武是也，丧冠则又因武之材以为缨，谓之条属，丧事质略故也。齐衰之冠缨用布，则绳缨盖用牡麻。右缝者，冠之三辟积，其缝皆乡右也，大功以下乃从吉冠。"

3.反哭[1]之吊也，哀之至也。反而亡焉，失之矣，于是为甚。殷既封[2]而吊，周反哭而吊。孔子曰："殷已悫[3]，吾从周。"

【注释】

[1] 反哭：丧主安葬死者而返回后的哭泣之礼。由于葬亲返归之后，亲人已再也无法亲见，因而是时又被看作死者亲人最为悲痛的时候，故而丧主有反哭之礼以称其情，宾客则又相应有吊唁之礼。丧事若不行葬后反哭之礼，便会被认为是严重的失礼行为。如《左传·隐公三年》记载："夏，君氏卒，声子也，不赴于诸侯，不反哭于寝。"就士丧的反哭仪式来说，《仪礼·既夕礼》有云："乃反哭，入，升自西阶，东面。众主人堂下东面，北上。妇人入，丈夫踊，升自阼阶。主妇入于室，踊，出即位，及丈夫拾踊，三。宾吊者升自西阶，曰：'如之何！'主人拜稽颡。宾降，出。主人送于门外，拜稽颡。遂适殡宫，皆如启位，拾踊三。兄弟出，主人拜送。众主人出门，哭止，阖门。主人揖众主人，乃就次。"

[2] 封：通"窆"，下棺。相同的用法，还见于《檀弓下》："既封，主人赠。"与此呼应，又有以"机封"代指"机窆"的称谓方式，也即使用机械落葬棺柩之意。如《檀弓下》记载："季康子之母死，公输若方小，敛，般请以机封，将从之，公肩假曰：'不可！夫鲁有初，公室视丰碑，三家视桓楹。般，尔以人之母尝巧，则岂不得以？其母以尝巧者乎？则病者乎？噫！'弗果从。"郑玄注："敛，下棺于椁，般若之族多技巧者，见若掌敛事而年尚幼，请代之，而欲尝其技巧。"孔颖达疏："此一节论非礼尝巧不从之事。季康子母死，公输若为匠师之官，年方幼小主掌窆事，欲下棺敛于圹中，其若之族人公输般性有技巧，请为以转动机关窆而下棺。时人服般之巧，将从之时，有公肩假止而不许。"而且，用于下棺的葬具，又有"窆器"的称谓。如《周礼·春官》记载"冢人"的职掌，即包括"共丧之窆

器。"郑玄注："窆器，下棺丰碑之属。""埋葬"，则又可称为"埋窆"。如《后汉书·赵咨传》即有"但以生者之情，不忍见形之毁，乃有掩骼埋窆之制"的说法。

[3] 恧：音 què，简朴。已恧：过于简单质朴。

【疏义】

此则论及商、周两代会葬者在死者葬日吊丧时机的礼仪差异，认为殷人在下棺之后便向丧主行吊唁之礼，周礼则是"反哭而吊"。对此礼仪的不同，孔子认为不返归便行吊唁的殷礼过于简朴，并进而表明他遵从周礼的态度。同时，这种吊丧时机的不同，实则又意味着商、周两代的吊丧场所相应有着"圹"与"家"的分别。与此呼应，《坊记》还记载有子云"殷人吊于圹，周人吊于家，示民不偝也"和"死，民之卒事也。吾从周"的说法。

4. 葬于北方，北首，[1] 三代之达礼[2] 也，之幽[3] 之故也。

【注释】

[1] 北方：都城的北方。北首：头朝北。北方，属阴。
[2] 达礼：通行的礼仪。
[3] 之幽：指死者的灵魂要去幽暗之地。

【疏义】

此则论及夏、商、周三代的葬地选址和头向之礼的共通之处，认为三代有着将葬地选址在都城北方和以死者头向朝北进行埋葬的通行之礼，而原因则是都将北方看成鬼魂所当去的幽暗之地，并与鬼和北方都属"阴"的阴阳观念有关。不过，考古发现的墓葬头向，却显示先秦实际的头向情况复杂多样。比如，虽然墓主头向朝北的传统早在鲁北地区的后李文化便已存在，但海岱地区的北辛文化、大汶口文化、龙山文化却又有着基本朝东的现象，且江苏近海地区发现的一些原始氏族墓葬的死者也存在头向朝东的葬俗，而楚国墓葬的头向则还不限于朝北、朝东这两个方向。所以，死者埋葬时的头部方向，应当不仅受到阴阳观念的影响，而还应当与族群的发源地及其传统信仰有关，同一考古文化或邦国墓地的头向多样化现象，则或即是族群迁徙和彼此共居融合的体现。[①] 同样，三代"公墓"于都城的方向，虽然确有不少分布在城北的情况，但也并非全然都在正北方向。[②]

5.反，日中而虞[1]。葬日虞，弗忍一日离也。是月也，以虞易奠。卒哭[2]曰成事，是日也，以吉祭易丧祭[3]，明日祔[4]于祖父。其变而之吉祭也，比至于祔，必于是日也接，不忍一日未有所归也。殷练[5]而祔，周卒哭而祔。孔子善殷。

【注释】

[1] 虞：虞祭。死者葬后的当天中午举行。死者埋葬之后的当月，便以虞祭代替之前的奠祭。有关虞祭的次数，士丧为三次，大夫为五次，诸侯为七次。如《仪礼·士虞礼》曰："三虞，卒哭。他用刚日，亦如初。"《杂记下》云："士三虞，大夫五，诸侯七。"虞祭所使用的神主，以桑木制作。如《公羊传·文公二年》云："主者曷用？虞主用桑，练主用栗。用栗者，藏主也。"《国语·周语上》又记载："及期，命于武宫，设桑主布几筵。"韦昭则注："练主用栗，虞主用桑。"等到练祭之时，即埋虞主而改用栗木制作的新神主。

① 丁义珍，刘凤桂：《江苏沿海原始墓地红陶钵盖头葬俗初探——兼谈头向朝东的仰身直肢葬的含义》，《东南文化》1988 年第 2 期；宋公文：《楚墓的头向与葬式》，《考古》1994 年第 9 期；徐士友：《当阳赵家湖楚墓头向的两点启示》，《江汉考古》1999 年第 2 期；栾丰实：《墓葬头向反映的文化传承——海岱地区史前埋葬习俗之一》，《东方考古第 18 集》，科学出版社 2021 年版，第 1—8 页。
② 黄盛璋：《再论平山中山国墓若干问题》，《考古》1980 年第 5 期；蔡运章：《虢文公墓考——三门峡虢国墓地研究之二》，《中原文物》1994 年第 3 期；李伯谦：《从晋侯墓地看西周公墓墓地制度的几个问题》，《考古》1997 年第 11 期；王辉：《也谈礼县大堡子山秦公墓地及其铜器》，《考古与文物》1998 年第 5 期；戴春阳：《礼县大堡子山秦公墓地及有关问题》，《文物》2000 年第 5 期；赵化成：《从商周"集中公墓制"到秦汉"独立陵园制"的演化轨迹》，《文物》2006 年第 7 期；李学勤：《小邾国墓及其青铜器研究》，《东岳论丛》2007 年第 2 期；张志善：《西周倗国墓群揭秘》，《华夏文化》2007 年第 3 期；王善才等：《湖北随州义地岗墓地曾国墓 1994 年发掘简报》，《文物》2008 年第 2 期；阚绪杭等：《春秋钟离国墓的发掘收获》，《东南文化》2009 年第 1 期。

[2] 卒哭：卒哭祭。虞祭之后举行。意为此祭后便停止之前的不定时之哭，而改为朝夕哭。如《仪礼·既夕礼》曰："三虞卒哭。"郑玄注："卒哭，三虞之后祭名。始朝夕之间，哀至则哭，至此祭，止也，朝夕哭而已。"

[3] 吉祭：此处特指属于吉祭性质的虞祭后之卒哭祭。丧祭：此处特指属于凶祭性质的葬后之虞祭。如郑玄注此曰："虞，丧祭名。虞，安也。骨肉归于土，精气无所不之，孝子为其彷徨，三祭以安之。朝葬，日中而虞，不忍一日离。"而且，卒哭祭之后的祭祀，实则也皆是变而属于吉祭。

[4] 祔：祔祭。卒哭祭次日的祭祀之名，即将新死者的木主附于宗庙而使之与父、祖等先祖的神灵合而祭之。如《仪礼·既夕礼》云："卒哭，明日以其班祔。"《说文》曰："祔，后死者合食于先祖。"《左传·僖公三十三年》也记载："凡君薨，卒哭而祔。"

[5] 练：练祭。卒哭、祔祭之后的节点性祭祀之名，神主由栗木制成。练祭的时间，依据不同的服丧等级又有所分别，练祭时则还改为穿戴练衣、练冠。对于三年之丧来说，练祭即是亲死一年之期的小祥祭。如《曾子问》曰："小祥者，主人练祭而不旅。"《仪礼·士虞礼》曰："期而小祥。"郑玄注："小祥，祭名。祥，吉也。"又如，《间传》曰："父母之丧，既虞卒哭，疏食水饮，不食菜果。期而小祥，食菜果。又期而大祥，有醯酱。中月而禫，禫而饮醴酒。"再如，《周礼·春官·大祝》曰："大丧始崩，以肆鬯涗尸，相饭，赞敛。彻奠，言甸人读祷，付练祥。"贾公彦疏："练，谓十三月小祥，练祭；祥，谓二十五月大祥，除衰杖。"对于期年之丧来说，《杂记下》又曰："期之丧，十一月而练，十三月而祥，十五月而禫。"概括这些说法，则还可知小祥祭之后，还有大祥祭、禫祭。

【疏义】

此则论及商、周祔祭的不同时间，认为殷礼是"练而祔"、周礼是"卒哭而祔"，并说明了孔子对于祔祭的举行时间更为赞赏殷礼的态度。而且，周礼葬日便举行虞祭的原因，在于体现孝子不忍一天离开亲人的心情；在末次虞祭后便举行卒哭祭和卒哭祭次日便举行祔祭而相接不间断的原因，又在于孝子不忍亲人神灵一天没有归依的心情。至于"孔子善殷"的原因，则可能是他认为练祭之后再将死者祔祭于先祖的做法更能体现丧主对于死者的孝心敬意。

6. 丧之朝[1]也，顺死者之孝心也。其哀离其室也，故至于祖考[2]之庙而后行。殷朝而殡于祖，周朝而遂葬。

【注释】

[1] 朝：朝庙礼。这是仿效生者出行之前需拜别父祖长辈的一种丧仪。

[2] 祖考：祖宗。

【疏义】

此则论及商、周朝庙礼的不同举行时间，认为殷人在停殡祖庙之前为死者举行朝庙礼，周人则是在埋葬死者而出殡之前举行朝庙礼。而且，周礼设置"至于祖考之庙而后行"的朝庙之仪的原因，又在于顺遂死者对于父、祖等先祖的孝心，而体现其将要离开家室的哀伤之情。所以，周制中为死者举行的朝庙礼，相当于其出殡埋葬之前的辞行礼。

第三节 《曾子问》1 则

《曾子问》编次第七，是《礼记》之中集中反映孔子弟子曾参求学于孔子之事迹和通论冠、婚、丧、祭、朝、聘等诸多门类之礼的篇目，本节所讲疏的 1 则即涉及三代"三年之丧"的共存和致事的不同时机以及周代变礼的产生。

1. 子夏问曰："三年之丧，卒哭，金革之事无辟也者[1]，礼与？初有司[2]与？"孔子曰："夏后氏三年之丧，既殡而致事[3]；殷人既葬而致事。《记》曰：'君子不夺人之亲，亦不可夺亲也。'此之谓乎？"子夏曰："金革之事无辟也者，非与？"孔子曰："吾闻诸老聃[4]曰：'昔者鲁公伯禽[5]，有为为之也。'

今以三年之丧从其利者，吾弗知也！"

【注释】

[1] 金革之事：代指战争。金革：战争器械及服装。如《中庸》曰："衽金革，死而不厌。"孔颖达疏："金革，谓军戎器械也。"朱熹集注："衽，席也。金，戈兵之属；革，甲胄之属。"无辟：不推辞。如孔颖达疏此处又云："此一节论君不夺孝子情之事。"具体则是：

> 子夏以人遭父母三年之丧，卒哭之后，国有金革战伐之事，君使则行，无敢辞辟。……孔子既前答周人卒哭而致事，则无从金革之理。子夏既见周代行金革无辟之事，谓其礼当然，故问。……孔子对云：金革之事无辟也者，当亦有之，吾闻诸老聃曰昔者鲁君伯禽卒哭而从金革，时有徐戎作乱，东郊不开，故征之，有为为之也。今以三年之丧卒哭而从金革之事更无所为，盖直贪从于利攻。取于人者吾不知也，言不知，是不得此礼也。……伯禽，周公之子，封于鲁。案：《史记·鲁世家》文云"徐戎作难"，《尚书序》又云"卒哭而征之，急王事也"。以此上经云"卒哭金革之事无辟"，此云"鲁公伯禽有为为之"，故知征之。然周公致仕之后，成王即位之时，周公犹在，则此云伯禽卒哭者，为母丧也。

[2] 有司：主管官吏。相同的用法，又见于《尚书·虞书·大禹谟》"好生之德，洽于民心，兹用不犯于有司"的说法，以及桓宽《盐铁论·疾贪》"今一二则责之有司，有司岂能缚其手足而使之无为非哉"的说法。而且，这种设官分职而各有专司的政治模式，早在有虞氏阶段便开启，因而《明堂位》还有"有虞氏官五十，夏后氏官百，殷二百，周三百"的说法。

[3] 致事：致仕，辞去官职。如《曲礼上》曰："大夫七十而致事。"郑玄注："致其所掌之事于君而告老。"《公羊传·宣公元年》又云："退而致仕。"何休则注："退，退身也。致仕，还禄位于君。"

[4] 老聃：老子，曾任周守藏室之史，熟悉周礼。如《史记·老子列传》记载：

老子者，楚苦县厉乡曲仁里人也，姓李氏，名耳，字聃，周守藏室之史也。孔子适周，将问礼于老子。……孔子去，谓弟子曰："鸟，吾知其能飞；鱼，吾知其能游；兽，吾知其能走。走者可以为罔，游者可以为纶，飞者可以为矰。至于龙，吾不能知其乘风云而上天。吾今日见老子，其犹龙邪！"老子修道德，其学以自隐无名为务。居周久之，见周之衰，乃遂去。至关，关令尹喜曰："子将隐矣，彊为我著书。"于是老子乃著书上下篇，言道德之意五千余言而去，莫知其所终。

而且，孔子问礼老子的这则盛事，若验证于《曾子问》所载孔子"吾闻诸老聃"的三则事例，则还可知应当具有一定的真实性。这也即，除去鲁公伯禽卒哭不辟金革的此事外，还有如下两则事例：

曾子问曰："古者师行，必以迁庙主行乎？"孔子曰："天子巡守，以迁庙主行，载于齐车，言必有尊也。今也取七庙之主以行，则失之矣。当七庙、五庙无虚主；虚主者，唯天子崩，诸侯薨与去其国，与祫祭于祖，为无主耳。吾闻诸老聃曰：天子崩，国君薨，则祝取群庙之主而藏诸祖庙，礼也。卒哭成事而后，主各反其庙。君去其国，大宰取群庙之主以从，礼也。祫祭于祖，则祝迎四庙之主。主，出庙入庙必跸，老聃云。"

曾子问曰："葬引至于堩，日有食之，则有变乎？且不乎？"孔子曰："昔者吾从老聃助葬于巷党，及堩，日有食之，老聃曰：'丘！止柩，就道右，止哭以听变。'既明反而后行。曰：'礼也。'反葬，而丘问之曰：'夫柩不可以反者也，日有食之，不知其已之迟数，则岂如行哉？'老聃曰：'诸侯朝天子，见日而行，逮日而舍奠；大夫使，见日而行，逮日而舍。夫柩不早出，不暮宿。见星而行者，唯罪人与奔父母之丧者乎！日有食之，安知其不见星也？且君子行礼，不以人之亲痁患。'吾闻诸老聃云。"

[5]鲁公伯禽：周文公元子，又称"禽父"，鲁国实际就封的第一位鲁国国君，都曲阜。就封后，曾在封地实行变俗革礼的政策。如《史记·鲁周公世家》记载：

> （周公）于是卒相成王，而使其子伯禽代就封于鲁。……周公卒，子伯禽固已前受封，是为鲁公。鲁公伯禽之初受封之鲁，三年而后报政周公。周公曰："何迟也？"伯禽曰："变其俗，革其礼，丧三年然后除之，故迟。"太公亦封于齐，五月而报政周公。周公曰："何疾也？"曰："吾简其君臣礼，从其俗为也。"及后闻伯禽报政迟，乃叹曰："呜呼，鲁后世其北面事齐矣！夫政不简不易，民不有近；平易近民，民必归之。"

鲁公伯禽就封后"变其俗，革其礼，丧三年然后除之"的治国措施，无疑显示了他对于丧礼的看重，因而他在卒哭祭之后便参加战事，也正如孔子听闻老聃所言，是因为有外在的特殊原因才被迫如此。具体则是，伯禽为母卒哭之时，遭遇作乱之事，所以为平叛他才不得不在卒哭祭之后不辟战事。不过，值得注意的是，"鲁公伯禽之初受封之鲁"之前，对于治理鲁国的问题，实际又请示过周公。比如，《吕氏春秋·孟春纪·贵公》便另有言说："昔先圣王之治天下也，必先公，公则天下平矣，平得于公。……天下非一人之天下也，天下之天下也。阴阳之和，不长一类；甘露时雨，不私一物；万民之主，不阿一人。伯禽将行，请所以治鲁，周公曰：'利而勿利也。'"

【疏义】

此则论及孔子有关夏、商、周三代的孝子身居"三年之丧"而可以参加战争的不同时间之礼。具体来说，夏后氏之礼是孝子在亲人停殡后就辞官守丧，殷人之礼是葬后便辞官守丧，春秋时卒哭祭后便参与战事而不回避有丧在身的情况，则并不符合西周初制定的周礼。而且，春秋这种事实性的变礼先例，又是老聃、孔子所言的伯禽因乱故而在卒哭祭后从事征伐的特殊事件。若结合《王制》有关"三王养老"的礼仪包括"父母之丧，三年不从政。齐衰、大功之丧，三月不从政"的说法，则可知三代养老礼对于"父母之丧"都有"三年不从政"的体恤性、常规化政策，因而西周所制的周礼在"三年之丧"的丧期内，应当本没有不辟金革之事的规定。至于不应当使用身负父母之丧者的原因，又在于君子本不应当剥夺别人的亲情，而孝子也不当被外事夺去亲情。同时，孔子对于三代都有"三年之丧"的说法，又与《论语·阳货篇》所载孔子对宰予所言"子生三年，然后免于父母之怀。夫三年之丧，天下之通丧也"的说法，以及《宪问篇》所载"子张曰:《书》云'高宗谅阴，三年不言。'何谓也? 子曰:'何必高宗，古之人皆然。君薨，百官总己以听于冢宰三年'"的事件可为呼应。

此外，《论语》所载的这两处孔子之说，在《礼记》之中也相应有所传承。如:

> 《三年问》云:"故三年以为隆，缌、小功以为杀，期九月以为间。上取象于天，下取法于地，中取则于人，人之所以群居和壹之理，尽矣。故三年之丧，人道之至文者也，夫是之谓至隆，是百王之所同，古今之所壹也，未有知其所由来者也。孔子曰:'子生三年，然后免于父母之怀。夫三年之丧，天下之达丧也。'"
>
> 《檀弓下》云:"子张问曰:《书》云:高宗三年不言，言乃谨。有诸?'仲尼曰:'胡为其不然也? 古者天子崩，王世子听于冢宰三年。'"
>
> 《丧服四制》云:"《书》曰:'高宗谅闇，三年不言。'善之也。王者莫不行此礼，何以独善之也? 曰: 高宗者武丁，武丁者，殷之贤王也，继世即位而慈良于丧。当此之时，殷衰而复兴，礼废而复起，故善之。善之，故载之《书》中而高之，故谓之'高宗'。三年之丧，君不言，《书》云:'高宗谅闇，三年不言'，此之谓也。然而曰'言不文'者，谓臣下也。"

第四节 《礼运》2则

《礼运》编次第九，通篇以孔子、子游师徒的问答形式呈现儒学对于礼之运用于先秦不同时代的看法，而除去著名的"大同""小康"的论述外，本节所讲疏的2则即涉及孔子有关三代之礼的存在之说及其对于周礼行用情况的评价。

1. 言偃[1]复问曰："夫子之极言礼也，可得而闻与？"孔子曰："我欲观夏道[2]，是故之杞[3]，而不足征也，吾得《夏时》[4]焉。我欲观殷道[5]，是故之宋[6]，而不足征也，吾得《坤乾》[7]焉。《坤乾》之义，《夏时》之等，吾以是观之。"

【注释】

[1] 言偃：字子游，孔子弟子，小孔子45岁，春秋晚期吴人，列于"四科"之"文学"，曾任鲁国的武城宰，并以礼乐教化民众而闻名。如《史记·仲尼弟子列传》记载："言偃，吴人，字子游。少孔子四十五岁。子游既已受业，为武城宰。孔子过，闻弦歌之声。孔子莞尔而笑曰：'割鸡焉用牛刀？'子游曰：'昔者偃闻诸夫子曰，君子学道则爱人，小人学道则易使。'孔子曰：'二三子，偃之言是也。前言戏之耳。'孔子以为子游习于文学。"

[2] 夏道：夏礼，夏代制度。

[3] 杞：西周分封的姒姓夏王朝后裔封国，都于杞邑，以杞东楼公为开国国君，后有迁都、降爵之事。《史记》有为之谱列《杞世家》，但杞国实为夏、商已有封的旧国。而且，周代作为夏禹后裔的代表性封国，还另有鄫国。

[4]《夏时》：孔子到杞国了解夏礼时所得到的一部有关夏时历法的古书。郑玄注："得夏四时之书也，其书存者有《小正》。"《小正》，应当即是《夏小正》。如《史记·夏本纪》记载："太史公曰：孔子正夏时，学者多传《夏小正》云。"司马迁所言儒生多传《夏小正》的说法，又有《大戴礼记》收录《夏小正》的事实可为佐证。

[5] 殷道：殷礼，殷代制度。有关"殷道"的存在，还有《史记·殷本

纪》"武丁修政行德，天下咸驩，殷道复兴"等说法为证。

[6] 宋：西周分封的子姓殷商后裔封国，都于商丘，受封为公爵。于周为客，为"三恪"之一，以商纣王的庶长兄微子启为开国国君，《史记》有为之谱列《宋微子世家》。但有关周朝分封的前代王朝后裔的"三恪"，又有着两种不同说法，一为虞、夏、商三代之后的陈、杞、宋；一为黄帝、尧、舜之后的蓟、祝、陈。如《左传·襄公二十五年》记载："晋人问陈之罪，对曰：'昔虞阏父为周陶正，以服事我先王。我先王赖其利器用也，与其神明之后也，庸以元女大姬配胡公，而封诸陈，以备三恪。则我周之自出，至于今是赖。'"杜预注："周得天下，封夏、殷二王后，又封舜后，谓之恪，并二王后为三国。其礼转降，示敬而已，故曰三恪。"孔颖达疏：

> 《乐记》云："武王克殷，未及下车，乃封黄帝之后于蓟，封帝尧之后于祝，封帝舜之后于陈；下车而封夏后氏之后于杞，投殷之后于宋。"《郊特牲》云："天子存二代之后，犹尊贤也，尊贤不过二代。"郑玄以此谓杞、宋为二王之后，蓟、祝、陈为三恪；杜今以周封夏、殷之后为二王后，又封陈，并二王后为三恪。杜意以此傅言以备三恪，则以陈备三恪而已。若远取蓟、祝，则陈近矣！何以言备？以其称备，知其通二代而备其数耳！二代之后，则各自行其正朔，用其礼乐，王者尊之深也。舜在二代之前，其礼转降恪敬也，封其后示敬而已，故曰恪，虽通二代为三，其二代不假称恪，唯陈为恪耳！

又如，《诗·陈谱》曰："陈者，太皞虙戏氏之墟，帝舜之胄有虞阏父者，为周武王陶正。武王赖其利器用，与其神明之后，封其子妫满于陈，都于宛丘之侧，是曰陈胡公，以备三恪，妻以元女太姬。"不过，由周礼的形成以虞、夏、商三代之礼为基础的事实来看，将陈、杞、宋视为"三恪"的杜预之说应当更为合理。而且，这"三恪"和其他先帝王后裔封国的存在，还直接体现了周礼"兴灭继绝"的提倡性做法，如《论语·尧曰篇》即有言曰："兴灭国，继绝世，举逸民，天下之民归心焉。"

[7]《坤乾》：孔子去宋国了解殷礼时所得到的一部有关商时卜筮的古书。郑玄注："得殷阴阳之书也，其书存者有《归藏》。"《归藏》，又被视为三

《易》之一，并为周时"太卜"所藏。如《周礼·春官·大卜》有言："掌三《易》之法，一曰《连山》，二曰《归藏》，三曰《周易》。"贾公彦疏：

> 名曰《连山》，似山出内气也者。此连山易，其卦以纯艮为首，艮为山，山上山下是名连山，云气出内于山，故名易为《连山》。《归藏》者，万物莫不归而藏于其中者。此归藏易，以纯坤为首，坤为地，故万物莫不归而藏于中，故名为《归藏》也。郑虽不解《周易》其名，《周易》者，《连山》《归藏》皆不言地号，以义名易，则周非地号，以《周易》以纯乾为首，乾为天，天能周布于四时，故名易为周也。必以三者为首者，取三正三统之义。

有关周、殷、夏这三《易》的核心，也即分别象征天、地、山的乾、坤、艮三卦。这其中，被视为天、地象征和阳卦、阴卦之尊的乾、坤两卦，总体又更为受到重视。如《易·说卦》即明言："乾为天……坤为地。"《系辞下》则又云："黄帝尧舜垂衣裳而天下治，盖取诸《乾》《坤》"。

【疏义】

此则论及孔子认为夏、商、周三代之礼的确存在的态度，由言偃针对孔子竭力强调礼制的重要性并进而求问礼的来源所引出。孔子明确提到自己为求夏礼、殷礼而分别到过杞、宋之国的经历，以及又收获《夏时》《坤乾》并曾经据之考察二代之礼的情况。而且，孔子选择到杞、宋二国去了解夏、商之礼的原因，即在于二国分别为夏、商之后。若参考《夏小正》《月令》和《周易》等相关文献，则还可推知孔子所得的《小正》应当是夏时指导农业生产和日常礼仪的历法类参考用书，《坤乾》则应当是奉乾、坤二卦为主的占卜用途的阴阳书。同时，孔子的这则说法，事实又与《论语·为政篇》所载子曰"殷因于夏礼，所损益可知也。周因于殷礼，所损益可知也。其或继周者，虽百世可知也"的说法，以及《八佾篇》所载子曰"夏礼，吾能言之，杞不足徵也；殷礼，吾能言之，宋不足徵也。文献不足故也。足，则吾能徵之矣"的说法吻合，并可以与《中庸》所载子曰"吾说夏礼，杞不足徵也。吾学殷礼，有宋存焉。吾学周礼，今用之，吾从周"的说法相比较。这其中，孔子"吾学周礼，今用之，吾从周"的说法，则还直接说明了孔子所处的春秋之世仍然总体延用周礼的情况。至于孔子考察之后认为杞不足以征信夏礼和宋不足以征信殷礼的原因，则应当在于杞、宋二国实行的礼制已经并非完全是祖先的夏、商之礼，而是也存在多有采用周礼的情况。

只是，对于夏、商、周三代之礼，孔子虽然鲜明地表示了"吾从周"的总体性态度，但这也并非意味着他在具体仪节上就全然推崇周礼的规定，前举"殷练而祔，周卒哭而祔。孔子善殷"的情况即是例证。与此呼应，《檀弓上》还有"掘中溜而浴，毁灶以缀足。及葬，毁宗，躐行，出于大门，殷道也。学者行之"的说法，《儒行》所载"鲁哀公问于孔子曰：'夫子之服，其儒服与？'孔子对曰：'丘少居鲁，衣逢掖之衣；长居宋，冠章甫之冠。丘闻之也，君子之学也博，其服也乡，丘不知儒服'"的事例和《庄子·逍遥游》所言"宋人资章甫而适诸越，越人断发文身，无所用之"的故事，还说明孔子所穿的"逢掖之衣"是鲁人所穿的"周服"，所戴的"章甫之冠"是宋人冠之的"殷冠"。所以，被鲁哀公疑为"儒服"的孔子冠服，正如孔子所言，不是儒者的新创，而是与他"少居鲁""长居宋"的经历及入乡随俗的做法直接相关，并可以看作是兼采殷、周之礼的结果。也因为孔子会辩证赞赏他礼的事实，学习孔子学问的学者又有效仿其义而在一些局部礼仪上采用"殷道"的情况，而这也提示孔子和儒者之说不能简单而绝对化地直接对应周礼。

2.孔子曰："於呼哀哉！我观周道，幽、厉伤之[1]。吾舍鲁何适矣[2]！鲁之郊[3]、禘[4]，非礼也，周公其衰矣！杞之郊也，禹也；宋之郊也，契也：是天子之事守也[5]。故天子祭天地，诸侯祭社稷。"

【注释】

[1] 周道：周礼，周代制度。《荀子·非相篇》曰："欲知上世，则审周道。"孔子认为西周幽、厉二王时的周道已然令人悲伤的看法，多被后世继承。如《文选·李萧远〈运命论〉》也说："及成王定鼎于郏鄏，卜世三十，卜年七百，天所命也。故自幽厉之间，周道大坏，二霸之后，礼乐陵迟。文薄之弊，渐于灵景；辩诈之伪，成于七国。酷烈之极，积于亡秦。"

[2]鲁：鲁国，制礼作乐的周公的封国，又称"鲁邦"，为孔子故国。如《诗·鲁颂·閟宫》曰："泰山岩岩，鲁邦所詹。"孔子"吾舍鲁何适矣"的说法，可以结合《左传·闵公元年》所载齐桓公使臣"鲁不弃周礼，未可动也"的回禀之说来看，并说明春秋时代的鲁国虽然也已事实存在一些违背周礼的做法，但相对又算是周礼保存和践行情况最好的邦国。

[3]郊：郊祭，或称"郊祀"，是"王"才可举行的最为重大的郊祭天地的礼仪。取阴阳之义，祭天于南郊、祭地在北郊。如《汉书·郊祀志下》记载："帝王之事莫大乎承天之序，承天之序莫重于郊祀，故圣王尽心极虑以建其制。祭天于南郊，就阳之义也；瘗地于北郊，即阴之象也。"也因为郊祭之礼的重大，其相比其他的祭祀之礼，实际又多有特殊之处。

[4]禘：王者禘祭得姓之始祖的隆重祭祀之礼。此处孔子以"鲁之禘"为"非礼"的定性，又与《论语·八佾篇》所载孔子"禘自既灌而往者，吾不欲观之矣"的说法相呼应，原因则在于禘祭始祖之礼正是王者依礼才能享有的祭祀大礼。《大传》即曰："礼，不王不禘，王者禘其祖之所自出，以其祖配之。诸侯及其大祖，大夫士有大事，省于其君，干祫及其高祖。"孙希旦《集解》又解释说："始封之君，谓之大祖，得姓之祖，谓之始祖。"而周人的始祖，也即是尧时得官、舜时受封的农官"后稷"，如《诗·大雅·生民》曰："厥初生民，时维姜嫄……载生载育，时维后稷。"《史记·周本纪》记载：

> 周后稷，名弃。……弃为儿时，屹如巨人之志。其游戏，好种树麻、菽，麻、菽美。及为成人，遂好耕农，相地之宜，宜谷者稼穑焉，民皆法则之。帝尧闻之，举弃为农师，天下得其利，有功。帝舜曰："弃，黎民始饥，尔后稷播时百谷。"封弃于邰，号曰后稷，别姓姬氏。后稷之兴，在陶唐、虞、夏之际，皆有令德。

至于诸侯所能祭祀的世系最远的祖先，则是作为邦国始封之君的"太祖"。如《仪礼·丧服》曰："都邑之士则知尊祢矣，大夫及学士则知尊祖矣。诸侯及其大祖，天子及其始祖之所自出。"郑玄注："都邑之士则知尊祢，近政化也。大祖，始封之君。始祖者，感神灵而生，若稷、契也。"

[5]事守：子孙应当遵守的先祖礼制。如郑玄注此曰："先祖法度子孙所

当守。"孔颖达疏："杞郊禹，宋郊契，盖是夏、殷天子之事；杞、宋是其子孙，当所保守，勿使有失。案：《祭法》云夏郊鲧、殷郊冥，今杞郊禹、宋郊契者，以鲧、冥之德薄，故更郊禹、契，盖时王所命也。"孔子此处的说法，表明了周时除王室外，又有杞、宋二国依礼享有郊祭之礼，且二国郊祭的对象又分别是夏、商之祖——禹和契。其他诸侯国的祖先没有享有天下之事，便没有继承祖先礼制而享有郊祭之礼的合礼依据。

【疏义】

此则论及拥有天下的夏、商、周三代都有郊祭天地之礼的情况。具体来说，孔子提到作为夏、商之后的杞、宋二国在周时被允准继承其祖先之礼而特殊享有郊祭，以及二国郊祭又分别配祀禹、契的情况。而且，这又可以与《祭法》"有虞氏禘黄帝而郊喾，祖颛顼而宗尧。夏后氏亦禘黄帝而郊鲧，祖颛顼而宗禹。殷人禘喾而郊冥，祖契而宗汤。周人禘喾而郊稷，祖文王而宗武王"的说法相比较，以进一步了解禘祭始祖的原则。孔子"鲁之郊、禘，非礼也，周公其衰矣"的感慨和"天子祭天地，诸侯祭社稷"的祭礼原则，还说明了"鲁礼"实质上就是周公所制的"周礼"，而作为周公封国的鲁国在春秋阶段也存在违礼行为。不过，鲁国之所以会存在这样一些"非礼"的新礼，又应当由周公死后依成王命令而享有天子祭祀礼乐的特殊待遇所引发。如《明堂位》便还说："昔殷纣乱天下，脯鬼侯以飨诸侯，是以周公相武王以伐纣。武王崩，成王幼弱，周公践天子之位以治天下。六年，朝诸侯于明堂，制礼作乐，颁度量而天下大服。七年，致政于成王。成王以周公为有勋劳于天下，是以封周公于曲阜，地方七百里，革车千乘，命鲁公世世祀周公以天子之礼乐。是以鲁君孟春乘大路，载弧韣旗十有二旒，日月之章，祀帝于郊，配以后稷，天子之礼也。"《祭统》则又云："昔者周公旦有勋劳于天下。周公既没，成王、康王追念周公之所以勋劳者，而欲尊鲁，故赐之以重祭：外祭则郊、社是也，内祭则大尝、禘是也。夫大尝、禘，升歌《清庙》，下而管《象》，朱干玉戚以舞《大武》，八佾以舞《大夏》，此天子之乐也。康周公，故以赐鲁也。子孙纂之，至于今不废，所以明周公之德，而又以重其国也。"此外，与文献对于禘祭、郊祀存在不同说法的现象相呼应，古今学者对于这种重大祭礼的争论也一直存在。[①]

第五节 《礼器》1则

《礼器》编次第十，通篇围绕"礼器是故大备。大备，盛德也"和"先王之立礼也，有本有文"所展开，记载了礼数"有以多为贵者""有以少为贵者""有以大为贵者""有以小为贵者""有以高为贵者""有以下为贵者""有以文为贵者""有以素为贵者"的差异和"礼不同，不丰、不杀"的运用原则，本节所讲疏的1则即涉及三代之礼的共通之处和尸祭仪式的不同情况。

1. 三代之礼，一也，民共由 [1] 之。或素 [2] 或青 [3]，夏造殷因 [4]。周坐尸 [5]，诏侑武方 [6]，其礼亦然，其道一也。夏立尸 [7] 而卒祭；殷坐尸；周旅酬 [8] 六尸 [9]。曾子曰："周礼其犹醵 [10] 与！"

【注释】

[1] 由：遵从，遵循。同样的用法，又见于《诗·大雅·假乐》"不愆不

---

① 左高山：《论〈论语〉中的"禘"及其政治伦理意蕴》，《孔子研究》2005 年第 1 期；陈筱芳：《春秋宗庙祭祀以及庙与寝的区别》，《西南民族大学学报（人文社科版）》2006 年第 11 期；曹玮：《西周时期的禘祭与祫祭》，北京大学考古文博学院编《考古学研究》，科学出版社 2006 年版，第 404—415 页；郭善兵：《略论清儒对"汉学"、"宋学"的继承与创新——以清儒对周天子宗庙祭祖礼制的诠释为中心》，《河南大学学报（社会科学版）》2008 年第 4 期；张树国：《后稷神话与西周郊祀的起源》，《杭州师范大学学报（社会科学版）》2014 年第 4 期；宁镇疆：《郑玄、王肃郊祀立说再审视》，《历史研究》2014 年第 5 期；陈赟：《"以祖配天"与郑玄禘论的机理》，《学术月刊》2016 年第 6 期；高瑞杰：《郑玄宗庙禘祫义考辨——以何休禘祫义为参照》，《经学文献研究集刊》2018 年第 2 期；陈壁生：《周公的郊祀礼——郑玄的经学构建》，《湖南大学学报（社会科学版）》2018 年第 5 期；深川真树：《试探〈春秋繁露〉的郊祀论》，《中州学刊》2019 年第 6 期；陈徽，樊智宁：《禘、祫再考》，《思想与文化》2020 年第 2 期；马清源：《鲁国郊祀起源及施行时间的认知变迁——以宋代〈春秋〉学经说为中心》，《文史》2020 年第 3 期；朱明数：《金鹗〈禘祭考〉及其学术史意义》，《人文论丛》2022 年第 1 辑。

忘，率由旧章"和《论语·泰伯篇》"民可使由之，不可使知之"。

[2] 素：白色，指代殷人尚白的礼仪。郑玄注此即曰："素，尚白；青，尚黑者也。言所尚虽异，礼则相因耳。孔子曰：'殷因于夏礼，所损益可知也；周因于殷礼，所损益可知也。'变白、黑言素、青者，秦二世时，赵高欲作乱，或以青为黑、黑为黄，民言从之，至今语犹存也。"以"素"为"白"的相同用法还有很多，最为常见的则是"素服"。如《昏义》曰："是故男教不修，阳事不得，适见于天，日为之食；妇顺不修，阴事不得，适见于天，月为之食。是故日食则天子素服而修六官之职，荡天下之阳事；月食则后素服而修六宫之职，荡天下之阴事。"《玉藻》曰："年不顺成，则天子素服。"《檀弓下》曰："军有忧，则素服哭于库门之外。"《郊特牲》曰：天子大蜡八之祭"皮弁素服而祭，素服以送终也"。《左传·僖公三十三年》记载："秦伯素服郊次，乡师而哭。"

[3] 青：黑色，指代夏后氏尚黑的礼仪。这由其后的"夏造"，以及前举《檀弓上》"夏后氏尚黑"的说法可以明见。不过，虽然郑玄《注》对此含义早有指出，但今人注译此处时又多错误地将"青"解释为"青色"。以"青"代指"黑色"的用法，早先多用于形容黑眉、黑发。如《楚辞·大招》有言："青色直眉，美目婳只。"李白《将进酒》又云："君不见高堂明镜悲白发，朝如青丝暮成雪。"而且，呼应此处"或素或青"的并提之说的，还有《汉书·班固传》所载班固《东都赋》"服尚素玄"。

[4] 造：首创，制定。因：因革，传承而又创新。"夏造殷因"的说法，与《论语·为政篇》所载子曰"殷因于夏礼，所损益可知也"相呼应。

[5] 尸：祭祀死者之时，代表死者神灵享受祭祀的人。依礼当以"孙"或"臣"为之。如《仪礼·士虞礼》记载士丧虞祭有"祝延尸，一人衰绖，奉篚，哭从尸。尸入门，丈夫踊，妇人踊"的礼仪，郑玄注："尸，主也。孝子之祭，不见亲之形，象心无所系，立尸而主意焉。一人，主人兄弟。《檀弓》曰'既封，主人赠，而祝宿虞尸。'"《特牲馈食礼》又记载有"主人降立于阼阶东"的礼仪，郑玄注："主人不迎尸，成尸尊。尸，所祭者之孙也。祖之尸，则主人乃宗子。祢之尸，则主人乃父道。事神之礼，庙中而已，出迎则为厌。"而且，选用"尸"的原则，《士虞礼》曰："尸服卒者之上服。

男，男尸，女，女尸；必使异姓，不使贱者。"《曲礼上》又云："礼曰：'君子抱孙不抱子。'此言孙可以为王父尸，子不可以为父尸。为君尸者，大夫士见之，则下之。君知所以为尸者，则自下之，尸必式。"可见，依礼存在以孙为"王父尸"和以臣为"君尸"的两类情况。

[6] 诏：告知或教导尸所当行之礼仪的人。侑：劝侑尸食饮的人。武：通"无"，无方，即"无常"，指没有固定的人选。如郑玄即注："'武'当为'无'，声之误也。方，犹常也。告尸行节，劝尸饮食无常，若孝子之为也。孝子就养无方，'诏侑'或为'诏囿'。"孔颖达疏："诏，告也。侑，劝也。方，常也，子事父母，就养无方。""诏"的同义用法，还见于《庄子·盗跖篇》："孔子谓柳下季曰：'夫为人父者，必能诏其子；为人兄者，必能教其弟。若父不能诏其子，兄不能教其弟，则无贵父子兄弟之亲矣。'""侑"的同义用法，还见于《诗·小雅·楚茨》的"以为酒食，以享以祀，以妥以侑，以介景福"和《周礼·天官·膳夫》的"以乐侑食，膳夫受祭，品尝食，王乃食"。

[7] 立尸：相对于"坐尸"而言的尸礼，指"尸"站着享用祭祀直到祭祀结束，行于夏代。至商、周二代，则改为"坐尸"之礼，也即尸会坐于堂上而享用祭祀。如《郊特牲》亦云："坐尸于堂"，郑玄注："尸来，升席，自北方坐于主北焉。"何休注《公羊传·宣公八年》"犹绎，万入，去籥"，又曰："祭必有尸者，节神也。礼，天子以卿为尸，诸侯以大夫为尸，卿大夫以下以孙为尸。夏立尸，殷坐尸，周旅酬六尸。"何休的注解，也说明了尸的选用，"卿大夫以下"的绝大多数死者的丧祭之事都以其"孙"充任，而仅有天子、诸侯这类天下、邦国之"君"的丧祭之事才会依礼选用"臣"。

[8] 旅酬：祭礼完毕后参加祭祀的亲友宾客一起宴饮而相互敬酒的礼仪。如《曾子问》曰："祭如之何则不行旅酬之事矣。"孔颖达疏："酬宾讫，主人洗爵于阼阶上，献长兄弟及众兄弟及内兄弟于房中。献毕，宾乃坐，取主人所酬之觯，于阼阶前酬长兄弟，长兄弟受觯于西阶前酬众宾，众宾酬众兄弟，所谓旅酬也。"又如，《诗·小雅·小弁》曰："君子信谗，如或酬之。"郑玄笺："酬，旅酬也。"孔颖达疏："酬有二等：既酢而酬宾者，宾奠之不

举，谓之奠酬；至三爵之后，乃举向者所奠之爵以行之，于后交错相酬名曰旅酬，谓众相酬也。"有关敬酒的称谓，若细分，则又可分为主人敬客人的"酬"和客人回敬主人的"酢"。

[9] 六尸：周天子除始祖后稷庙之外的其余六亲庙的庙主之尸，"周旅酬六尸"即是将六庙神主会于后稷庙以合祭时的一种礼仪。如孔颖达疏此云：

> "周旅酬六尸"者，此周又因殷而益之也。旅酬六尸，谓祫祭时聚群庙之主于太祖后稷庙中，后稷在室西壁东向，为发爵之主，尊，不与子孙为酬酢，馀自文武二尸就亲庙中，凡六，在后稷之东，南北对为昭穆，更相次序以酬也。殷但坐尸，未有旅酬之礼，而周益之也。然大祫多主，而唯云"六尸"者，先儒与王肃并云："毁庙无尸，但有主也。"

这种解释，则又当以《王制》"天子七庙，三昭三穆，与太祖之庙而七"的说法为依据。至于后稷庙之外的"六庙"，则由"四亲庙"和"二祧"组成。四亲庙，即指父、祖、曾祖、高祖这四位近亲之庙；二祧，即指周文王、周武王这两位远亲而不毁之庙。如《祭法》即曰："远庙为祧，有二祧，享尝乃止。"孔颖达则疏："远庙为祧者，远庙谓文、武庙也。文、武并在应迁之例，故云远庙也。特为功德而留，故谓为祧。祧之言超也，言其超然上去也。有二祧者，有文武二庙不迁，故云有二祧焉。"

[10] 醵：音jù，凑钱喝酒。郑玄注此即曰："合钱饮酒为醵。"孔颖达疏此云："曾子曰'周礼其犹醵与'者，曾子引世事证周礼旅酬之仪象也。醵，敛钱共饮酒也。"《说文》："醵，会饮酒也。从酉，豦声。"

【疏义】

此则论及夏、商、周"三代之礼"的存在及关系问题，并以用色和尸祭之礼为例，认为三代之礼明确存在而共同依赖着民众的遵守，并有着夏代创造、殷代因革和周代进一步补益的情况。具体来说，"夏后氏尚黑"和"殷人尚白""周人尚赤"的不同颜色取用之礼，其礼仪制定和使用的原则即是由夏代开创，并为商、周继承，只是商、周的崇尚之色相比夏代又各有自己的特色。夏代开创的祭祀用尸之礼，也为商、周两代所沿用，但相比"夏立尸而卒祭"的礼仪，商代又改"立尸"为"坐尸"，周人则在沿袭商代坐尸之礼的同时，又增加了"旅酬六尸"之礼，而三代的尸礼也还具有"诏侑无方"和虔诚致敬的共性。所以，夏、商、周三代的诸多礼仪，总体应当就是造因损益的关系。而且，曾子所认为的周礼有着"旅酬六尸"之礼仪的说法，还可以与周天子"七庙"的庙制之说相呼应，并提示周王室"七庙"实际得立的最早时间和相关庙数制度等问题的思考。不过，这种以尸代为享有祭祀的礼仪，在后世也发生了变化。比如，唐人《李遐叔文集·卜论》"夫祭有尸，自虞夏商周不变，战国荡古法，祭无尸"的说法，即说明了战国祭祀存在不用尸的情况，而这事实也有战国时楚国使用死者画像代替尸的做法为证。至于李华（即李遐叔）所言的有虞氏祭祀已然用尸的情况，则还找不到其他的印证材料。此外，合祭时祖先神主的排列，实则又牵涉重要的昭穆次序，而有关昭穆之制和尸祭之礼的详情及演变、遗留等问题，可供借鉴的成果也已较为丰富。①

【推荐阅读】

1.施劲松：《南方东周时期的独木棺合葬墓》，《考古学集刊》2010（02）。

---

① 方述鑫：《殷墟卜辞中所见的"尸"》，《考古与文物》2000 年第 5 期；黄鸣：《春秋时代祭祀仪礼中的"以女为尸"风俗》，《云南民族大学学报（哲学社会科学版）》2009 年第 2 期；荆云波：《中国古代的尸祭》，《宗教学研究》2010 年第 1 期；李志刚：《以神为宾：商周丧祭礼制中人神关系的新考察》，《史学月刊》2014 年 4 期；晁福林：《卜辞所见商代祭尸礼浅探》，《考古学报》2016 年第 3 期；李志刚：《神灵形象与商周立尸礼仪研究》，《东岳论丛》2021 年第 3 期；胡新生，白颖：《周代尸祭礼与中国祖先崇拜观念的转型》，《文史哲》2022 年第 5 期；李衡眉：《昭穆制度研究》，齐鲁书社 1996 年版；郭政凯：《论昭穆制度的起源及延续》，《陕西师大学报（哲学社会科学版）》1986 年第 1 期；刘海文：《西周昭穆制度的几个问题》，《史学月刊》1995 年第 4 期；孙祖眉：《昭穆制度浅议》，《社科纵横》1997 年第 3 期；黄光武：《释"穆"——兼谈昭穆的礼乐涵义》，《中山大学学报（社会科学版）》2001 年第 1 期；张富祥：《昭穆制新探》，《中国社会科学》2007 年第 2 期；安继民：《从乙丁制到昭穆制：儒道互补的历史渊源》，《中州学刊》2009 年第 3 期；陈筱芳：《昭穆制度异议》，《史学月刊》2010 年第 1 期；胡进驻：《略论上古高等级贵族墓地的昭穆规划制度》，《中原文化研究》2014 年第 6 期；胡进驻：《略论殷墟晚期王陵穴位的昭穆排列规则》，《北京师范大学学报（社会科学版）》2015 年第 5 期；王恩田：《昭穆解惑——兼答赵光贤教授》，《济南大学学报（社会科学版）》2018 年第 2 期；朱凤瀚：《论所谓昭穆制》，《中国社会科学》2022 年第 1 期。

先秦礼制文献讲疏

2. 耿超：《殷墟族墓地中的"夫妇合葬墓"及相关问题》，《首都师范大学学报（社会科学版）》2013（02）。

3. 周剑：《商周合葬墓研究》，郑州大学 2018 年博士论文。

4. 唐兰、俞伟超：《关子棺椁制度》，《文物》1972（09）。

5. 栾丰实：《史前棺椁的产生、发展和棺椁制度的形成》，《文物》2006（06）。

6. 宋玲平：《晋系墓葬棺椁多重制度的考察》，《考古与文物》2008（03）。

7. 袁胜文：《棺椁制度的产生和演变述论》，《南开学报（哲学社会科学版）》2014（03）。

8. 徐倩倩：《东周齐国的棺椁和墓室装饰研究》，《东南文化》2020（05）。

9. 何光岳：《夏族尚黑的流传和影响》，《安徽史学》1994（01）。

10. 胡新生：《"周人尚赤"说的历史考察》，《文史哲》2005（02）。

11. 夏荻楸：《从甲骨刻辞看殷人的"尚白"观念》，《郑州大学学报（哲学社会科学版）》2020（01）。

12. 黄凤春：《试论包山 2 号楚墓饰棺连璧制度》，《考古》2001（11）。

13. 何晓歌：《鱼跃拂池：周代饰棺鱼形饰研究》，《考古与文物》2021（06）。

14. 杜建民、崔吉学：《论谥号文化内涵的演变》，《史学月刊》1994（05）。

15. 彭裕商：《谥法探源》，《中国史研究》1999（01）。

16. 薛金玲：《谥法起源浅析》，《西北大学学报（哲学社会科学版）》2000（01）。

17. 薛金玲：《先秦〈谥法〉行用考》，《四川大学学报（哲学社会科学版）》2012（06）。

18. 张勇：《明器起源及相关问题探讨》，《华夏考古》2002（03）。

19. 郭妍利：《论商代青铜兵器的明器化现象》，《考古与文物》2006（06）。

20. 邰向平：《商墓中的毁器习俗与明器化现象》，《考古与文物》2010（01）。

21. 胡小满：《河北燕下都乐器明器的出土意义》，《中国音乐学》2014

（02）。

22. 王娟：《明器与冥器》，《民俗研究》2015（01）。

23. 贾海生：《作册嗌卣铭文所见祔祭典礼》，《考古与文物》2021（03）。

24. 杨朝明：《"三年之丧"应为殷代遗制说》，《史学月刊》1995（02）。

25. 丁鼎：《"三年之丧"源流考论》，《史学集刊》2001（01）。

26. 方述鑫：《"三年之丧"起源新论》，《四川大学学报（哲学社会科学版）》2002（02）。

27. 李玉洁：《论周代的尸祭及其源流》，《河南大学学报（社会科学版）》1992（01）。

28. 刘振华：《〈仪礼〉所载"尸祭"仪式的戏剧性考论》，《古籍整理研究学刊》2017（05）。

29. 胡新生、白杨：《周代尸祭礼与中国祖先崇拜观念的转型》，《文史哲》2022（05）。

第四章 《礼记》所见周礼在两周的礼变实例

　　《礼记》之中还多有关于周礼在两周实际施行情况的变例记载，本章即摘选《礼记》所载两周阶段发生的 21 则礼变实例，用以展现周礼在东周大变革的社会背景下所相应发生的变化面貌。具体则包括：《檀弓上》8 则；《檀弓下》5 则；《郊特牲》3 则；《杂记下》4 则；《坊记》1 则。对于第三章注释、疏义已有提及过的实例，本章不再重复。

第一节 《檀弓上》8 则

　　本节所讲疏的 8 则，依次涉及"孔氏之不丧出母，自子思始也"、"鲁人有朝祥而莫歌者"、"士之有诔"自鲁庄公诔县贲父始也、"邾娄复之以矢，盖自战于升陉始也。鲁妇人之髽而吊也，自败于台鲐始也"、"伯鱼之母死，期而犹哭"、曾子"执亲之丧也，水浆不入于口者七日"、"子蒲卒"哭丧者直呼其名、"宋襄公葬其夫人，醯醢百瓮"的礼变实例。

　　1. 子上[1]之母死而不丧。门人问诸子思曰："昔者子之先君子[2]丧出母乎？"曰："然"。"子之不使白也丧之，何也？"子思曰："昔者吾先君子无所失道[3]：道隆则从而隆，道污则从而污[4]。伋则安能？为伋也妻者，是为白也母；不为伋也妻者，是不为白也母。"故孔氏之不丧出母，自子思始也。

【注疏】

[1] 子上：即孔白。子思孔伋之子，孔子曾孙，其母为父所出。

[2] 先君子：指孔子。孔颖达疏："子之先君子，谓孔子也。"

[3] 失道：失礼，无道。"道"与"礼"的呼应关系，又见于《论语·季氏篇》所载孔子"天下无道，则礼乐征伐自诸侯出"的说法。

[4] 污：降杀。郑玄注："污犹杀也，有隆有杀，进退如礼。"有关礼的隆、杀，又或者称为丰、杀。如《礼器》又云："孔子曰：'礼，不可不省也。'礼不同，不丰、不杀，此之谓也。盖言称也。"

【疏义】

此则论及孔氏家族自子思不使孔白为出母服丧开始而有着不为出母服丧的惯例。而且，子思也有说明孔子曾经依礼允许其子孔鲤为出母服丧的事实，以及自己不同于孔子做法的原因在于他认为女子若为己妻则为子母、若不为己妻则不为子母的观念。当然，这又意味着此处"门人问诸子思"的事例，不仅是子思学派存在的明证，更是儒学理论中男权进一步上升和女性地位进一步下降的重要先例。与此呼应，由于孔子、子思祖孙在儒学形成和发展过程中的开创性和关键性作用，学者对于孔氏丧出母与否的问题也有一些专门性探讨。①

2. 鲁人有朝祥[1]而莫[2]歌者，子路笑[3]之。夫子曰："由[4]，尔责于人，终无已夫？三年之丧，亦已久矣夫。"子路出，夫子曰："又多乎哉？逾月则其善也。"

【注释】

[1] 祥：此处特指亲死两周年的大祥祭。如《间传》曰："（父母之丧）期

---

① 杨朝明：《孔子"出妻"说及相关问题》，《齐鲁学刊》2009年第2期；林志鹏：《〈礼记·檀弓〉"出母"考——并论"孔氏三世出妻"疑案》，上海社会科学院历史研究所编《传统中国研究集刊》第11辑，上海人民出版社2013年，第42—50页；李寒光：《论顾炎武对"无二尊"礼学原则的强调》，《中国典籍与文化》2016年第4期；李寒光：《"孔氏出妻"诸家解说及其卫道立场考论》，《经学文献研究集刊》2019年第2期。

而小祥，食菜果。又期而大祥，有醯酱。中月而禫，禫而饮醴酒。"

[2] 莫：通"暮"，傍晚。与"朝"相对而言，如《韩非子·难一》有言曰："令朝至暮变，暮至朝变。"《庄子·齐物论》又说："朝三而暮四。"

[3] 笑：讥笑，嘲讽。相同的用法，还见于《孟子·梁惠王上》："以五十步笑百步。"。

[4] 由：即仲由，子路。孔子弟子，以"勇"著称。

【疏义】

此则论及鲁国有人早晨举行大祥祭而当日傍晚便唱起歌来的违礼事例。以其所服"三年之丧"的礼仪来说，则应当如孔子"逾月则其善也"的评价那般以"逾月"为合礼。与此呼应，大祥祭之后"中月而禫"的礼仪，才又明确是除服之祭。如《说文》即曰："禫，除服祭也。"有关三年之丧的服丧时长，古今围绕对于"中月而禫"的不同理解，则还形成了旷日持久的 25 月和 27 月之争。对此，《康熙字典》有关"禫"的解释，又可为参考：

除服祭名。《礼·间传》："父母之丧期而小祥，又期而大祥，中月而禫。"《疏》："中，间也，大祥后更间一月为禫，二十七月也。"《释名》："禫，孝子之意，澹然哀思益衰也。"按：祥禫之说，郑康成主异月，王肃主同月，今通考《礼》文《檀弓》云："孔子既祥，五日弹琴而不成声，十日而成笙歌"，又"鲁人朝祥暮歌，孔子谓逾月则善"，又"祥而缟，是月禫，徙月乐"。《丧服四制》云："祥之日鼓素琴。"《三年问》云："三年之丧，二十五月而毕"，则王肃之言为可据。《士虞礼》《间传》皆言"中月而禫"，谓禫在祥月中也。即令丧事先远日，祥或在下旬，然祥后即禫，亦不害为中月。郑氏特据《丧服小记》"中一以上"，《学记》"中年考校"两文，释中为间，遂定为二十七月，实与经不合。然先儒司马光、朱元晦皆知王说为是，而不敢昌言正之者，亲丧宁厚，且相延已久，不容猝变也。

只是，这位鲁人"朝祥而暮歌"的做法，也反映了当时社会已经多有人认为周礼规定的三年之丧服丧过久的看法，而这又正是还有孔子弟子宰予为例。《论语·阳货篇》记载：

> 宰我问："三年之丧，期已久矣！君子三年不为礼，礼必坏；三年不为乐，乐必崩。旧谷既没，新谷既升，钻燧改火，期可已矣。"子曰："食夫稻，衣夫锦，于女安乎？"曰："安！""女安则为之！夫君子之居丧，食旨不甘，闻乐不乐，居处不安，故不为也。今女安，则为之！"宰我出，子曰："予之不仁也！子生三年，然后免于父母之怀。夫三年之丧，天下之通丧也，予也有三年之爱于其父母乎？"

此外，有关禫祭是否与大祥祭同月举行的问题，当今学者的研究成果也可供借鉴。[①] 至于孔子又说这位鲁人能服三年之丧也算是很久了的原因，则在于批评仲由喜欢责备他人的过错。

3.鲁庄公及宋人战于乘丘[1]，县贲父[2]御，卜国为右[3]。马惊，败绩，公队[4]。佐车授绥[5]。公曰："末之，卜也。"县贲父曰："他日不败绩，而今败绩，是无勇也。"遂死之。圉人浴马，有流矢在白肉[6]。公曰："非其罪也。"遂诔之[7]。士之有诔，自此始也[8]。

【注释】

[1] 乘丘：鲁地。此处的乘丘之战，学者多认为是《左传》所载发生于鲁庄公十年夏季六月的鲁宋之战[②]，但这两处战役中鲁国获胜和大败的不同结局，又意味着或许并非如此。如《春秋·庄公十年》记载："夏六月，齐师、宋师次于郎。公败宋师于乘丘。"《左传》则还补充叙述说："夏六月，齐师、

① 曾亦：《孝道的构建与先秦儒家对古礼的改造——以丧礼中的祥、禫同异月问题为例》，《同济大学学报（社会科学版）》2018年第4期。
② 杨天宇：《礼记译注》，上海古籍出版社2004年版，第61页。

先秦礼制文献讲疏

宋师次于郎。公子偃曰：'宋师不整，可败也。宋败，齐必还，请击之。'公弗许。自雩门窃出，蒙皋比而先犯之。公从之，大败宋师于乘丘。齐师乃还。"

[2] 县贲父：春秋鲁国人，乘丘之战中为鲁庄公之"御"。"御"，即驾驶车马之人。如《说文》曰："御，使马也。""父"，通"甫"，是对男子的一种美称。如《说文》便解释说："甫，男子美称也。"孔颖达疏《曲礼下》又云："'曰有天王某甫'者，既不自往，故祝辞不称名。而云某甫者，郑云且字也。解且字者，云：某是天子之字，甫是男子美称也。祝称天子字而下云甫，是尼父之类也。故《穀梁传》云'父犹傅也，男子美称也。'《士冠礼》注曰：'甫，丈夫美称。'"其他如此称谓的代表性例证，则还有姜太公吕尚又被称为"尚父"、周宣王大夫仲山父又被写作"仲山甫"，以及孔子又被称为"尼父"或写作"尼甫"等。如《诗·大雅·大明》即曰："维师尚父，时维鹰扬。"又如，《史记·周本纪》记载："（周宣王）三十九年，战于千亩，王师败绩于姜氏之戎。宣王既亡南国之师，乃料民于太原。仲山甫谏曰：'民不可料也。'宣王不听，卒料民。"《国语·周语上》又记载："鲁武公以括与戏见王，王立戏，樊仲山父谏曰：'不可立也！不顺必犯，犯王命必诛，故出令不可不顺也。……今天子立诸侯而建其少，是教逆也。……'王卒立之。"再如，《左传·哀公十六年》记载鲁哀公悼念孔子说："旻天不吊，不憗遗一老。俾屏余一人以在位，茕茕余在疚。呜呼哀哉，尼父！无自律。"《白虎通义·圣人》又云："孔子反宇，是谓尼甫。"

[3] 右：即"车右"。指陪乘尊者而又位于御者右边并负责随侍保卫尊者的"参乘"，通常由勇士担任，尊者、御者则分别位于车舆的左边和中间。如《曲礼上》曰："君抚仆之手而顾命车右就车"，郑玄注："车右，勇力之士，备制非常者。君行则陪乘；君式则下步行"。《谷梁传·成公五年》记载："晋君召伯尊而问焉。伯尊来，遇辇者，辇者不辟。使车右下而鞭之。"范宁注："凡车将在左，御在中，有力之人在右，所以备非常。"同时，由于护卫尊者的职责，车右的装束又是披甲执兵，"车右"也因此还有"保介"的称谓方式。如《诗·周颂·臣工》曰："嗟嗟保介，维莫之春，亦又何求，如

何新畲。"郑玄则笺："《月令》孟春'天子亲载耒耜，措之于参保介之御间'。莫，晚也。周之季春，于夏为孟春，诸侯朝周之春，故晚。……介，甲也。车右，勇力之士，被甲执兵也。"而且，由于战争中车右的重要性，其人选依礼还要使用占卜的方式才能确定，并以忠君有德之人担任。比如，《左传·僖公十五年》记载：秦国伐晋，"三败及韩。晋侯谓庆郑曰：'寇深矣，若之何？'对曰：'君实深之，可若何？'公曰：'不孙。'卜右，庆郑吉，弗使。步扬御戎，家仆徒为右，乘小驷，郑入也。……（九月）壬戌，战于韩原，晋戎马还泞而止。公号庆郑。庆郑曰：'愎谏违卜，固败是求，又何逃焉？'遂去之。"又如，汉人崔骃《车右铭》还有言曰："择御卜右，采德用良。"与此呼应，对于鲁庄公坠车后责怪车右卜国的"末之，卜也"的说法，郑玄又注解为"末之，犹微哉！言卜国无勇"。

[4] 败绩：军队溃败。队，通"坠"，坠车。《左传·庄公十一年》便有说明《春秋》存在"凡师，敌未陈曰败某师，皆陈曰战，大崩曰败绩，得儁曰克，覆而败之曰取某师，京师败曰王师败绩于某"的称谓义例。至于鲁庄公责怪之人，虽然直观上仅是车右卜国，但县贲父"他日不败绩，而今败绩，是无勇也"的自责之说和"遂死之"的做法，又说明御者实际也存在有勇和忠君的德行要求。

[5] 佐车：天子、诸侯田猎或随战的副车。绥：可以手挽以助登车的绳索。若是朝聘、祭祀之事的随行之车，则称为"贰车"。如《少仪》曰："乘贰车则式，佐车则否。贰车者，诸侯七乘，上大夫五乘，下大夫三乘。"郑玄注："贰车、佐车，皆副车也。朝祀之副曰贰，戎猎之副曰佐。"《左传·成公二年》记载："郑周父御佐车，宛茷为右，载齐侯以免。"杜预又注："佐车，副车。"又如，《说文》曰："绥，车中把也。"段玉裁注："徐锴曰：'礼，升车必正立执绥，所以安也。'"《仪礼·士冠礼》曰："壻御妇车，授绥，姆辞不受。"郑玄又注："绥，所以引升车者。《曲礼》曰'仆人之礼，必授人绥'。"而且，《曲礼上》"君车将驾，则仆执策立于马前。已驾，仆展軨效驾，奋衣由右上取贰绥，跪乘，执策分辔，驱之五步而立。君出就车，则仆并辔授绥。左右攘辟，车驱而驺。至于大门，君抚仆之手，而顾命车右就

车。门闾、沟渠必步。凡仆人之礼，必授人绥"的说法，还说明国君车架上实际有着"贰绥"。

[6] 圉人：掌管养马放牧等相关事宜的官吏。如《周礼·夏官》曰："圉人掌养马刍牧之事。"流矢：飞箭的箭头。白肉：大腿内侧的肉。如郑玄注："圉人，掌养马者。白肉，股里肉。"孔颖达疏："以股里白，故谓之白肉，非谓肉色白也。"

[7] 诔：叙述死者生平事迹和赞美其德行以表示哀悼的致辞。如《墨子·鲁问》曰："鲁君之嬖人死，鲁君为之诔，鲁人因说而用之。子墨子闻之曰：'诔者，道死人之志也。今因说而用之，是犹以来首从服也。'"《释名》亦云："诔，累也。累列其事而称之也。"相关的礼仪原则，则有《曾子问》所言："贱不诔贵，幼不诔长，礼也。惟天子称天以诔之，诸侯相诔，非礼也。"

【疏义】

此则论及鲁庄公诔御者县贲父之事开创了"士之有诔"之先例的情况。具体来说，为鲁庄公驾车的县贲父在鲁宋乘丘之战中，因自惭于鲁庄公坠车而选择勇猛战死之后，圉人在洗马时又因发现"流矢在白肉"的情况而得知了乘马受惊和鲁庄公坠车的真相，鲁庄公则在获知这一真相后又因自己坠车和军队战败并非县贲父之罪过的事实及其为国英勇战死的壮举，而有了破例为之致哀悼之辞的情况。当然，这也反证了周礼本来没有国君诔士的礼制。至于鲁庄公诔县贲父之事的性质，虽然开创了"士之有诔"的变礼先例，却显然不能看作是违背周礼的"非礼"行为，而应当认为是鲁庄公表彰忠君爱国者的奖励性贤明之举。同时，与县贲父一样，因忠君战死而被哀悼赞赏的相类事件，还有"越甲鸣君"的爱国典故。具体也即《说苑·立节》所云：

> 越甲至齐，雍门子狄请死之。齐王曰："鼓铎之声未闻，矢石未交，长兵未接，子何务死之？为人臣之礼邪？"雍门子狄对曰："臣闻之，昔者王田于圃，左毂鸣，车右请死之，而王曰：'子何为死？'车右对曰：'为其鸣吾君也。'……遂刎颈而死。知有之乎？'"

齐王曰："有之。"雍门子狄曰："今越甲至，其鸣吾君也，岂左毂之下哉？车右可以死左毂，而臣独不可以死越甲也？"遂刎颈而死。是日，越人引甲而退七十里，曰："齐王有臣钧如雍门子狄，拟使越社稷不血食。"遂引甲而归。

此外，有关"诔"与谥号、碑文的关系以及诔文的用意，甚至《左传》所载鲁哀公诔孔子之文的真伪等问题，也有学者表达过个人看法，可为参考。[①]

4. 邾娄[1]复之以矢[2]，盖自战于升陉[3]始也。鲁妇人之髽[4]而吊也，自败于台鲐[5]始也。

【注释】

[1] 邾娄：即邾国。春秋时才受封的诸侯国，又称"邹"，或写作"驺"。如《公羊传·隐公元年》记载："三月，公及邾娄仪父盟于昧。"何休注："邾，音诛娄。……邾人语声后曰娄，故曰邾娄。《礼记》同《左氏》《穀梁》无娄字，父音甫，本亦作甫。"陆德明对于《檀弓上》此处又释文为："邾，音诛娄。……邾人呼邾声曰娄，故曰邾娄。《公羊传》与此记同，《左氏》《穀梁》但作'邾'。"又如，《说文》曰："邹，鲁县，古邾娄国，帝颛顼之后所封。"元人黄公绍《古今韵会举要》释"邹"，亦云："古邾娄国，帝颛顼之后所封。徐按：'《孟子题辞》：邾国至孟子时，鲁穆公改曰邹。'"再如，《史记·孟子列传》记载："孟轲，驺人也。受业子思之门人。"《康熙字典》释"邾"，又说：

《玉篇》："鲁附庸国，颛顼之后所封也。"《春秋·隐元年》："公及邾仪父盟于蔑。"《注》："邾，今鲁国邹县也。"《六书故》："邾邹同声，实一地。春秋时邾用夷，故邾谓之邾娄，合邾娄之音为邹，

① 陈恩维：《先唐诔文述德内容的变迁及其文学化进程》，《广西师范大学学报（哲学社会科学版）》2005 年第 1 期；李贵银：《碑文与铭文、颂文及诔文的文体关系》，《社会科学辑刊》2009 年第 6 期；常亮：《"策书诔谥"与碑刻制造——以东汉宦官碑所载文书为中心》，《古典文献研究》2021 年第 1 期。

故郑改名邹也。"《舆地广记》："淄州邹平县，古邹国。兖州邹县，郑文公所迁，邑有孟轲冢。楚灭之，迁之江夏，故江夏亦有郑城，今为黄州黄冈市。"

[2] 复：为死者招魂复魄的招魂礼仪。如《仪礼·士丧礼》云："复者一人，以爵弁服，簪裳于衣，左何之，扱领于带，升自前东荣中屋，北面招以衣，曰：'皋！某复。'三。降衣于前。"郑玄注："复者，有司招魂复魄也。天子则夏采、祭仆之属，诸侯则小臣为之。爵弁服，纯衣纁裳也，礼以冠名服。簪，连也"，"北面招，求诸幽之义也。皋，长声也。某，死者之名也。复，反也。降衣，下之也。《丧大记》曰'凡复，男子称名，妇人称字。'"贾公彦疏："复声必三者，礼成于三。注释曰'北面招，求诸幽之义也'者，《礼记·檀弓》文以其死者必归幽暗之方，故北面招之，求诸幽之义。引《丧大记》者，证经复时所呼名字，云'男子称名'者，据大夫以下；若天子崩，则云'皋！天子复'；若诸侯薨，则称'皋！某甫复'。若妇人称字，则尊卑同。此经含有男子、妇人之丧，故言'男子称名，妇人称字'。"而且，郑玄、贾公彦的这些说法，还与《檀弓下》"复，尽爱之道也，有祷祠之心焉；望反诸幽，求诸鬼神之道也；北面，求诸幽之义也"的说法，以及《丧服小记》"复与书铭，自天子达于士，其辞一也。男子称名，妇人书姓与伯仲，如不知姓则书氏"的说法相吻合。与《士丧礼》所述复礼仪节及其要义相合的，还有《礼运》"及其死也，升屋而号，告曰：'皋！某复。'然后饭腥而苴孰。故天望而地藏也，体魄则降，知气在上。故死者北首，生者南乡，皆从其初"的说法。而且，综合《士丧礼》《礼运》《檀弓下》的记载，即可知周礼使用死者衣物而在死者初死之时升屋北面望天三呼的招魂方式及其相应的鬼魂观念。

[3] 战于升陉：鲁僖公二十二年发生的鲁、郑之战，"升陉"为鲁地。郑玄对此"战于升陉，鲁僖二十二年秋也。时师虽胜，死伤亦甚，无衣可以招魂"的注解，说明此次战役以郑国的惨胜为结局，这才导致了郑国为死者招魂的衣物无法备齐而被迫改用箭行复礼的情况。如《春秋·僖公二十二年》记载："秋八月丁未，及郑人战于升陉。"《左传》对此战役，则

又详细补充如下：

> 邾人以须句故出师。公卑邾，不设备而御之。臧文仲曰："国无小，不可易也。无备，虽众不可恃也。《诗》曰：'战战兢兢，如临深渊，如履薄冰。'又曰：'敬之敬之，天惟显思，命不易哉！'先王之明德，犹无不难也，无不惧也，况我小国乎！君其无谓邾小。蠭虿有毒，而况国乎？"弗听。八月丁未，公及邾师战于升陉，我师败绩。邾人获公胄，县诸鱼门。

这说明升陉之战邾国获胜而鲁国失败的原因，主要在于鲁僖公轻敌的缘故。

[4]髽：音zhuā，女性服丧时用麻扎成的发髻。如《仪礼·士丧礼》曰："妇人髽于室。"郑玄注："始死，妇人将斩衰者，去笄而纚；将齐衰者，骨笄而纚。今言髽者，亦去笄，纚而紒也。齐衰以上，至笄犹髽，髽之异于髻发者，既去纚而以发为大紒，如今妇人露紒其象也。《檀弓》曰'南宫韬之妻之姑之丧，夫子诲之髽，曰：尔毋纵纵尔，尔毋扈扈尔'。其用麻布，亦如着幓头然。"《丧服》又曰："女子子在室为父，布总，箭笄，髽，衰，三年。"至于女性吊丧，则依礼"不髽"，并自鲁人迎狐鲐之丧者开始发生变化。如《说文》释"髽"，亦云："丧结。《礼》：女子髽衰，吊则不髽。鲁臧武仲与齐战于狐鲐，鲁人迎丧者，始髽。"

[5]台鲐：又写作"狐鲐"或"壶鲐"，邾地。《左传·襄公四年》即记载为："冬十月，邾人、莒人伐鄫。臧纥救鄫，侵邾，败于狐骀。国人逆丧者皆髽，鲁于是乎始髽。国人诵之曰：'臧之狐裘，败我于狐骀。我君小子，朱儒是使。朱儒！朱儒！使我败于邾。'"杜预注："髽，麻发合结也。遭丧者多，故不能备凶服，髽而巳林。著丧礼之始变。"郑玄《注》则解释说："败于台鲐，鲁襄四年秋也。'台'当为'壶'字之误也，《春秋传》作'狐鲐'。时家家有丧，髽而相吊。去纚而紒曰髽。礼，妇人吊服，大夫之妻锡衰，士之妻则疑衰与，皆吉笄无首素总。"

【疏义】

此则论及邾、鲁二国受战争影响所分别引发的复礼用具和吊丧发饰之仪的变化。具体来说，邾国人在升陉之战中因无法备齐死者衣物的特殊形势而存在使用箭为死者招魂的情况，邾国人则也自此先例而形成了"复之以矢"的变礼；鲁国妇女因狐鲐之战中鲁国大败于邾国和家家户户都有丧的特殊形势而存在髽发以迎丧和相互吊丧的情况，鲁国妇女则也自此先例而形成了"髽而吊"的常仪。只是，孔颖达"此一节论二国失礼之事"的疏语，虽然从改变旧有周礼的角度进行评论，但这两例变礼的开创却诠释了春秋时代的礼变实际多与特殊形势下的先例性做法有关的情况。而且，"复"作为人初死时的招魂复魄之仪，又有从其义而称为"招复"的方式。如李贤注《后汉书·赵咨传》的"招复含敛之礼"，即曰："招复，谓招魂复魄也。"至于招魂礼仪所使用的物品，则可以统称为"招具"。如《楚辞·招魂》便有言曰："招具该备，永啸呼些。"王逸则注："该，亦备也。言撰设甘美，招魂之具靡不毕备，故长啸大呼以招君也。夫啸者，阴也；呼者，阳也。阳主魂，阴主魄，故必啸呼以感之也。"此外，有关邾国、小邾国和"三邾"的存在，以及邾国和鲁国等诸侯国的邦交情况，也有其他的文献记载和考古遗址、铜器铭文可为探讨的依据。①

5. 伯鱼[1]之母死，期而犹哭[2]。夫子闻之，曰："谁与哭者?"门人曰："鲤也。"夫子曰："嘻! 其甚也。"伯鱼闻之，遂除之。

---

① 张知寒：《略论"邾娄文化"与儒墨》，《文献》1989 年第 3 期；李学勤：《小邾国墓及其青铜器研究》，《东岳论丛》2007 年第 2 期；袁俊杰：《小邾国媵器随葬于本国贵族墓地原因探析》，《华夏考古》2008 年第 2 期；李春桃：《邾公钟铭文研究》，《江汉考古》2017 年第 4 期；路国权，王青：《山东邹城市邾国故城遗址 2015 年发掘简报》，《考古》2018 年第 3 期；蒲珅杉：《山东邹城邾国故城遗址宫殿区南部 2016 年秋季调查简报》，《东南文化》2019 年第 3 期；王青等：《山东邹城邾国故城遗址 2017 年发掘简报》，《东南文化》2019 年第 3 期；郎剑锋：《山东邹城邾国故城遗址 2017、2018 年考古发掘所获文字资料》，《东南文化》2019 年第 3 期；张海：《邾器与两周邾邦史事》，《青铜器与金文》2020 年第 1 期；贾一凡：《新见小邾国有铭青铜器探析》，《江汉考古》2020 年第 1 期；赵琦：《春秋时期邾国政治联姻初论》，《华夏文化》2020 年第 3 期；路国权等：《山东邹城市邾国故城西岗墓地一号战国墓》，《考古》2020 年第 9 期；郝导华等：《从考古发现谈三邾相关问题》，《南方文物》2022 年第 1 期。

[1] 伯鱼：即孔子之子孔鲤。春秋鲁国陬邑人，出生之际有鲁昭公赐以鲤鱼，故名为"鲤"、字为"伯鱼"而以资纪念，先于孔子离世，母为宋人"上官氏"。如《孔子家语·本姓解》记载："孔子三岁而叔梁纥卒，葬于防。至十九，娶于宋之上官氏，一岁而生伯鱼，鱼之生也，鲁昭公以鲤鱼赐孔子，荣君之贶，故因以名曰鲤，而字伯鱼，鱼年五十，先孔子卒。"

[2] 期：期年，一周年。同样的用法，又见于《论语·阳货篇》所载宰我"三年之丧，期已久矣"的说法。伯鱼为母丧"期而犹哭"的情况，即说明他在期年之后尚未除服。

【疏义】

此则论及孔子之子伯鱼对于母丧曾有期年不除服而仍哭的违礼做法。孔子"其甚也"的评价和伯鱼"遂除之"的做法，即直接表明了孔鲤为其母依礼应当至多服齐衰一年之期丧的事实，以及除丧之后便不当再有哭仪的情况。只是，上举《檀弓上》"子上之母死而不丧。……故孔氏之不丧出母，自子思始也"的相关说法，还说明孔鲤之母又存在为孔子所出的情况，因而孔子认为伯鱼服丧过礼的评价和伯鱼随即除服改正的做法，还都应当以《丧服》所言"疏衰裳齐，牡麻绖，冠布缨，削杖，布带，疏屦，期者，父在为母、妻，出妻之子为母"的礼仪为依据。同时，《檀弓下》所载"子思之母死于卫，赴于子思，子思哭于庙。门人至曰：'庶氏之母死，何为哭于孔氏之庙乎？'子思曰：'吾过矣！吾过矣！'遂哭于他室"的情况，还说明子思之母、伯鱼之妻事实也属被出之列。此外，孔鲤之母"上官氏"，实际又多有被称作"亓官氏"的现象。比如，《元和姓纂·孔》解释孔姓时便说：

孔姓，殷王帝乙长子微子启受封于宋，弟微仲衍曾孙悯公生弗父何，何生宋父周，周生世父胜，胜生正考父，正考父生孔父嘉，子孙以王父字为氏。孔父生子木金父，木金父生睪夷父，睪夷父生防叔，仕鲁为大夫，生相夏，夏生邹叔梁纥。纥生邱仲尼，三岁父卒，十九岁娶宋亓官氏，一岁生鲤，字伯鱼。孔子为鲁司寇，摄相事，居邹邑平乡阙里，鲁哀公十六年卒，年七十二。伯鱼年五十，先仲尼卒。

比较可见，《元和姓纂》对于孔子父卒、娶妻和子死之龄的记载，应当有参照《孔子家语》。

6.曾子谓子思曰："汲！吾执亲之丧也，水浆不入于口者七日。"[1]子思曰："先王之制礼也，过之者俯而就之，不至焉者跂而及之[2]。故君子之执亲之丧也，水浆不入于口者三日[3]，杖而后能起[4]。"

【注释】

[1] 执亲之丧：为父母双亲服丧，此处实际特别针对三年之丧而言。

[2] "先王之制礼"者：子思的这种说法，合于孔子的思想。比如，《曾子问》有记载："曾子问曰：'父母之丧，弗除可乎？'孔子曰：'先王制礼，过时弗举，礼也；非弗能勿除也，患其过于制也，故君子过时不祭，礼也。'"

[3] "三日"者：对应"三日不食"的礼仪。可以比较《间传》"斩衰，三日不食；齐衰，二日不食；大功，三不食；小功缌麻，再不食；士与敛焉，则壹不食。故父母之丧，既殡食粥，朝一溢米，莫一溢米；齐衰之丧，疏食水饮，不食菜果；大功之丧，不食醯酱；小功缌麻，不饮醴酒。此哀之发于饮食者也"的说法，以及《丧服四制》"三日而食，三月而沐，期而练，毁不灭性，不以死伤生也。丧不过三年"的说法，和"父母之丧，衰冠绳缨菅屦，三日而食粥，三月而沐，期十三月而练冠，三年而祥"的说法等。

[4] 杖：服丧使用的手杖。如《丧服小记》云："苴杖，竹也；削杖，桐也"；"妇人不为主而杖者：姑在为夫杖，母为长子削杖。女子子在室为父母，其主丧者不杖，则子一人杖"。《问丧》又解释说："或问曰：'杖者何也？'曰：竹、桐一也。故为父苴杖——苴杖，竹也；为母削杖——削杖，桐也。或问曰：'杖者以何为也？'曰：孝子丧亲，哭泣无数，服勤三年，身病体羸，以杖扶病也。则父在不敢杖矣，尊者在故也；堂上不杖，辟尊者之处也；堂上不趋，示不遽也。此孝子之志也，人情之实也，礼义之经也，非从天降也，非从地出也，人情而已矣。"

此则论及以孝著称的曾子执亲之丧七日不食的过礼之孝举，及其并不被子思看作合礼的事例。而且，子思评判其行为的依据又明确是"先王之制礼"，具体也即西周旧有的"三日不食"的服丧之制，而这种用以评判的标准实则还符合孔子"过犹不及"的主张。

7. 子蒲[1]卒，哭者呼"灭"。子皋[2]曰："若是野[3]哉！"哭者改之。

【注释】

[1] 子蒲：乃"字"，名"灭"。

[2] 子皋：又写作"子羔"，即孔子弟子高柴，小孔子 30 岁，曾在卫国任官。《史记·仲尼弟子列传》记载："高柴字子羔。少孔子三十岁。子羔长不盈五尺，受业孔子，孔子以为愚。子路使子羔为费郈宰，孔子曰：'贼夫人之子！'子路曰：'有民人焉，有社稷焉，何必读书然后为学！'孔子曰：'是故恶夫佞者。'"《韩非子·外储说左下》又云："孔子相卫，弟子子皋为狱吏"。

[3] 野：粗野无礼。如《仲尼燕居》有载："子曰：'敬而不中礼，谓之野；恭而不中礼，谓之给；勇而不中礼，谓之逆。'"又如，《论语·子路篇》又记载：

> 子路曰："卫君待子而为政，子将奚先？"子曰："必也正名乎！"子路曰："有是哉，子之迂也！奚其正？"子曰："野哉，由也！君子于其所不知，盖阙如也。名不正，则言不顺；言不顺，则事不成；事不成，则礼乐不兴；礼乐不兴，则刑罚不中；刑罚不中，则民无所措手足。故君子名之必可言也，言之必可行也。君子于其言，无所苟而已矣。"

就丧礼来说，用以招魂的复礼对于"大夫以下"的男性死者，虽然可以呼其"名"，但哭丧者却是依礼皆不能直呼死者之名。

【疏义】

此则论及哭丧者直呼子蒲之名的违礼之例，以及高柴指出其违礼之后又随即更正的情况。而这也反映了孔子弟子在周礼的传承方面，确实多有贡献的情况。

先秦礼制文献讲疏

8.宋襄公[1]葬其夫人,醯醢百瓮[2]。曾子曰:"既曰明器矣,而又实之。"

【注释】

[1] 宋襄公:春秋一度小霸的宋国国君,名"兹父"。最有名的事迹,即是扶持齐孝公即位和交战于楚国的泓水战役,为宋桓公太子、宋成公父亲。

[2] 醯醢:音 xī hǎi,带汁水的各种肉酱。虽然今人多将"醯""醢"分开而认为是"醋"和"肉酱"。但参照"醯醢"在其他之处的用法,可知此处也当同样合并而论,并以肉酱的调制使用盐、醋等作料而称。如《郊特牲》云:"醯醢之美,而煎盐之尚,贵天产也。"孙希旦集解:"曰'醯醢'者,醢必资醯以成也。"孔颖达疏:"所盛之菹,是水草和美之气,若昌本、菲菹是也。其所盛之醢,陆地所产之物也。……加豆所盛之醢,用水中之物,若蠃醢、鱼醢是也。……其笾豆所荐之物,或水、或土所生品类也。"

【疏义】

此则论及宋襄公埋葬其夫人所用以陪葬的明器"百瓮"及盛满肉酱的违礼安排,以及曾子对此做法明言其违礼性质的情况。而且,曾子有关其违礼之处在于"实之"的评价,与《孔子家语·曲礼子夏问》所载孔子"是故竹不成用,瓦不成味,木不成斲,琴瑟张而不平,竽笙备而不和,有钟磬而无簨虡,其曰明器,神明之也"的说法,和《檀弓下》所载孔子"为明器者,知丧道矣,备物而不可用也"的说法相呼应。只是,宋襄公的安排虽然违背了周礼对于明器"备物而不可用"的原则,但若联系前举仲宪"夏后氏用明器""殷人用祭器""周人兼用之"的随葬之说,以及宋文公之丧有恢复殷礼而"始用殉"的情况,则可知这种食器实以食物的随葬方式或即是殷商的旧礼。此外,对于宋襄公小霸而没能真正称霸和泓之战的失败原因等情况,也可参考学者的已有成果以做进一步了解。①

---

① 杨钊:《宋襄公述评》,《史学月刊》1990年第6期;颜世安:《华夷之辨与春秋泓之战》,《南京工业大学学报(社会科学版)》2004年第3期;刘海燕:《春秋宋国未能称霸中原的原因初探》,《中州大学学报》2005年第3期;朱凤祥:《宋襄公畸形"仁义"心态之文化内涵解析》,《云南民族大学学报(哲学社会科学版)》2010年第2期;骆扬:《〈春秋〉泓之战记载之三传比析》,《求是学刊》2010年第3期;吴保传:《宋襄公称霸与宋文化的区域互动》,《华夏文化》2014年第3期。

第二节 《檀弓下》5则

本节所讲疏的 5 则，依次涉及帷殡"自敬姜之哭穆伯始也"、晋国知悼子未葬而"平公饮酒"、仲遂卒而鲁国不去绎祭、鲁国不殇葬为国战死之童汪踦、鲁襄公被迫为楚康王亲袭的礼变实例。

1. 帷殡[1]，非古也，自敬姜之哭穆伯始也[2]。

【注释】

[1] 帷：用幕布遮挡。帷殡：死者初死尸体置于堂中以帷幕作为遮挡，又称"帷堂"。如《释名·释床帐》曰："帷，围也。所以自障围也。"《檀弓上》又云："曾子曰：'尸未设饰，故帷堂，小敛而彻帷。'仲梁子曰：'夫妇方乱，故帷堂，小敛而彻帷。'"郑玄注："敛者，动摇尸。帷堂，为人亵之。言'方乱'，非也。仲梁子。鲁人也。"

[2] "自敬姜之哭穆伯始"者：指死者既敛入棺而停殡之后，又开始以帷幕遮挡灵柩以哭。这与朝夕哭不帷的原有礼仪不同。这一礼俗的开始，则又以鲁大夫穆伯之妻敬姜哭其丧亡的特殊方式为先例。穆伯，即鲁大夫季悼子之子公甫靖。

【疏义】

此则论及停殡之后仍然帷之的礼变之俗，及其自"敬姜之哭穆伯"开始的情况。可为参考的相似事例，还有"声己不视，帷堂而哭"的情况。具体也即《左传·文公十五年》所载：

> 齐人或为孟氏谋，曰："鲁，尔亲也。饰棺寘诸堂阜，鲁必取之。"从之。卞人以告。惠叔犹毁以为请，立于朝以待命。许之，取而殡之。齐人送之。书曰："齐人归公孙敖之丧。"为孟氏，且国故也。葬视共仲。声己不视，帷堂而哭。

杜预注："声己，惠叔母，怨敖从莒女，故帷堂。"孔颖达疏：《檀弓》

云：'尸未设饰，故惟堂，小敛而彻帷。'至大敛之节，又帷堂，以至于殡恒帷堂。《杂记》云：'朝夕哭，则不帷。'今声己恨穆伯，故朝夕哭仍帷堂。《檀弓》又云：'帷殡，非古，自敬姜之哭穆伯始也'，与此相类也。敬姜者，穆伯妻，又伯歜之母也。穆伯，季悼子之子，公甫靖与敖非一人。"而且，《杂记上》"朝夕哭，不帷。无枢者不帷"的说法，及郑玄"谓既葬也，棺枢已去，鬼神在室堂无事焉，遂去帷"的注解，还说明除去既殡之后"朝夕哭，不帷"的规定外，周礼实际还有着既葬之后"无枢者不帷"的礼仪。

2.知悼子卒，未葬，平公饮酒，师旷、李调侍，鼓钟。[1]杜蒉[2]自外来，闻钟声，曰："安在？"曰："在寝！"杜蒉入寝，历阶而升，酌，曰："旷，饮斯！"又酌，曰："调，饮斯！"又酌，堂上北面坐饮之，降，趋而出。平公呼而进之曰："蒉，曩者[3]尔心或开予，是以不与尔言。尔饮旷何也？"曰："子卯不乐[4]。知悼子在堂[5]，斯其为子卯也，大矣。旷也，大师[6]也，不以诏[7]，是以饮之也。""尔饮调何也？"曰："调也，君之亵臣[8]也，为一饮一食，忘君之疾，是以饮之也。""尔饮何也？"曰："蒉也，宰夫[9]也，非刀匕是共，又敢与知防，是以饮之也。"平公曰："寡人[10]亦有过焉，酌而饮寡人。"杜蒉洗而扬觯[11]。公谓侍者曰："如我死，则必无废斯爵也。"至于今，既毕献，斯扬觯，谓之"杜举"[12]。

【注释】

[1]知悼子：即荀盈，晋平公之卿。晋平公在荀盈卒而未葬之际饮酒举乐的行为，实属违礼。

[2]杜蒉：又写作"屠蒯"，任"宰夫"之职，或称"膳宰屠蒯"。如《左传·昭公九年》对于此事，又记载为：

晋荀盈如齐逆女，还，六月，卒于戏阳。殡于绛，未葬。晋侯饮酒，乐。膳宰屠蒯趋入，请佐公使尊。许之。而遂酌以饮工，曰："女为君耳，将司聪也。辰在子卯，谓之疾日。君彻宴乐，学人舍业，为疾故也。君之卿佐，是谓股肱。股肱或亏，何痛如之？女弗闻而乐，是不聪也。"又饮外嬖嬖叔曰："女为君目，将司明也。服以旌礼，礼以行事，事有其物，物有其容。今君之容，非其物也，而女不见，是不明也。"亦自饮也，曰："味以行气，气以实志，志以定言，言以出令。臣实司味，二御失官，而君弗命，臣之罪也。"公说，彻酒。初，公欲废知氏而立其外嬖，为是悛而止。

[3] 曩者：刚才。

[4] 子卯：古人以为忌讳的甲子和乙卯之日。忌讳的原因，则是这二日分别为商纣和夏桀的灭亡之日。上举《左传》"辰在子卯，谓之疾日"的说法，即是周礼以此二日为"疾日"的证明。杨伯峻对此又注言："甲子为商纣灭亡死日，见《汉书·律历志》引《武成》与《史记·商本纪》。乙卯为夏桀亡日，见孔《疏》。当时人因此以甲子、乙卯为疾日。疾日即忌日。《礼记·玉藻》谓于此二日食粗粮菜汤，亦可证甲子、乙卯为忌日。"[1]

[5] 在堂：停殡在堂上。

[6] 大师：太师，乐官之长。如《周礼·春官》曰："大师掌六律六同，以合阴阳之声。"《荀子·王制》又云："禁淫声，以时顺修，使夷俗邪音不敢乱雅，大师之事也"，杨倞即注："夷俗，谓蛮夷之乐。雅。正声也。大师，乐官之长。'大'读为'太'。"

[7] 诏：报告。同样的用法，如《学记》的"大学之礼，虽诏于天子，无北面：所以尊师也。"

[8] 亵臣：亲近宠信的嬖臣。郑玄注此即曰："亵，嬖也。近臣，亦当规君疾忧。"

[9] 宰夫：周王室冢宰的属官和诸侯国君掌管膳食的小吏。如《周礼·天官》曰："宰夫之职掌治朝之法，以正王及三公六卿大夫群吏之位，掌其禁令。"《左传·宣公二年》又记载："晋灵公不君：厚敛以雕墙；从台上弹人，而观其辟丸也；宰夫胹熊蹯不熟，杀之，寘诸畚，使妇人载以过朝。""刀匕"，即食器。

① 杨伯峻：《春秋左传注》，中华书局 1990 年版，第 1311 页。

[10] 寡人：国君的谦称。如《曲礼下》云："诸侯见天子，曰'臣某侯某'。其与民言，自称曰'寡人'。"郑玄注："谦也，于臣亦然"；孔颖达疏："寡人者，言己是寡德之人。"《文选·傅武仲〈舞赋〉》又提及："楚襄王既游云梦，使宋玉赋高唐之事，将置酒宴饮，谓宋玉曰：'寡人欲觞群臣，何以娱之？'"不过，诸侯夫人也可以自称"寡人"。如《诗·邶风·燕燕》曰："先君之思，以勖寡人。"郑玄《笺》则指明："戴妫思先君庄公之故，故将归，犹劝勉寡人以礼义。寡人，庄姜自谓也。"

[11] 扬觯：举起酒器，饮饯之时的一种礼节。如《乡饮酒义》曰："盥洗扬觯，所以致絜也。"孔颖达疏："盥洗扬觯者，谓主人将献宾，以水盥手而洗爵。扬觯，谓既献之后举觯酬宾之时，亦盥洗也。必盥洗者，所以致其絜敬之意也。"此处"杜蒉洗而扬觯"，即指杜蒉洗饮酒器而斟酒并高举献给晋平公。

[12] 杜举：代指宰夫杜蒉对于晋平公在大臣停殡期间饮酒、击钟的违礼行为进行劝谏之事，并进一步引申为晋国后来的燕礼献酒仪式完毕后臣下向国君举起这个酒杯的进献仪式。而杜蒉所扬之"觯"，也因晋平公命令陪侍之人此后不可废弃的旨意，在晋国得到了延用。

【疏义】

此则论及晋国的宴饮之礼自鲁昭公九年杜蒉劝谏晋平公之事后，因晋平公之命而增设有举觯国君之礼节的情况，兼提倡杜蒉忠心谏君之举和国君应当虚心纳谏之义的用意。晋平公接受劝谏而停乐的事实，证明了《杂记下》"君于卿大夫，比葬不食肉，比卒哭不举乐；为士，比殡不举乐"的说法乃"周礼"的实质；杜蒉在向晋平公进酒之前，又有罚酒太师旷和嬖臣李调各饮一觯的情况，还说明国君的乐官、近臣实则也有劝谏之责。同时，晋平公能够受谏一事，也传为美谈而成为后世国君效仿的对象。比如，《周书·武帝纪上》记载南朝陈国陈伯宗即位后，曾诏曰：

> 朕虽庸昧，有志前古。甲子、乙卯，《礼》云不乐。苌弘表昆吾
> 之稔，杜蒉有扬觯之文。自世道丧乱，礼仪索毁，此典茫然，已坠
> 于地。昔周王受命，请闻颛顼。庙有戒盈之器，室为复礼之铭。矧

伊未学，而能忘此。宜依是日，省事停乐。庶知为君之难，为臣不易，贻之后昆，殷鉴斯在。

此外，虽然周礼有着"子卯不乐"的规定及"辰在子卯，谓之疾日"的观念，但朝夕哭的丧仪又并不忌讳子、卯之日。如《仪礼·士丧礼》即曰："朝夕哭，不辟子卯。"郑玄又注："既殡之后，朝夕及哀至乃哭，不代哭也。子、卯，桀、纣亡日，凶事不辟，吉事阙焉。"

3. 仲遂卒于垂[1]，壬午犹绎[2]，万[3]入去籥[4]。仲尼曰："非礼也。卿卒不绎。"

【注释】

[1] 仲遂：鲁庄公之子，即公子遂，又称东门遂、襄仲。杜预注："有事，祭也。仲遂卒，与祭同日，略书。有事，为绎张本。……称字，时君所嘉无义例也。垂，齐地，非鲁竟，故书地。大音泰。"

[2] 绎：正祭次日又行的续祭。对于鲁国此次绎祭之事，《春秋·宣公八年》记载为："夏六月，公子遂如齐，至黄乃复。辛巳，有事于大庙，仲遂卒于垂。壬午，犹绎。《万》入去籥。"《左传》对此评论说："有事于大庙，襄仲卒而绎，非礼也。"杜预则注："绎，又祭。陈昨日之礼，所以宾尸。"也就是，仲遂卒于鲁宣公八年夏六月"辛巳"之日，而鲁国在他死亡的当日有祭祀太庙之事，在他死亡的次日"壬午"又有接着续祭之事。而且，"壬午犹绎"的行为，又明确是孔子和《左传》所言的"非礼"性质，其原因则在于周礼有着"卿卒不绎"的规定。若比较《左传》《礼记》这两处的评价，则还可以明见《左传》之说有着本于孔子言论的情况。

[3]《万》：万舞，祭祀所用的干舞，亦可泛指文、武两类舞蹈。如《诗·国风·邶风·简兮》曰："简兮简兮，方将万舞，日之方中，在前上处，硕人俣俣，公庭万舞。有力如虎，执辔如组，左手执籥，右手秉翟，赫如渥赭，公言锡爵。"

[4] 籥，音 yuè，一种竹管乐器。如杜预注："万，舞名。籥，管也。犹

者，可止之辞。鲁人知卿佐之丧不宜作乐，而不知废绎，故内舞去籥，恶其声闻。"不过，鲁国对于仲遂之卒，虽然已有"万入去籥"的宗庙祭祀之礼的减杀安排，但仍是违背了"卿卒不绎"的规定。

【疏义】

此则论及"卿卒不绎"的周礼和鲁宣公八年鲁国对待仲遂之丧违反这种规定的情况。至于通常需要"绎祭"的相关祭礼，除太庙大祭之外，孔颖达疏《尚书·商书·高宗肜日》，又引郑玄注《诗·凫鹥》之言，说明"祭天地、社稷、山川、五祀，皆有绎祭"。有关先秦祭祀用乐与乐、舞通常相伴的情况，以及周人万舞的具体内容和来源等问题，也有学者已经阐发过个人见解，可为参考。[①]

4.战于郎[1]。公叔禺人[2]遇负杖入保者，息曰："使之虽病也，任之虽重也，君子不能为谋也，士弗能死也。不可！我则既言矣。"与其邻重[3]汪踦往，皆死焉。鲁人欲勿殇重汪踦，问于仲尼。仲尼曰："能执干戈以卫社稷，虽欲勿殇也，不亦可乎！"[4]

---

① 霍然：《论虞夏社会转型与祭祀乐舞嬗变》，《内蒙古大学学报（人文社会科学版）》2004年第4期；王福银：《探究古代齐国乐舞——〈韶〉与〈万〉》，《北京舞蹈学院学报》2005年第3期；张国安：《武王〈武〉乐及其文化渊源》，《广西民族学院学报（哲学社会科学版）》2006年第1期；陈致：《"万（万）舞"与"庸奏"：殷人祭祀乐舞与〈诗〉中三颂》，《中华文史论丛》2008年第4期；尹荣方：《万舞及其原意考论》，《民族艺术》2012年第4期；付林鹏：《〈周颂·有瞽〉与周初乐制改革》，《古代文明》2013年第1期；夏奇艳：《试论商代的舞蹈文化》，《中华文化论坛》2017年第11期；彭林：《〈周官〉"六代大舞"说考辨》，《清华大学学报（哲学社会科学版）》2018年第1期；张树国：《武乙中兴与〈商颂〉作期》，《中国文学研究》2018年第3期；何莤：《二里头绿松石龙牌、铜牌与夏禹、万舞的关系》，《中原文化研究》2018年第4期；王子初：《遥望殷墟——音乐考古与商代史》，《音乐研究》2018年第5期；付林鹏：《殷周变革与西周乐政体系的确立》，《孔子研究》2019年第4期；马金水：《试析〈公羊传〉对"万入去籥"的误读》，《南京艺术学院学报（音乐与表演）》2020年第1期；屠志芬：《商周万舞考》，《北京舞蹈学院学报》2020年第1期；宋镇豪：《甲骨文中的乐舞补说》，《海南大学学报（人文社会科学版）》2020年第4期；张欣：《先秦"乐"文化之审美意蕴》，《南开学报（哲学社会科学版）》2021年第1期；薮敏裕，刘海宇：《从甲骨金文资料看〈毛诗〉中的"万舞"——以〈邶风·简兮〉篇为中心》，《青铜器与金文》2021年第2期；李方元：《西周"周乐"的文化基质（上）》，《中国音乐》2021年第3期。

【注释】

[1] 郎：春秋鲁国国都附近具有军事防御性质的郊邑。《左传·哀公十一年》对于"战于郎"的此事，详细记载为：

> 十一年春，齐为鄎故，国书、高无丕帅师伐我，……师及齐师战于郊，齐师自稷曲。师不逾沟。樊迟曰："非不能也，不信子也。请三刻而逾之。"如之，众从之。师入齐军。……师获甲首八十，齐人不能师。宵，谍曰："齐人遁。"冉有请从之三，季孙弗许。孟孺子语人曰："我不如颜羽，而贤于邴洩。子羽锐敏，我不欲战而能默。洩曰：'驱之。'"公为与其嬖僮汪锜乘，皆死，皆殡。孔子曰："能执干戈以卫社稷，可无殇也。"冉有用矛于齐师，故能入其军。孔子曰："义也。"

比较可见，郎地之战是发生于鲁哀公十一年的齐、鲁之战，《左传》称两军"战于郊"的说法，也即证明了"郎"为郊邑的性质。

[2] 公叔禺人：即"公为"，公叔务人，鲁昭公之子。如郑玄注："禺人，昭公之子。《春秋传》曰：'公叔务人'"；杜预注："务人，公为，昭公子。"

[3] 邻重：邻童，"重"通"童"。"重汪踦"，即"童汪踦"。郑玄注："'重'，皆当为'童'。童，未冠者之称。"《左传》又称为"嬖僮"，也即"嬖童"。"童"，即未成年的男性仆从。如《周易·旅卦》曰："得童仆"；《仪礼·既夕礼》又云："童子执帚。"至于"童子"的年龄，则大致是8岁到15岁之间。如《谷梁传·昭公十九年》云："羁贯成童，不就师傅，父之罪也。"范宁注："羁贯，谓交午剪发以为饰。成童，八岁以上。"《增修互注礼部韵略》则又说："童，奴也。……又十五以下谓之童子。童，独也，言未有室家也。"

[4] 汪踦：《左传》又写作"汪锜"，公叔禺人的嬖童，并随从其作战而死。因其未成年的年龄，按照丧礼常制，则当依殇死的礼仪没有停殡待葬的阶段而被速葬。但在他死后，鲁国又因他为国战死的情况，而欲以成人丧礼为之治丧以示嘉奖。只是，由于鲁国此前没有这样的特殊先例，便又有"问于仲尼"之事，孔子"能执干戈以卫社稷，可无殇也"的肯定回答，则最终

促成了汪踦与其主人公叔禺人"皆死，皆殡"的事实。

此则论及鲁哀公十一年鲁国以成人丧礼殡葬殇死之汪踦的特例。而且，虽然周礼没有这种破格的规定，鲁国此前也没有先例可循，但因其为国牺牲的壮举而不依殇死之礼为之安排丧葬之事的这种做法，却是明确先行得到了孔子的肯定，因而此例也说明了这类特殊事件乃因实际情况所安排的合理之举，而并非应当算作"非礼"之事。同时，若以鲁哀公十一年破例为战死之汪踦殡葬的这则事例，比较前举鲁庄公破例为战死之县贲父诔之的事例，则还可知孔子和鲁人不以殇死对待汪踦丧葬之事的态度，也正是有效法鲁庄公诔县贲父之义，旨在嘉奖国人"能执干戈以卫社稷"的行为。若比较《檀弓下》此处仲尼"能执干戈以卫社稷，虽欲勿殇也，不亦可乎"的说法，和《左传》所载孔子"能执干戈以卫社稷，可无殇也"的说法，还可见孔子言论的流传方式是以遵循其本义为核心原则，语言表达则可能存在些许差异。此外，《礼记》《左传》的记载皆有受到孔子言论影响的现象，已知还见于前举二书有关仲遂之卒鲁国绎祭"非礼也"的评价，因而对于这二书的渊源、联系和不同等情况，也可以进行相应比较研究。

5. 襄公朝于荆，康王卒 [1]。荆人 [2] 曰："必请袭 [3]。"鲁人曰："非礼也。"荆人强之。巫先拂枢 [4]。荆人悔之。

【注释】

[1] 襄公：鲁襄公。康王：楚康王，卒于鲁襄公二十九年。

[2] 荆人：楚人。如《春秋·庄公二十三年》记载："荆人来聘。"《韩非子·初见秦》云："秦与荆人战，大破荆袭郢，取洞庭、五湖、江南。荆王君臣亡走，东服于陈。当此时也，随、荆以兵，则荆可举。"《吕氏春秋·慎大览·察今》又曰："荆人欲袭宋。"与楚国又号为"荆"的方式相应，楚国还有"荆楚"之称。至于楚国旧号为"荆"的原因，则与其地物产多荆木和隶属"九州"之荆州地区的情况相关。《诗·商颂·殷武》曰："挞彼殷

武，奋伐荆楚。"毛传："挞，疾意也。殷武，殷王武丁也。荆楚，荆州之楚国也。"《周礼·夏官》云："职方氏掌天下之图，以掌天下之地，辨其邦国、都鄙、四夷、八蛮、七闽、九貉、五戎、六狄之人民与其财用九谷、六畜之数要，周知其利害。……正南曰荆州，其山镇曰衡山，其泽薮曰云瞢，其川江汉，其浸颍湛，其利丹银齿革，其民一男二女，其畜宜鸟兽，其谷宜稻。"《康熙字典》解释"荆"，称："《说文》：'楚木也。'……荆楚之地，因多产此而名也。又州名。《书·禹贡》：'荆及衡阳惟荆州。'"

[3] 袭：有三说，一是楚人欲使鲁襄公亲自为楚康王之尸穿衣；二是欲使鲁襄公为楚康王亲自致禭，也即致送衣衾之物；三是欲使鲁襄公亲视袭尸楚康王之事。但不管是这三种说法之中的哪一种，于鲁襄公的身份来说，实则都为"非礼"。

[4] 巫：巫祝。拂柩：扫除不祥的仪式，又称"祓殡"。周礼的丧制，本有拂柩之仪。如《仪礼·既夕礼》云："商祝免袒，执功布入，升自西阶，尽阶，不升堂。声三，启三，命哭。烛入。祝降，与夏祝交于阶下。取铭置于重。踊无算。商祝拂柩用功布，幠用夷衾。"《左传·襄公二十九年》记载：

> 二十九年春，王正月，公在楚，释不朝正于庙也。楚人使公亲禭，公患之。穆叔曰："祓殡而禭，则布币也。"乃使巫以桃茢先祓殡。楚人弗禁，既而悔之。……夏四月，葬楚康王。公及陈侯、郑伯、许男送葬，至于西门之外。诸侯之大夫皆至于墓。楚郏敖即位。王子围为令尹。

比较可见，《檀弓下》荆人"必请袭"的含义，对应《左传》的"使公亲禭"。"祓殡而禭"，是先使巫祓除死者灵柩的凶邪之气而再行"布币"的礼仪。至于鲁襄公接受穆叔建言而"使巫以桃茢先祓殡"的原因，既是出于畏楚而不敢直接拒绝其无礼之"亲禭"要求的考虑，又在于周人流行鬼恶桃木的辟邪观念和认为桃木所制笤帚可以扫除不祥的看法，以及这原是"君临臣丧"的仪式。比如，《檀弓下》正是还有"君临臣丧，以巫祝桃茢执戈——恶之也"的明言。而且，《左传》"楚人使公亲禭，公患之。穆叔曰：'祓殡而禫，则布币也'"的说法，还意味着有关"必请袭"的三种理解又以使鲁襄公为楚康王亲自致禫的观点最为可能。

【疏义】

此则论及鲁襄公朝见楚康王却适逢他死亡并被楚国强迫为之"亲禫"的违礼之事。至于"非礼"的原因，则在于致禫的仪式依礼当由国君使臣完成。有关楚康王之丧，《左传》的记载还说明楚国强迫诸侯为之的非礼之事，还另有使鲁襄公和"陈侯、郑伯、许男"送葬之事。当然，这也直观反映了势力强盛的楚国多有倚仗强权而违礼的情况。只是，鲁襄公虽然被迫为楚康王亲禫，但他在陪同出使的穆叔（即叔孙豹）建言下运用"君临臣丧"之仪的做法和楚人先"弗禁"而后又"悔之"的态度变化，体现了楚国对于周礼的不够熟悉和此事中的鲁国最终利用周礼而在礼仪层面暗胜的情况。此外，有关巫祝在丧葬祭祀礼制中的作用及其对于先秦社会的影响，已有一些学者的成果可为参考。[①]

第三节 《郊特牲》3 则

《郊特牲》编次第十一，篇名取自祭天郊祭使用特牛为牺牲的礼仪，内容包括社祭、庙祭、蜡祭和冠礼、婚礼等方面的礼文。本节所讲疏的 3 则，依次涉及"庭燎之百，由齐桓公始也。大夫之奏《肆夏》也，由赵文子始也"、天子下堂而见诸侯"由夷王以下"、公庙设于私家"由三桓始也"的礼变实例。

---

① 李强:《试论巫祝文化对儒家文化形成的影响与作用》,《上海师范大学学报（哲学社会科学版）》1988 年第 2 期；孔祥骅:《先秦儒学起源巫史考》,《社会科学》1991 年第 12 期；梅琼林:《楚巫与巫祝之诗》,《中南民族学院学报（哲学社会科学版）》1994 年第 1 期；辛怡华:《商室先公名称中的巫祝文化印痕》,《华夏文化》1999 年第 2 期；郑传斌:《论礼对巫术的改造——以〈仪礼〉士丧礼中的巫术因素为中心》,《孔子研究》2006 年第 5 期；叶国良:《古礼书中之祝与巫》,《中国经学》2016 年第 1 期。

1.庭燎[1]之百，由齐桓公[2]始也。大夫之奏《肆夏》[3]也，由赵文子[4]始也。

【注释】

[1] 庭燎：在宫廷中设置火把给来朝夜入的臣子以照明，所设的火把即为"庭燎"，又称"大烛"，是王室和诸侯国高规格的接待礼仪。如孔颖达疏此曰："庭燎之百者，谓于庭中设火以照燎来朝之臣夜入者，因名火为庭燎也。礼，天子百燎，上公五十，侯伯子男三十，齐桓公是诸侯而僭用百，后世袭之，是失礼从齐桓公为始。"《御定渊鉴类函·庭燎一》也说：

> 《大戴礼》曰："天子百燎，上公五十，侯伯子男三十。今侯国共百燎，非礼也。"原《说苑》曰："齐桓公设庭燎，为士之欲造见者，期年而士不至。东野鄙人有以'九九'之术见者，桓公曰：'九九足以见乎'？对曰：'臣非以九九为足以见也，臣闻主君设庭燎以待士，期年而不至，夫士所以不至者，君天下贤君也，四方之士皆自论不及君，故不至也，夫九九薄能耳，而君礼之，况贤于九九者？'桓公曰：'善！'礼之。期月而士至。"

又如，《诗·小雅·庭燎》曰："夜如何其？夜未央，庭燎之光。"毛亨传："央，旦也。庭燎，大烛。"郑玄笺："此宣王以诸侯将朝，夜起曰：'夜如何其'，问早晚之辞"，"夜未央，犹言夜未渠央也。而于庭设大烛，使诸侯早来朝"。孔颖达疏：

> 宣王以诸侯将朝，遂夜起问左右，曰："夜如何其"？其，语辞。言夜今早晚如何乎？王问之时，夜犹未渠央矣，而已见庭燎之光。言于时即是庭设大烛，以待诸侯。其君子诸侯以庭燎已设，皆来至止。……庭燎者，树之于庭，燎之为明，是烛之大者，故云"庭燎，大烛"也。《秋官·司烜》云："邦之大事，供坟烛庭燎。"注云："树于门外曰大烛，门内曰庭燎。"不同者，以彼烛、燎别文，则设非一处。庭燎以庭名之，明在门内，故以大烛为门外，以文对故异之耳，其散则通也。《郊特牲》曰"庭燎之百，由齐桓公始也"，注云："僭天子也。庭燎之差，公盖五十，侯伯子男皆三十"，是天子庭燎用百，

古制未得而闻，要以物百枚并而缠束之，今则用松苇竹灌以脂膏也。

也就是说，若是细分，则设于门内的为"庭燎"、门外的为"大烛"，在地的为"燎"、手执的为"烛"。又如，《康熙字典》解释"燎"，云：

> 《玉篇》："庭燎国之大事，树以照众也。"《诗·小雅》："庭燎之光。"《释文》郑云："在地曰燎，执之曰烛，树之门外曰大烛，于内曰庭燎，皆是照众为明。"《礼·月令》："以共郊庙及百祀之薪燎。"《周礼·天官·阍人》："设门燎。"《注》："地烛也。"

而且，以庭燎设置的用数礼仪来说，"百燎"正是天子之礼，因而齐桓公在宫廷中点燃一百支火把接见来朝之臣的做法实为违礼。明人宋濂《文宪集·杂著·孔子庙堂议》又有言说："古者朝觐会同与凡郊庙祭飨之事皆设庭燎，司烜共之，火师监之。其数，则天子百，公五十，馀三十。以为不若是，则不严且敬也。"

[2] 齐桓公：即姜小白，春秋首霸，齐僖公之子。由管仲辅政，以"尊王攘夷"为名，有北伐戎狄、南阻荆楚和存续诸夏、拥护王室等功劳，在葵丘会盟中得到周襄王的赏赐并获得合礼的霸主地位。

[3]《肆夏》：乐章名，天子宴饮诸侯之长和王室迎送王尸所演奏的乐曲。如《周礼·春官·大司乐》云："王出入则令奏《王夏》，尸出入则令奏《肆夏》，牲出入则令奏《昭夏》。"郑玄注："三夏，皆乐章名。"有关《肆夏》在内的这"三夏"本为天子之礼的规格，由叔孙穆子聘问晋国时晋悼公与之饮宴奏乐的情况可知。如《左传·襄公四年》记载：

> 穆叔如晋，报知武子之聘也，晋侯享之。金奏《肆夏》之三，不拜。工歌《文王》之三，又不拜。歌《鹿鸣》之三，三拜。韩献子使行人《子员》问之，曰："子以君命，辱于敝邑。先君之礼，藉之以乐，以辱吾子。吾子舍其大，而重拜其细，敢问何礼也？"对曰："三《夏》，天子所以享元侯也，使臣弗敢与闻。《文王》，两君相见之乐也，臣不敢及。《鹿鸣》，君所以嘉寡君也，敢不拜嘉。《四牡》，君所以劳使臣也，敢不重拜。《皇皇者华》，君教使臣曰：'必谘于周。'臣闻之，访问于善为谘，谘亲为询，谘礼为度，谘事为诹，谘

难为谋。臣获五善，敢不重拜。"

又如，《国语·鲁语下》云：

> 叔孙穆子聘于晋，晋悼公飨之，乐及《鹿鸣》之三，而后拜乐
> 三。晋侯使行人问焉，曰："子以君命镇抚弊邑，不腆先君之礼，以
> 辱从者，不腆之乐以节之。吾子舍其大而加礼于其细，敢问何礼
> 也？"对曰："寡君使豹来继先君之好，君以诸侯之故，贶使臣以大
> 礼。夫先乐金奏《肆夏樊》《遏》《渠》，天子所以飨元侯也；夫歌
> 《文王》《大明》《緜》，则两君相见之乐也。皆昭令德以合好也，皆
> 非使臣之所敢闻也。……故不敢拜。今伶箫咏歌及《鹿鸣》之三，
> 君之所以贶使臣，臣敢不拜贶。夫《鹿鸣》，君之所以嘉先君之好
> 也，敢不拜嘉。《四牡》，君之所以章使臣之勤也，敢不拜章。《皇皇
> 者华》，君教使臣曰'每怀靡及，诹、谋、度、询，必咨于周。'敢
> 不拜教。……君贶使臣以大礼，重之以六德，敢不再拜。"

综合可见，鲁国之卿叔孙穆子访问晋国时，对于晋悼公款待他的饮宴之
乐有着"拜乐"与否的区别。这其中，等到乐师演奏到《鹿鸣》《四牡》《皇
皇者华》之时，叔孙穆子才相应有三次起身拜谢的答礼，而此前先行演奏
《肆夏樊》《遏》《渠》和《文王》《大明》《緜》之时则并不拜谢。究其原因，
在于晋国乐师先行演奏的规格更高级的这些乐曲，实则并不符合国君招待他
国使臣的奏乐礼仪。具体来说，"《肆夏》之三"正是叔孙豹所言的"天子所
以享元侯也"，"《文王》之三"则又是"两君相见之乐也"，而只有"《鹿鸣》
之三"才是"君之所以贶使臣"的乐曲。所以，《肆夏》之乐本来就属天子
之礼，而并非当今一些学者所理解的为诸侯之礼。与此呼应，对于周王的出
入之礼，《周礼·夏官》又云："大驭掌驭玉路以祀，……凡驭路，行以《肆
夏》，趋以《采齐》。"

[4] 赵文子：赵武，又称"赵孟"。赵衰曾孙、赵盾之孙、赵朔之子，赵
氏孤儿的原型，晋悼公正卿，继范宣子之后执政。

【疏义】

此则论及天子之礼被诸侯、大夫僭用的事例。具体指诸侯僭用天子"庭

燎之百",自齐桓公开始,其后多有其他诸侯效仿;大夫僭用天子《肆夏》之曲,自晋悼公之卿赵文子开始。而且,若比较晋悼公饮宴鲁襄公之卿叔孙穆子也为之演奏"《肆夏》之三"这种"天子所以享元侯"之乐曲的情况,可见晋国当时对于乐曲之礼的僭用还包括国君僭用天子之乐的事实。此外,齐、晋二国的这种僭礼现象,既可呼应《论语·季氏篇》所载孔子"天下有道,则礼乐征伐自天子出;天下无道,则礼乐征伐自诸侯出。自诸侯出,盖十世希不失矣;自大夫出,五世希不失矣;陪臣执国命,三世希不失矣。天下有道,则政不在大夫。天下有道,则庶人不议"的说法,也反映了高等级礼制的僭用往往由势力强盛的诸侯国君及执政之卿为之开头的规律,以及违礼先例一开便会陆续出现效仿者的情况。

2.觐礼[1],天子不下堂[2]而见诸侯。下堂而见诸侯,天子之失礼也,由夷王[3]以下。

【注释】

[1] 觐礼:诸侯秋季朝见天子的礼仪。如贾公彦疏《仪礼·觐礼》,引郑玄《目录》之说解释为:"觐,见也。诸侯秋见天子之礼。春见曰朝,夏见曰宗,秋见曰觐,冬见曰遇。朝宗礼备,觐遇礼省,是以享献不见焉。三时礼亡,唯此存尔。觐礼于五礼属宾。"

[2] 下堂:离开殿堂。如《说文》曰:"堂,殿也。"《尔雅·释宫》云:"古者有堂,自半巳前虚之,谓之堂,半巳后实之,谓之室。"

[3] 夷王:周夷王姬燮,懿王太子。

【疏义】

此则论及周天子自行降礼而下堂接见诸侯的"失礼"行为,及其由周夷王开此先例并延续于后代天子的情况。这也反映了周王室对于"先王"的一些特殊做法存在效仿的事实。此外,就朝觐之礼而言,应当不仅西周存在,还可以上溯到商代。

3.诸侯不敢祖天子[1]，大夫不敢祖诸侯，而公庙[2]之设于私家[3]，非礼也，由三桓[4]始也。

【注释】

[1] 祖天子：以天子为祖先。

[2] 公庙：诸侯国君之庙。

[3] 私家：卿大夫之家。如《礼运》曰："冕弁兵革，藏于私家，非礼也，是谓胁君。"孔颖达疏："私家，大夫以下称家。"

[4] 三桓：春秋鲁桓公后裔孟孙氏（或称"仲孙氏"）、叔孙氏、季孙氏三家。三家自鲁文公之后，便逐渐执掌了鲁国的实权，最为典型的便是季孙氏驱逐鲁昭公出国的事件，此后公室与三桓对于国政的控制权更是逐渐悬殊，而矛盾也是愈发尖锐。如《左传·哀公二十七年》即记载："公患三桓之侈也，欲以诸侯去之；三桓亦患公之妄也，故君臣多间。"

【疏义】

此则论及鲁国三桓破坏祭祀之礼而违礼立庙祭祀这三家所出之鲁桓公的情况。违礼的原因，则在于按照宗法之制，诸侯不能祭祀身为天子的祖先，大夫不能祭祀身为诸侯的祖先，因而鲁桓公之庙本不当设于三桓之家。与此呼应，《大传》还有言曰："庶子不祭，明其宗也。庶子不得为长子三年，不继祖也。别子为祖，继别为宗，继祢者为小宗。有百世不迁之宗，有五世则迁之宗。百世不迁者，别子之后也。"而且，周礼的这种祭祀制度和鲁国的违礼情况，还与《孔子家语·庙制》所载的问答之事可为观照：

卫将军文子将立先君之庙于其家，使子羔访于孔子。

子曰："公庙设于私家，非古礼之所及，吾弗知。"子羔曰："敢问尊卑上下立庙之制，可得而闻乎？"

孔子曰："天下有王，分地建国，设祖宗，乃为亲疏贵贱多少之数。是故天子立七庙，三昭三穆，与太祖之庙而七；太祖近庙，皆月祭之，远庙为祧，有二祧焉，享尝乃止。诸侯立五庙，二昭二穆，与太祖之庙而五，祖考庙，享尝乃止。大夫立三庙，一昭一穆，与太祖之庙而三，享尝乃止。士立一庙，曰考庙，王考无庙，合而享尝乃止。庶人无庙，四时祭于寝。此自有虞以至于周之所不变也。凡四代帝王之所谓郊者，皆以配天；其所谓禘者，皆五年大祭之所及也。应为太祖者，则其庙不毁；不及太祖，虽在禘郊，其庙则毁矣。古者，祖有功而宗有德，诸见祖宗者，其庙皆不毁。"

由此可知，卫将军文子也曾欲立"先君之庙于其家"，只是又曾派遣子羔（即孔子弟子高柴）先行问礼于孔子，而孔子则明确表示了"公庙设于私家，非古礼之所及"的情况。同时，对于周礼的"立庙之制"，此处的孔子答语又与《王制》"天子七庙，三昭三穆，与太祖之庙而七。诸侯五庙，二昭二穆，与太祖之庙而五。大夫三庙，一昭一穆，与太祖之庙而三。士一庙，庶人祭于寝"的说法相合，因而这两处的记载也可以互为参照以探讨周礼的庙制之数。此外，有关商周宗庙的存在和周代宗庙礼制涉及的数量、建构或迁毁、影响等问题，今人的相关成果又可为参考。[1]

---

① 陈筱芳：《春秋宗庙祭祀以及庙与寝的区别》，《西南民族大学学报（人文社科版）》2006年第11期；郭善兵：《略论清儒对"汉学"、"宋学"的继承与创新——以清儒对周天子宗庙祭祖礼制的诠释为中心》，《河南大学学报（社会科学版）》2008年第4期；王晖：《从西周金文看西周宗庙"图室"与早期军事地图及方国疆域图》，《陕西师范大学学报（哲学社会科学版）》2012年第1期；郭明：《周原凤雏甲组建筑"宗庙说"质疑》，《中国国家博物馆馆刊》2013年第11期；王恩田：《武丁卜辞与洹北商城一号、二号宗庙基址复原》，《中国国家博物馆馆刊》2015年第1期；张法：《上古仪式中心从宗庙到宫殿的演进》，《上海大学学报（社会科学版）》2015年第5期；王恩田：《武父乙盉与殷墟大型宗庙基址F1复原》，《中原文物》2016年第1期；王晖：《甲骨金文"中"字初义与商周宗庙旗杆铭旌制度研究》，《陕西师范大学学报（哲学社会科学版）》2017年第2期；王晖：《西周金文"京宫""周庙""康宫"考辨——西周宗庙制度研究之一》，《中华文化论坛》2019年第2期；胡进驻：《试论考古发现所见的商王室宗庙制度》，《北京师范大学学报（社会科学版）》2020年第1期；范云飞：《从"周礼"到"汉制"——公私视角下的秦汉地方宗庙制度》，《史林》2020年第2期。

第四节 《杂记下》4则

《杂记下》编次第二十一，因主要杂记士、大夫、诸侯的各种丧礼得名，与《仪礼》的《士丧礼》《丧服》可以参照阅读。本节所讲疏的4则，依次涉及"有爵而后杖"始自叔孙武叔"见轮人以其杖关毂而輠轮者"之后、鲁国"七月而禘"自孟献子为之、"夫人之不命于天子，自鲁昭公始也"、公臣为大夫服丧"自管仲始也，有君命焉尔也"的礼变实例。

1.古者贵贱皆杖[1]。叔孙武叔[2]朝，见轮人以其杖关毂而輠轮者[3]，于是有爵[4]而后杖也。

【注释】

[1] 杖：拄丧杖。丧杖于父母之丧的使用类别，《埤雅·释木》有言："桐，柔木也。而虚其心，若能同者，父丧杖竹，母丧杖桐，竹有节，父道也；桐能同，母道也，母从子者也。"

[2] 叔孙武叔：即叔孙州仇，鲁大夫，与孔子同时之人。其事迹有《论语·子张篇》所载：

叔孙武叔语大夫于朝曰："子贡贤于仲尼。"子服景伯以告子贡，子贡曰："譬之宫墙，赐之墙也及肩，窥见室家之好；夫子之墙数仞，不得其门而入，不见宗庙之美、百官之富。得其门者或寡矣，夫子之云不亦宜乎！"

叔孙武叔毁仲尼，子贡曰："无以为也，仲尼不可毁也。他人之贤者，丘陵也，犹可逾也；仲尼，日月也，无得而逾焉。人虽欲自绝，其何伤于日月乎？多见其不知量也。"

[3] 轮人：制作车轮的工匠或官吏。郑玄注曰："记庶人失礼所由始也。叔孙武叔，鲁大夫叔孙州仇也。轮人，作车轮之官。"《周礼·考工记·轮人》又云："轮人为轮，斩三材必以其时。"郑玄注："三材，所以为毂辐牙也。斩之以时，材在阳，则仲冬斩之；在阴，则中夏斩之。今世毂用杂榆，辐以檀，牙以橿也。"关毂：穿进车毂。輠轮：转动车轮。孔颖达疏："关，穿

也。輮，迴也。谓作轮之人以扶病之杖关穿车毂中而回转其轮，于是有爵而后杖也者，以其爵位既尊，其杖不鄙亵，而许用也。"

[4] 爵：官爵。如《韩非子·五蠹》曰："官爵可买，则商工不卑也矣。"

【疏义】

此则论及鲁国父母之丧拄丧杖的礼仪变化。具体指存在依周礼不区分贵贱皆可拄杖的规定，变为有官爵者才能使用丧杖的情况。而且，这种变化又发端于叔孙武叔上朝时发现有轮人使用丧杖去转动车轮的严重违礼不敬之举。

2. 孟献子[1]曰："正月日至[2]，可以有事于上帝[3]；七月日至，可有事于祖。"七月而禘[4]，献子为之也。

【注释】

[1] 孟献子：孟孙氏的仲孙蔑。

[2] 日至：夏至或冬至。如《左传·庄公二十九年》记载："凡土功，龙见而毕务，戒事也。火见而致用，水昏正而栽，日至而毕"，杨伯峻注："日至，冬至。冬至以后不再施工"[①]；《孟子·告子上》曰："今夫麰麦，播种而耰之，其地同，树之时又同，浡然而生，至于日至之时，皆熟矣"，杨伯峻注此"日至"又说："此指'夏至'，古或谓之'长至''日南至'。"[②]周历的"正月日至"和"七月日至"，即分别为夏历十一月的"冬至"和五月的"夏至"。

[3] 上帝：天帝。如《周易·豫卦》象辞曰："先王以作乐崇德，殷荐之上帝，以配祖考。"《国语·晋语八》记载："夫鬼神之所及，非其族类，则绍其同位，是故天子祀上帝，公侯祀百辟，自卿以下不过其族"。"有事于上帝"，即是郊祭天帝。

[4] 禘：禘祭祖先。"七月日至，可有事于祖"的所指。

① 杨伯峻：《春秋左传注》，中华书局 1990 年版，第 245 页。
② 杨伯峻：《孟子译注》，中华书局 2010 年版，第 242—243 页。

此则论及鲁国以"七月日至"禘祭祖先的礼仪及其由孟献子为之的情况。相比之下,《明堂位》有"季夏六月,以禘礼祀周公于大庙"的说法。对于鲁国这种宗庙祭祀大礼的举行周期,古代学者又有不同看法。比如,杜预注《左传·襄公十年》"鲁有禘乐,宾祭用之"的说法,曰:"禘,三年大祭,则作四代之乐。别祭群公,则用诸侯乐"。邢炳疏《论语·八佾篇》所载孔子"禘自既灌而往者,吾不欲观之矣"的说法,又云:"此章言鲁禘祭非礼之事。禘者,五年大祭之名。灌者,将祭酌郁鬯于大祖,以降神也。既灌之后,列尊卑、序昭穆,而鲁逆祀跻僖公乱昭穆,故孔子曰:'禘祭自既灌以往,吾则不欲观之也'"。不过,孔子的说法,也说明了这种禘祭之礼包含灌礼等仪式的情况。

3. 夫人之不命于天子,自鲁昭公[1]始也。

【注释】

[1] 鲁昭公:姬稠,夫人为"吴孟子"。不按夫人之礼,以吴孟子之姓而称之为"吴姬"的原因,在于这桩婚姻违背了周礼"同姓不婚"的原则。比如,《论语·述而篇》云:

> 陈司败问:"昭公知礼乎?"孔子曰:"知礼。"孔子退,揖巫马
> 期而进之,曰:"吾闻君子不党,君子亦党乎?君取于吴,为同姓,
> 谓之吴孟子。君而知礼,孰不知礼?"巫马期以告。子曰:"丘也
> 幸,苟有过,人必知之。"

《春秋·哀公十二年》记载:"夏五月甲辰,孟子卒。"《左传》补充说明:"夏五月,昭夫人孟子卒。昭公娶于吴,故不书姓。死不赴,故不称夫人。不反哭,故不言葬小君。"

【疏义】

此则论及诸侯夫人没有周天子颁授爵命的先例为鲁昭公夫人"吴孟子"的情况。至于吴孟子开此不受命之先例的原因,由她死后鲁国因避讳其同姓

而不行赴告之礼的事实，即可知应当也在于鲁国并未向周王室报告的情况。换句话说，吴孟子嫁为鲁昭公夫人之事，既然"不命于天子"，其死后也便相应不依夫人之礼赴告周王室和其他诸侯国；其丧事既然"不赴""不反哭"，《春秋》书其死亡之事也便"不称夫人""不言葬小君"和仅称为"卒"而非"薨"。而且，《礼记》《论语》《左传》对于鲁昭公迎娶吴孟子为夫人之事都特别予以记载的现象，也显示了这桩诸侯同姓通婚的事件在当时被世人看作严重违礼的情况。与此呼应，《春秋》记载吴孟子之死，又仅称其为"孟子"，这种避讳的笔法与孔子答陈司败之问以鲁昭公"知礼"的思想相吻合。《坊记》还记载："子云：'取妻不取同姓，以厚别也。故买妾不知其姓，则卜之。以此坊民，《鲁春秋》犹去夫人之姓曰'吴'，其死曰'孟子卒'。"同时，此处的"子云"之说，《曲礼上》又写作："取妻不取同姓，故买妾不知其姓则卜之。"综合来看，则吴孟子之事不仅可以反证周人同姓不婚的婚制，至少还可以说明吴孟子之前的鲁国国君夫人应当都有受命于天子的情况，并为现传《春秋》《鲁春秋》与孔子之间的关系以及《礼记》内容来源的探讨提供材料。此外，对于周礼五等爵制的存在与否，以及爵制的起源和赐命礼的实行情况等问题，学者看法实际又存在较大差异。①

4.孔子曰："管仲遇盗，取二人焉，上以为公臣 [1]，曰：'其所与游辟也，可人也！'管仲死，桓公使为之服 [2]。宦于大夫者之为之服也，自管仲始也，有君命 [3] 焉尔也。"

【注释】

[1] 公臣：国君之臣。此处特指齐桓公之臣。大夫之臣，则为私臣。

[2] 服：服丧。

① 晁福林：《先秦时期爵制的起源与发展》，《河北学刊》1997 年第 3 期；马卫东：《春秋时代五等爵制的存留及其破坏》，《史学集刊》2006 年第 4 期；张铮：《论周代五等爵制与五服制》，《求索》2007 年第 12 期；刘芮方：《从〈春秋〉三传看春秋时期的爵制与政制》，《史学月刊》2010 年第 10 期；刘源：《"五等爵"制与殷周贵族政治体系》，《历史研究》2014 年第 1 期；杨理胜：《曾公求编钟铭文所见春秋周王赐命制度补论》，《江汉考古》2021 年第 2 期。

[3] 君命：国君的命令。如《左传·庄公三十二年》记载："成季使以君命命僖叔，待于针巫氏，使针季酖之。"

【疏义】

此则论及国君之臣为大夫服丧的特殊情况，并以齐桓公命令公臣二人为管仲之死服丧的事情为先例。以周礼的常制来说，则为臣于大夫者，在升级为国君之臣后，便不应当再为大夫服丧。至于齐桓公特命这二人为管仲服丧的原因，虽然与管仲于这二人有恩的情况相关，但更是齐桓公重视管仲之丧和感念其辅佐之功的做法。这二人，则原是管仲从其捕获的盗贼之中所选用的可用之人，因而管仲对这二人有赏识和荐举之恩。而且，此处"宦于大夫者之为之服也，自管仲始也，有君命焉尔也"的说法，也意味着管仲之后的大夫之丧还有其他诸如此类的因"君命"而有公臣服丧的特殊情况。

第五节 《坊记》1 则

《坊记》编次第三十，重在论述礼以防民的关键性作用。本节所讲疏的 1 则，即涉及孔子对于"礼"的这种认识和楚、越僭越称"王"的重大礼变实例。

1. 子云："夫礼者，所以章疑别微，以为民坊者也。故贵贱有等，衣服有别，朝廷有位，则民有所让。"子云："天无二日，土无二王，家无二主，尊无二上，示民有君臣之别也。《春秋》不称楚、越之王丧 [1]。礼，君不称天，大夫不称君，恐民之惑 [2] 也。"

【注释】

[1] 王丧：本特指周天子之丧。但春秋楚、越两国国君有着僭越王号的情况，《春秋》相应不书这些楚王、越王之葬的原因，便在于回避其实际使用而又不合周礼的王号。

[2] 惑：疑惑。如《论语·为政篇》记载孔子曰："三十而立，四十而不惑。"

【疏义】

此则论及僭越天子之礼的最甚之表现，也即楚王、越王僭用周天子"王"号的情况。至于周天子依礼才能使用王号的制礼原则，即孔子所言的"天无二日，土无二王"。所以，"礼"有贵贱之等，诸侯相对天子有君臣之别，国君不能如同天子那般也称"天"或"王"。同理，周礼有"家无二主，尊无二上"的原则，大夫相对又不能称"君"，国君夫人也只能称为"小君"，诸侯国内奉国君为至尊，夫妻、父子之间又以"夫"和"父"为至尊。

【推荐阅读】

1. 曾亦：《孝道的构建与先秦儒家对古礼的改造——以丧礼中的祥、禫同异月问题为例》，《同济大学学报（社会科学版）》2018（04）。

2. 詹绪左：《评"吊"议"哀"剖"诔"》，《江淮论坛》1998（02）。

3. 徐国荣：《先唐诔文的职能变迁》，《文学遗产》2000（05）。

4. 董喜宁、陈戍国：《孔子谥号演变考》，《湖南大学学报（社会科学版）》2010（03）。

5. 张富祥：《鲁哀公悼孔子的诔词献疑》，《烟台大学学报（哲学社会科学版）》2018（03）。

6. 金式武：《招魂研究》，《历史研究》1998（06）。

7. 时国强：《先唐的魂魄观念及招魂习俗》，《山西师大学报（社会科学版）》2012（01）。

8. 张树国：《〈楚辞·大招〉：汉高祖丧礼中的招魂文本》，《文学评论》2017（02）。

9. 熊良智：《招魂礼俗与〈招魂〉主题、体式的生成》，《文艺研究》2019（11）。

10. 郭晓东：《亲亲与尊尊：先秦儒家对父母服三年之丧礼意解读的再检讨》，《云南大学学报（社会科学版）》2012（02）。

11. 姚伟钧、金相超：《中国古代居丧饮食变迁——以子女居父母丧为例》，《江西社会科学》2018（02）。

12. 徐杰令：《朝觐礼考》，《求是学刊》2002（03）。

先秦礼制文献讲疏

13. 吴雪飞：《小臣䚄璋与商代觐礼》，《考古与文物》2019（04）。

14. 朱凤瀚：《关于春秋鲁三桓分公室的几个问题》，《历史教学》1984（01）。

15. 黄国辉：《略论三桓分公室与春秋晚期的鲁国政治》，《历史教学（高校版）》2009（05）。

16. 朱凤瀚：《殷墟卜辞所见商王室宗庙制度》，《历史研究》1990（06）。

17. 唐友波：《论"昭穆之常"及与宗法庙制的关系》，《历史教学问题》1994（06）。

18. 陈筱芳：《周代庙制异议》，《史学集刊》2010（05）。

19. 刘一曼：《殷墟商代族宗庙的发现与研究》，《考古与文物》2019（06）。

20. 王晖：《西周春秋诸侯宗庙制度研究》，《中国高校社会科学》2019（06）。

21. 胡进驻：《试论周代宗庙制度及其变迁》，《华夏考古》2020（01）。

22. 曾亦：《"亲尽宜毁"与"宗不复毁"——论汉儒关于宗庙迭毁争论中的亲亲与尊尊问题》，《哲学研究》2020（07）。

23. 王晖：《西周春秋周王级庙制研究》，《史学月刊》2022（12）。

24. 董莲池：《殷周禘祭探真》，《人文杂志》1994（05）。

25. 魏哲铭：《论周人"同姓不婚"制》，《西北大学学报（哲学社会科学版）》2000（02）。

26. 张德苏：《"同姓不婚"的实质》，《山东大学学报（哲学社会科学版）》2003（03）。

27. 刘雨：《金文中的王称》，《故宫博物院院刊》2006（04）。

28. 许宏：《二里头都邑的两次礼制大变革》，《南方文物》2020（02）。

29. 胡新生：《〈尚书〉"肇称殷礼"的涵义与周初礼制变革》，《孔子研究》2020（03）。

30. 曹斌：《多学科视野下的西周国家礼制变革和社会转型研究》，《中国史研究动态》2023（01）。

主要参考书目

一、基本典籍

[1] 吕不韦.吕氏春秋[M].高诱,注.北京：中华书局，2006.

[2] 刘安.淮南子[M].高诱,注.北京：中华书局，2006.

[3] 贾谊.新书校注[M].阎振益,钟夏,校注.北京：中华书局，2000.

[4] 司马迁.史记[M].北京：中华书局，2013.

[5] 刘向.说苑校证[M].向宗鲁,校证.北京：中华书局，1987.

[6] 班固.汉书[M].北京：中华书局，1962.

[7] 许慎.说文解字[M].北京：中华书局，1963.

[8] 刘熙.释名[M].北京：中华书局，2016.

[9] 陈寿.三国志[M].北京：中华书局，2007.

[10] 郭璞.穆天子传汇校集释[M].王贻樑,陈建敏,校释.北京：中华书局，2019.

[11] 范晔.后汉书[M].北京：中华书局，1965.

[12] 萧统.文选[M].李善,注.上海：上海古籍出版社，1986.

[13] 魏收.魏书[M].北京：中华书局，1974.

[14] 房玄龄.晋书[M].北京：中华书局，1974.

[15] 令狐德棻.周书[M].北京：中华书局，1971.

[16] 徐彦.春秋公羊传注疏[M]//《十三经注疏》整理委员会.十三经注疏.北京：北京大学出版社，1999.

[17] 杨士勋.春秋穀梁传注疏[M]//《十三经注疏》整理委员会.十三经

注疏．北京：北京大学出版社，1999.

[18] 孔颖达．春秋左传正义 [M]//《十三经注疏》整理委员会．十三经注疏．北京：北京大学出版社，1999.

[19] 孔颖达．礼记正义 [M]//《十三经注疏》整理委员会．十三经注疏．北京：北京大学出版社，1999.

[20] 孔颖达．毛诗正义 [M]//《十三经注疏》整理委员会．十三经注疏．北京：北京大学出版社，1999.

[21] 孔颖达．尚书正义 [M]//《十三经注疏》整理委员会．十三经注疏．北京：北京大学出版社，1999.

[22] 贾公彦．仪礼注疏 [M]//《十三经注疏》整理委员会．十三经注疏．北京：北京大学出版社，1999.

[23] 贾公彦．周礼注疏 [M]//《十三经注疏》整理委员会．十三经注疏．北京：北京大学出版社，1999.

[24] 邢昺．论语注疏 [M]//《十三经注疏》整理委员会．十三经注疏．北京：北京大学出版社，1999.

[25] 邢昺．尔雅注疏 [M]//《十三经注疏》整理委员会．十三经注疏．北京：北京大学出版社，1999.

[26] 陈彭年．宋本广韵 [M]．北京：中国书店，1982.

[27] 李昉．太平御览 [M]．北京：中华书局，1960.

[28] 洪兴祖．楚辞补注 [M]．北京：中华书局，1983.

[29] 陈立．白虎通疏证 [M]．北京：中华书局，1994.

[30] 戴望．管子校正 [M]．北京：中华书局，2006.

[31] 段玉裁．说文解字注 [M]．上海：上海古籍出版社，1988.

[32] 阮元．十三经注疏 [M]．北京：中华书局，1980.

[33] 孙星衍．尚书今古文注疏 [M]．北京：中华书局，2004.

[34] 孙诒让．墨子间诂 [M]．北京：中华书局，2001.

[35] 王聘珍．大戴礼记解诂 [M]．北京：中华书局，1983.

[36] 王先谦．荀子集解 [M]．北京：中华书局，2006.

[37] 王先谦. 庄子集解 [M]. 北京：中华书局，2006.

[38] 王先慎. 韩非子集解 [M]. 北京：中华书局，2006.

[39] 张玉书. 康熙字典 [M]. 上海：上海书店，1985.

[40] 王更生. 晏子春秋今注今译 [M]. 台北：台湾商务印书馆，1987.

[41] 杨伯峻. 春秋左传注 [M]. 北京：中华书局，1990.

[42] 何建章. 战国策注释 [M]. 北京：中华书局，1990.

[43] 周振甫. 周易译注 [M]. 北京：中华书局，1991.

[44] 张敬. 列女传今注今译 [M]. 台北：台湾商务印书馆，1994.

[45] 徐元诰. 国语集解 [M]. 北京：中华书局，2002.

[46] 杨天宇. 礼记译注 [M]. 上海：上海古籍出版社，2004.

[47] 顾颉刚，刘起釪. 尚书校释译论 [M]. 北京：中华书局，2005.

[48] 黄怀信. 逸周书汇校集注 [M]. 上海：上海古籍出版社，2007.

二、出土文献资料

[1] 马承源. 上海博物馆藏战国楚竹书：一 [M]. 上海：上海古籍出版社，2001.

[2] 马承源. 上海博物馆藏战国楚竹书：二 [M]. 上海：上海古籍出版社，2002.

[3] 马承源. 上海博物馆藏战国楚竹书：三 [M]. 上海：上海古籍出版社，2003.

[4] 马承源. 上海博物馆藏战国楚竹书：四 [M]. 上海：上海古籍出版社，2004.

[5] 马承源. 上海博物馆藏战国楚竹书：五 [M]. 上海：上海古籍出版社，2005.

[6] 马承源. 上海博物馆藏战国楚竹书：六 [M]. 上海：上海古籍出版社，2007.

[7] 马承源. 上海博物馆藏战国楚竹书：七 [M]. 上海：上海古籍出版社，2008.

[8] 马承源.上海博物馆藏战国楚竹书：八 [M].上海：上海古籍出版社，2009.

[9] 马承源.上海博物馆藏战国楚竹书：九 [M].上海：上海古籍出版社，2012.

[10] 荆门市博物馆.郭店楚墓竹简 [M].北京：文物出版社，1998.

[11] 武汉大学简帛研究中心，荆门市博物馆.楚地出土战国简册合集：一：郭店楚墓竹书 [M].北京：文物出版社，2011.

[12] 李学勤.清华大学藏战国竹简：一 [M].上海：中西书局，2010.

[13] 黄德宽，徐在国.安徽大学藏战国竹简：一 [M].上海：中西书局，2019.

[14] 中国社会科学院考古研究所.殷周金文集成 [M].北京：中华书局，1984—1994.

[15] 吴镇烽.商周青铜器铭文暨图像集成 [M].上海：上海古籍出版社，2012.

三、研究论著

[1] 马承源.商周青铜铭文选：三 [M].北京：文物出版社，1988.

[2] 闻一多.诗经新义 [M]// 闻一多.闻一多全集.武汉：湖北人民出版社，1993.

[3] 郭沫若.两周金文辞大系图录考释 [M].上海：上海书店出版社，1999.

[4] 李天虹.郭店竹简《性自命出》研究 [M].武汉：湖北教育出版社，2002.

[5] 季旭升.上海博物馆藏战国楚竹书（二）读本 [M].台北：万卷楼，2003.

[6] 黄怀信.上海博物馆藏战国楚竹书《诗论》解义 [M].北京：社会科学文献出版社，2004.

[7] 陈梦家.西周铜器断代 [M].北京：中华书局，2004.

[8] 刘钊 . 郭店楚简校释 [M]. 福州：福建人民出版社，2005.

[9] 余培林 . 诗经正诂 [M].2 版 . 台北：三民书局，2005.

[10] 王辉 . 商周金文 [M]. 北京：文物出版社，2006.

[11] 陈剑 . 甲骨金文考释论集 [M]. 北京：线装书局，2007.

[12] 何树环 . 西周锡命铭文新研 [M]. 台北：台湾：文津出版社，2007.

[13] 李零 . 郭店楚简校读记 [M]. 增订本 . 北京：中国人民大学出版社，2007.

[14] 李零 . 上博楚简三篇校读记 [M]. 北京：中国人民大学出版社，2008.

[15] 季旭升 . 上海博物馆藏战国楚竹书（一）读本 [M]. 北京：北京大学出版社，2009.

[16] 曹建墩 . 先秦礼制探赜 [M]. 天津：天津人民出版社，2010.

[17] 朱凤瀚 . 新出金文与西周历史 [M]. 上海：上海古籍出版社，2011.

[18] 张显成 . 楚简帛逐字索引 [M]. 成都：四川大学出版社，2013.

[19] 陈剑 . 战国竹书论集 [M]. 上海：上海古籍出版社，2013.

[20] 袁俊杰 . 两周射礼研究 [M]. 北京：科学出版社，2013.

[21] 唐兰 . 西周青铜器铭文分代史征 [M]. 上海：上海古籍出版社，2016.

[22] 杨宽 . 西周史 [M]. 上海：上海人民出版社，2016.

[23] 曹建墩 . 战国竹书与先秦礼学研究 [M]. 北京：人民出版社，2018.

[24] 黄益飞 . 西周金文礼制研究 [M]. 北京：中国社会科学出版社，2019.

后　记

　　南昌大学人文学院成立于 1995 年，现有中国语言文学、历史学、哲学 3 个系和国学研究院等多个教研中心，以及 4 个国家级一流本科专业、3 个一级学科硕士学位授权点、17 个二级学科硕士点和 2 个一级博士点、2 个二级博士点。学院师资力量雄厚，硬件设施齐备，以"以人为本，崇文致远"为院训，致力于文、史、哲人才的培养，既有概论、通史和元典精读类的课程设置，又有结合教师研究专长的专题式选修课。为满足三位参编教师各自的专业课《古汉语专题研究》《先秦史专题研究》《文字学》的教学需要，也为学生深入了解人文学科的性质和充分增长见识，学院中文系、历史系和国学研究院的这三位老师基于研究先秦的相同学术背景，合力编写了这本《先秦礼制文献讲疏》。

　　本书由历史系的何丹副教授任主编，由国学研究院的周博、中文系的高罕钰两位讲师任副主编，具体分工如下：第一章"西周金文礼制文献"，由周博编写；第二章"战国楚简礼制文献"，由高罕钰编写；第三章《礼记》所见虞夏商周之礼的因革损益"和第四章《礼记》所见周礼在两周的礼变实例"，由何丹编写。全书的统稿工作、后记等，由何丹负责。

　　总体而言，本书既举例揭示了先秦礼制起源、发展的概貌，又着重分析了周礼的内容和施行情况；既利用了传世的代表性文献《礼记》，又发掘了金文、简牍等出土文献对于研究周礼的价值。

　　"路漫漫其修远兮，吾将上下而求索。"拙作虽暂且完工，但礼制作为先秦经典而重大的恒久性话题，我们对其的关注仍会持续下去。由于时间仓促、学识有限，书中难免会有不当之处，恳请各位读者包涵和指正。此外，书中所使用的图片仅供学术交流与研究，如若侵权，请联系我们删除。

编者

2023 年 5 月 6 日